LE
PARADIS TERRESTRE
ET
LA RACE NÈGRE
DEVANT LA SCIENCE

LE
PARADIS TERRESTRE

ET

LA RACE NÈGRE

DEVANT LA SCIENCE

PAR

L'ABBÉ DESSAILLY

DELHOMME ET BRIGUET, ÉDITEURS

PARIS | LYON
13, Rue de l'Abbaye, 13 | 3, Avenue de l'Archevêché, 3

LE
PARADIS TERRESTRE & LA RACE NÈGRE

DEVANT LA SCIENCE

PREFACE

Nous présentons au public un livre dont le titre indique la prétention où nous sommes de donner une solution scientifique et définitive à la double question de l'emplacement du Paradis terrestre et de l'origine de la race nègre. De ces deux solutions, la plus importante n'est pas la première, mais plutôt la seconde, qui intéresse à la fois l'histoire, la véracité de la Bible et celle de la tradition classique.

Il y a, dans le chapitre II de la Genèse, une indication qui a dérouté les interprètes catholiques et les savants contemporains; c'est que l'un des fleuves paradisiaques arrosait l'Ethiopie, que Moïse appelle la Koussie. Cette indication, si déconcertante au premier abord, est justement la preuve éclatante de la sûreté et de l'antiquité de la science historique et géographique de l'écrivain sacré.

Les mouvements géologiques quotidiens du Globe n'ont

pas notablement changé sa configuration ; les contrées géographiques sont à peu près aujourd'hui ce qu'elles étaient il y a des milliers d'années, mais les sociétés qui les ont habitées ont subi mille changements. Des peuples nouveaux se sont mêlés aux peuples anciens, les ont dominés, leur ont succédé pour constituer des nations nouvelles ; avec les peuples, les langues ont succédé aux langues, les noms géographiques, à travers les âges, se sont altérés, ont même disparu, pour faire place à des noms plus récents ; avec la langue se sont transformés les sons, les appellations, les lois, les mœurs, la civilisation. L'histoire, qui retient toutes ces choses du passé, n'est que le récit de la perpétuelle mutabilité des hommes et des choses. Son rôle, gardant le souvenir de ce qui n'est plus, est à la fois d'en faire un perpétuel présent.

Parmi ces souvenirs qu'elle avait d'abord fixés, les uns, mal gardés, se sont évanouis, les autres, par le concours de diverses circonstances, sont mis de côté et ne produisent plus leurs précieux témoignages. De nos jours, l'hostilité religieuse, qui est au fond de toutes les thèses scientifiques modernes, prend soin d'écarter certains vieux souvenirs. En même temps qu'elle s'appuie sur les traditions les plus invraisemblables et les moins autorisées, elle rejette les traditions vraiment historiques, qui la gênent ; elle voudrait donner le change, en ne se réclamant alors que des sciences naturelles. Inspirés par elle, les savants ; à leur suite et inconscients, des écrivains catholiques mêmes, des prêtres passent, sans paraître la connaître, devant la tradition biblique et historique qui rattache la race nègre à la race noachique, et ils abandonnent, comme chose indifférente, la discussion de cette origine aux divagations d'une anthropologie incertaine et incohérente.

Nous avons la prétention de ne pas subir cet entraînement, de replacer la question sur son véritable terrain, qui est celui de la tradition historique, d'éclairer et de fortifier celle-ci de toutes les lumières des sciences naturelles. Interrogées dans ce qu'elles ont de certain, elles sont unanimes à confirmer le récit mosaïque, interprété par la tradition universelle de l'antiquité. Elles font voir que Moïse n'était plus compris, à cause de l'ancienneté même de son affirmation. La science émet donc une prétention insoutenable, de vouloir se substituer à la Bible et à l'histoire. Si elle les éclaire aujourd'hui sur le point particulier que nous traitons, si elle les remplacerait au besoin, hier elle était muette ; hier, il y a dix ans, nous n'aurions pu écrire tout ce que nous écrivons dans cet ouvrage ; la science ne nous en aurait pas fourni les éléments. En niant la tradition, sous le vaniteux prétexte qu'elle n'est pas une affirmation scientifique, elle envahissait un domaine qui n'est pas le sien ; annexe de l'histoire, elle voulait l'étouffer sous l'étreinte de ses négations tapageuses. Aujourd'hui elle est forcée de se rendre à merci. La linguistique, l'anthropologie ont reconstitué les anciennes races de l'Asie antérieure ; elles nous y font voir cette fameuse Kouschie, que Moïse avait signalée il y a bientôt quatre mille ans, qui était proche du Paradis terrestre, dont la notoriété était telle à l'époque où il écrivait, qu'il en donne le parcours, comme le signe distinctif d'un des fleuves de la région paradisiaque. Quel nouveau triomphe pour Moïse, pour la tradition catholique et historique ! Quelle nouvelle humiliation pour la science, qui veut créer la vérité, au lieu de se contenter de son rôle déjà si beau de la confirmer par des preuves nouvelles et d'en être l'auxiliaire.

Quant au Paradis terrestre, cet ouvrage n'est pas le

seul où nous ayons essayé d'en déterminer l'emplacement. Le savant abbé Moigno, dans ses *Splendeurs de la Foi*, avait cru devoir se décider pour Jérusalem. L'idée mystique, des rapprochements religieux plus ou moins spécieux avaient dirigé sa pensée et sa plume plus que les recherches scientifiques. Quand nous composâmes en commun l'ouvrage : *Les livres saints et la science*, nous lui déclarâmes qu'à nos yeux, cette opinion était insoutenable ; il consentit à nous laisser produire celle que nous défendons encore ici. Obligé de nous borner, nous ne lui donnâmes alors pour appui que la conformité des lieux avec ceux décrits par Moïse. En 1889, parut, dans le journal l'*Univers*, un article, qui concluait, en vertu de révolutions géologiques supposées, à la possibilité de reconstituer en Arménie les différents détails de la géographie du récit génésiaque. Cette thèse nous parut sans fondement ; elle nous amena à publier dans la *Revue du monde catholique*, une étude sur le Paradis terrestre, où nous développions les preuves que nous n'avions pu produire dans l'ouvrage : *Les livres saints et la science*.

Nos articles furent critiqués. On nous objecta que notre emplacement du Paradis était sous l'eau, à l'époque d'Adam. On nous reprocha d'avoir passé légèrement sur l'opinion du monde savant et du monde instruit, qui considère le *Pamir* comme le berceau adamique et noachique du genre humain. Nous nous reprochâmes à nous-même de n'avoir traité qu'indirectement la question nègre, qui exigeait à la fois que nous donnions une commune origine aux négritos de l'Asie et aux nègres de l'Afrique, et que nous identifiions cette double race nègre avec la race Couschite, pour les rattacher, par ce lien, à la grande famille noachique.

C'est pour compléter toutes ces lacunes que nous avons

entrepris cette publication. Cette fois, sommes-nous irréfutables et sommes-nous complets ?

Complets, nous le sommes. Nous avons traité avec un développement suffisant tous les points qui se rattachent à la communauté d'origine des deux grands rameaux nègres et à leur identité avec les Couschites de la Bible et de l'histoire.

Sommes-nous irréfutables ? nous le croyons également. Nous ne disons pas que le progrès des sciences n'apportera pas de nouveaux matériaux, qui viendront, non pas éclairer davantage, mais corroborer notre démonstration.

Que des missions scientifiques, comme celles de M. Dieulafoy en Susiane, se multiplient dans l'Asie antérieure et jusque dans les Indes, les études ethnographiques auxquelles nous nous sommes livré, ne feront que se développer, et entourer d'une nouvelle évidence l'existence primitive des Négritos dans ces vastes régions. Les études iranniennes, à leur tour, sortiront de l'ère des probabilités pour entrer dans le domaine de la certitude. Ce seront de nouvelles lumières, mais qui ne sont pas nécessaires à nos conclusions pour les rendre certaines. La certitude, elles l'ont dès aujourd'hui, nous croyons du moins qu'ainsi en jugeront les esprits impartiaux qui nous feront l'honneur de nous lire.

Enfin on trouvera peut-être que notre ouvrage manque d'unité, puisque nous juxtaposons deux points qui paraissent si différents. Ils sont au contraire intimement unis ; on ne peut s'occuper de l'un sans traiter de l'autre. Comment retrouver le *Gehon*, si l'on n'a pas recours à son signe distinctif, qui est de baigner l'Ethiopie ? Où donc était située cette Ethiopie, telle est la question qui surgit de suite, qui arrête fatalement, pendant de nombreux chapitres, la solution cherchée. L'absence apparente d'unité est inévitable dans ce sujet ; les deux questions sont connexes. Enchevêtrées dans le récit mosaïque, nous avons dû subir l'enchevêtrement dans le commentaire de ce récit. La thèse du Paradis terrestre y perd peut-être un peu de son intérêt, à cause de l'interruption que sa marche éprouve, mais nous la résumons au chapitre XXVII et elle reprend, par ce résumé, toute sa force de démonstration.

CHAPITRE PREMIER

L'EMPLACEMENT DU PARADIS TERRESTRE.

Importance et exposition de la question. — Possibilité d'une solution. — Le récit mosaïque étudié et précisé. — Neuf particularités de ce récit.

Une des questions les plus débattues est sans contredit celle de la situation topographique du Paradis terrestre.

A-t-elle une importance doctrinale ? Provisoirement nous voulons bien qu'elle n'en ait aucune. On nous concédera du moins que l'ignorance inexplicable du lieu où le Paradis a été placé ne suffit pas à la plus légitime des curiosités, ni, dans une certaine mesure, au sentiment religieux. La connaissance de son emplacement serait comme la contre-partie du pèlerinage au Calvaire. Quelle émotion de visiter l'endroit où l'humanité fut rachetée, de baiser la place où fut plantée la croix, où l'Homme-Dieu voulut payer lui-même notre rançon ! Mais quelles émotions aussi de contempler l'endroit où l'homme fut créé si grand, où Dieu venait le visiter familièrement, où tant de grandeur et d'amour furent foulés aux pieds par le mystérieux abus de la liberté humaine. Soit, la question de l'emplacement du Paradis terrestre n'est qu'une question de géographie religieuse, mais il n'y en a pas de plus intéressante et de plus émouvante.

Toutefois, est-il bien vrai que cet emplacement n'importe pas à la doctrine ! Si la doctrine n'y est pas intéressée, pourquoi l'école anti-biblique s'en préoccupe-t-elle si fort ? N'est-ce pas pour faire mentir la Genèse, qui s'est trompée, en plaçant le Paradis sur l'Euphrate et le Tigre assyrien, quand il se trouvait au point central qui sépare l'Inde de la Chine et des vastes plaines de la Mongolie. Ce serait donc un triomphe de plus pour l'écrivain sacré et une défaite éclatante pour la science qui se dit indépendante, de justifier le récit mosaïque par une détermination certaine et incontestable.

Puis un dogme fondamental est l'unité de l'espèce humaine, unité qui vient d'une double source, d'Adam d'abord, de Noé ensuite. Aussi le noachisme est-il violemment combattu par l'école rationaliste, parce qu'il est le plus grand obstacle au polygénisme, que sa disparition favorise puissamment.

Sans doute on peut à la rigueur nier le noachisme et admettre en Adam l'unité de l'espèce humaine. Seulement, en le faisant, on contredit toute la tradition chrétienne, qui n'a jamais interprété la Genèse dans un autre sens que celui de la destruction, par le déluge, de l'humanité, à l'exception de la famille de Noé.

Une fois le noachisme supprimé, vous voyez disparaître à peu près toutes les preuves scientifiques de l'unité de l'espèce humaine. Les catholiques, qui pratiquent cet abandon pour sourire à la raison scientifique, jouent de malheur avec elle. Pour lui prouver l'unité de l'espèce humaine en Adam, ils n'ont plus que la Révélation. Adam n'existe pas pour la science ; il est tout au plus un fossile méconnaissable. Noé et ses trois fils sont au contraire des personnages historiques. Les traditions, la linguistique, l'ethnographie nous les montrent à la naissances de toutes les races. Les supprimer du cadre de l'histoire et des conclusions de la science, comme le font de gaieté de cœur les catholiques rationalistes, c'est laisser libre carrière à la science hétérodoxe de poser partout des foyers divers d'origine humaine et surtout d'assigner à la race nègre une origine différente de celle des autres races.

Dieu se plaît à tout ramener à l'unité, pour mieux faire voir combien se joue sa puissance en semant partout la variété. On n'y a pas assez réfléchi ; la démonstration de l'emplacement du Paradis terrestre entraîne avec elle la démonstration du lieu d'origine de la grande famille nègre ; car l'eau des fleuves du paradis arrosait ce pays d'origine ; Dieu ayant décrété que la descendance de Noé sortirait du même lieu que la descendance d'Adam qu'elle continuait. A ce point de vue, l'étude, que nous entreprenons est capitale. Si elle aboutit, elle doit nous fournir la confirmation scientifique de l'unité de la race humaine et la solution d'une des plus importantes questions de l'anthropologie et de l'ethnographie.

L'emplacement du Paradis terrestre est-il impossible à retrouver et à déterminer, comme on le prétend communément ? Nous ne le croyons pas.

Cette recherche est-elle si incertaine, qu'il faille se résigner à se voir éternellement en présence des systèmes multiples, qui placent le Paradis terrestre en Chaldée, en Arménie, en Judée, sur le Mérou, dans les Indes, voire même en Prusse. Nous ne le croyons pas davantage.

Ces incertitudes ne seraient-elles pas insolubles, justement parce qu'il s'agit d'un problème géographique se référant à une époque dont nous sommes séparés par le déluge, lequel a bouleversé toute la surface du globe, et a rendu impuissantes les recherches sur la géographie antédiluvienne ? Nous ne le croyons pas encore. Nous demeurons convaincu que la géographie du Paradis terrestre, fournie par le récit mosaïque, n'a aucune connexité avec le déluge ; que cette topographie, qui fut celle de l'époque antédiluvienne, appartient également aux temps historiques ; que nous avons dans les données de la géographie moderne, de l'histoire et de la sainte Ecriture, des indications suffisantes pour résoudre le problème.

Mais alors, pourquoi une si grande divergence d'opinions.

Elle nous paraît venir d'une seule cause, du peu de cas qu'on a fait du texte biblique. En général les érudits nous semblent avoir traité la question sans un examen suffisant de ce texte.

Les uns, comme les rationalistes, n'en ont tenu aucun compte, puisque leur tactique est de le trouver constamment en défaut, pour mieux le combattre.

Les autres, et cela sans cesser de se croire catholiques, pensent que le texte sacré ne fait pas autorité en dehors des points de dogme et de morale, et qu'en histoire, en géographie, en sciences naturelles, on n'a pas à s'en préoccuper (1).

D'autres enfin, catholiques très respectueux de la Bible, ont aussi délaissé l'étude attentive du récit biblique, dans la persuasion que la description de Moïse s'applique à des terrains bouleversés par le déluge ; où, par conséquent, on ne peut plus retrouver tous les détails de son récit.

Pour nous, nous croyons et espérons démontrer que le récit de la Genèse s'applique au Paradis terrestre tel qu'il existait primitivement et tel qu'il existait encore au temps de Moïse ; nous prétendons qu'aucun des détails du texte ne doit être négligé et qu'il contient toute la solution du problème. Nous allons donc commencer par rapporter ce récit en entier, en latin et en français ; nous en dégagerons toutes les particularités qui doivent nous servir de fils conducteurs dans nos recherches.

Voici le texte biblique, que nous empruntons à la Vulgate.

8. *Plantaverat autem Dominus Deus paradisum voluptatis à* PRINCIPIO *in quo posuit hominem quem formaverat.*

10. *Et fluvius egrediebatur de* LOCO VOLUPTATIS *ad irrigandum paradisum qui indę dividitur in quatuor capita.*

---

(1) Nous avons réfuté complètement cette erreur dans notre ouvrage : *les Livres saints et la science*, que nous avons écrit en collaboration du savant abbé Moigno. Chap. prélim. § V.

En exégèse biblique comme en droit canonique et en droit civil, quand il existe plusieurs textes sur le même sujet, on doit les mettre en présence pour les éclairer les uns par les autres. Le texte des Septante, qui a tant d'autorité pour déterminer le sens de l'hébreu, apporte les modifications suivantes aux deux versets que nous venons de citer.

8. *Plantaverat autem Dominus Deus paradisum* IN EDEN *ad* ORIENTEM, *in quo posuit hominem quem formaverat.*

10. *Et fluvius egrediebatur* EX EDEN *ad irrigandum paradisum, qui inde dividitur in quatuor capita.*

Carrière traduit ainsi la Vulgate.

8. Le seigneur Dieu avait planté, *dès le commencement,* un jardin délicieux, dans lequel il mit l'homme qu'il avait formé.

10. Dans ce lieu de délices, il sortait de la terre un fleuve pour arroser le paradis ; ce fleuve est celui qui, sortant de là, se divise en quatre canaux ou quatre fleuves.

Voici au contraire les notables changements que le texte des Septante apporte à celui de la Vulgate.

8. Le Seigneur Dieu avait planté en *Orient, dans la région ou la province d'Eden,* le Paradis, où il établit l'homme qu'il avait formé.

10. Un fleuve, qui auparavant est partagé en quatre fleuves, sortait *de la région ou de la province d'Eden,* pour arroser le paradis.

Nous continuons de citer la Vulgate, qui n'est plus modifié par les Septante.

11. *Nomen uni Phison : ipse est qui circuit omnem terram Hevilath ubi nascitur aurum.*

12. *Et aurum terræ illius optimum est : ibi invenitur bdellium et lapis onychinus.*

13. *Et nomen fluvii secundi Gehon : ipse est qui circumit omnem terram Ethiopiæ.*

14. *Nomen vero fluminis tertii Tigris : ipse vadit con-*

tra Assyrios. Fluvius autem quartus ipse est Euphrates (1).

Nous traduisons et nous avertissons que c'est notre propre traduction.

11. L'un de ces fleuves se nomme le Phison ; il arrose toute la terre d'Hévilat, où l'or se rencontre en abondance.

12. Et l'or qui provient de ce pays est très bon. On y trouve encore l'escarboucle et le lapis-lazuli.

13. Le nom du second fleuve est le Géhon ; il arrose toute la terre d'Ethiopie.

14. Le nom du troisième fleuve est le Tigre, qui coule en Assyrie. Le quatrième fleuve est l'Euphrate.

Pour être complet, nous devons joindre à ce texte de la Genèse, un autre texte de l'Eccléastique, qui cite également les quatre fleuves du Paradis.

35. *Posuit David puero suo existere regem ex ipso fortissimum et in throno sedentem in sempiternum.*

35. *Qui implet quasi Phison sapientiam et sicut Tigris in diebus novorum.*

36. *Qui adimplet quasi Euphrates sensum : qui multiplicat quasi Jordanis in tempore messis.*

37. *Qui mittit disciplinam sicut lucem et assistens quasi Gehon in die vindemiæ.*

34. Le Seigneur a promis à David, son serviteur, de faire sortir de lui le roi très-puissant qui doit être éternellement assis sur un trône de gloire.

35. Roi, qui remplit de sagesse, avec la même abondance que s'écoulent les eaux du Phison et celles du Tigre, au temps des nouveaux fruits.

36. Roi, qui remplit d'intelligence, comme l'Euphrate gonflé de ses eaux, comme le Jourdain au temps de la moisson.

37. Roi, qui fait rejaillir la science comme la lumière et

(1) Genèse, chap. 11.

en comble les hommes, comme l'est le Géhon, aux jours de la vendange (1).

De ces textes examinés avec soin ressortent les neuf particularités suivantes ; nous ne ferons que les indiquer. Nous les justifierons à mesure que nous les reproduirons, pour les appliquer à la topographie que nous donnons comme étant celle de la Genèse.

1° Moïse décrit les lieux tels qu'ils existaient de son temps et ces lieux ont été parfaitement connus des Juifs jusque dans les derniers siècles de leur existence nationale.

2° Le Paradis était situé en Orient, dans la région arrosée par l'Euphrate et le Tigre assyrien.

3° Il était situé dans la partie de cette région où se trouvait la province d'Eden.

4° Le Paradis était arrosé par un fleuve unique, qui sortait de la province d'Eden, pour couler de là dans le Paradis.

5° Le fleuve unique ne se divisait pas en quatre courants à sa sortie du Paradis ; au contraire, il était le confluent de quatre fleuves, qui se réunissaient en un seul, avant de l'arroser.

6° Le Phison coulait dans le pays d'Hévilath.

7° Le pays d'Hévilat produisait de l'or et des pierres précieuses.

8° Le Géhon coulait en Ethiopie. Où étaient placés ces deux pays d'Hévilath et d'Ethiopie.

9° Les fleuves ne doivent pas être rangés dans un ordre arbitraire les uns vis-à-vis des autres, mais dans l'ordre déterminé par Moïse.

Nous allons reprendre une à une ces particularités, et leur examen impartial nous amènera à une solution certaine ; nous espérons du moins que le lecteur en jugera ainsi.

(1) Ecclésiast. chap. XXII.

CHAPITRE II

Première particularité. Moïse décrit les lieux tels qu'ils existaient de son temps.

L'emplacement du Paradis terrestre n'a pas été détruit par le déluge. — Les juifs l'ont connu jusque dans les derniers siècles de leur existence nationale. — Il est étrange que la tradition chrétienne ait perdu cette connaissance.

Qu'on relise le texte mosaïque et celui de l'Ecclésiastique, on verra que tous les verbes sont employés au présent. Ce n'est donc pas seulement le passé que décrit Moïse, c'est un passé géographique qui s'est perpétué et qui existe encore, quand il écrit. Je me trompe. Deux fois le verbe est employé à l'imparfait pour exprimer un passé qui a disparu : *Plantaverat autem Dominus Deus paradisum* : « le Seigneur Dieu avait créé le Paradis ». En effet le lieu du Paradis existe, mais il n'existe plus à l'état paradisiaque, il a perdu sa destination et ses agréments primitifs, il n'est plus le Paradis. Il fallait donc écrire *plantaverat* : Dieu avait créé le Paradis.

Pour la même raison, Moïse déclare que le fleuve l'arrosait. *Et fluvius egrediebatur ex Eden ad irrigandum Paradisum.* S'il avait dit que le fleuve l'arrose, il aurait affirmé l'existence actuelle du lieu paradisiaque comme étant encore le Paradis : c'eût été faux.

Quant au fleuve qui arrosait le Paradis, il existe toujours, il se partage toujours en quatre fleuves. Si ce fleuve n'avait plus existé au temps de Moïse, il fallait employer l'imparfait et dire : un fleuve qui se divisait en quatre branches arrosait le Paradis ; mais le texte mosaïque dit au contraire : un fleuve qui se divise en quatre branches arrosait le Paradis. Ou l'écrivain inspiré n'avait aucun sens de la valeur des mots et des temps, ou il faut reconnaître que, si le Paradis a disparu, le lieu qu'il occupait existe encore, ainsi que le fleuve qui le parcourait, et que les quatre fleuves qui s'y rattachaient.

Nous avons ajouté que Moïse et les Hébreux de son temps connaissaient les lieux, les fleuves et la topographie que décrit la Genèse. Suivons-en le récit. Le Paradis est contigu à la province d'Eden ; les quatre fleuves sont le Phison, qui arrose le pays d'Hévilath, le Géhon qui arrose l'Ethiopie, le Tigre, qui arrose l'Assyrie, l'Euphrate qui n'a besoin d'aucune autre désignation ; car il n'y a qu'une enjambée du Jourdain à l'Euphrate, à l'endroit où ces deux fleuves se rapprochent le plus.

Quant aux quatre provinces d'Eden, d'Hévilath, d'Ethiopie et d'Assyrie, elles ne sont pas des provinces adamiques ; elles sont contemporaines de Moïse. Les Hébreux ne pourront donc pas se méprendre sur l'emplacement du Paradis terrestre. Pour s'y reconnaître, ils auront le nom des fleuves qui en partent, et le nom des provinces que les fleuves traversent (1). Que nous importent ces provinces, à nous, chrétiens du dix-neuvième siècle ? Qui les connaît ? Ce n'est donc pas pour nous qu'elles sont indiquées, c'est pour les Hébreux, parce que ce sont des régions qui leur sont familières. Ce qui nous trompe, c'est de croire que toute science et toute connaissance ne datent que d'aujourd'hui. Les Babyloniens, les Egyptiens, les Hébreux particulièrement, avaient leurs traditions sémitiques, leur histoire et leur géographie sémitiques. On oublie trop qu'entre ceux de l'époque de Moïse et Adam, il n'y eut que

---

(1) Cette opinion est formelle chez les commentateurs. Cornelius à Lapide écrit : « du temps de Moïse ces quatre fleuves furent totalement divisés. La preuve, c'est qu'il les donne comme tels et comme *vulgairement connus*, afin qu'à l'aide de leur cours, les Juifs pussent connaître l'emplacement du Paradis : *patet ex eo quod ipse illa quatuor quasi separata et vulgo nota describit*, eaque judæis poponit ut ipsi ex illis quo loco fuerit paradisus, cognoscant. » Cornelius, Comm. in script. Sac. T. I, cap. II, v. 8, éd. Vivès.

quelques organes des connaissances primitives. Moïse vécut assez longtemps avec Lévi, son aïeul, qui lui-même avait vécu trente-trois ans avec Isaac; Isaac avait vécu cinquante ans avec Sem, et Sem avait vécu quatre-vingt-dix-huit ans avec Mathusalem, qui avait vécu cent-quarante ans avec Adam. Trouvez insuffisante, si vous le voulez, cette chronologie, augmentez-la de quelques générations, vous n'aurez toujours qu'un nombre limité d'intermédiaires entre Adam et Moïse, pour transmettre le souvenir de l'emplacement du Paradis terrestre. C'est cette géographie traditionnelle que le législateur des Hébreux a écrite. Elle n'était pas une révélation pour eux; ils la savaient par tradition et plusieurs *de visu*. Les découvertes assyriologiques nous montrent, pendant la captivité d'Egypte, les soldats égyptiens constamment en campagne dans les pays de Chanaan et d'Assyrie, se battant nombre de fois sur les bords du Jourdain et de l'Euphrate. Qui nous dit que jusqu'à quarante ans, Moïse lui-même ne fût pas officier dans ces armées et ne vînt pas plusieurs fois guerroyer dans le pays de ses pères?

La description paradisiaque est tellement faite pour les Hébreux que Moïse y ajoute ce détail caractéristique: c'est que le pays d'Hévilath produit de l'or et un or de très bonne qualité. Pourquoi un pareil détail, s'il ne se rapporte qu'à l'âge où Adam a vécu, ou s'il n'est mis là que pour la postérité? Aussi n'est-il pas écrit pour nous, pas plus qu'il ne se réfère à l'époque d'Adam. Il est écrit surtout pour les Hébreux qui étaient au désert, qui regrettaient les oignons d'Egypte, que Moïse reconduisait d'Afrique en Orient, au berceau du genre humain; qu'il allait introduire dans une terre où coulaient le lait et le miel, où ils allaient devenir riches, où ils allaient pouvoir se procurer des escarboucles, des pierres précieuses, de l'or, qu'ils tireraient de l'Arabie, de l'Assyrie et des pays adjacents, abondants en métaux précieux, mais parmi lesquels Hévilath offrait un or d'une excellente qualité. Je le répète, ces détails n'auraient aucun sens, s'ils n'étaient mis là pour les contemporains de Moïse, parfaitement en mesure, grâce à toutes ces indications, de reconnaître l'emplacement du Paradis.

Enfin j'ai dit que cette connaissance s'est continuée dans la nation juive, jusqu'aux derniers siècles de son existence.

Nous avons cité le texte de l'Ecclésiastique. Pour donner une idée de l'abondance de la sagesse, de l'intelligence et de la science du Messie, il prend cinq fleuves, dont l'abondance des eaux est bien connue des juifs. Le nombre de cinq prouve bien qu'ils sont choisis, non parce qu'ils sont les fleuves du Paradis, qui n'étaient que quatre, mais parce qu'ils sont les fleuves importants dont la connaissance était familière au peuple de Dieu. Une comparaison n'a pas de valeur, si les termes en sont ignorés de ceux pour qui elle est faite. L'Ecclésiastique et ses contemporains connaissaient donc le Phison et le Géhon, l'époque de la crue de leurs eaux, comme ils connaissaient le Jourdain, l'Euphrate et le Tigre (1) ; le Géhon grossissait au temps de la vendange comme le Jourdain au temps de la moisson, comme le Tigre au temps des nouveaux fruits.

Or, selon quelques-uns, l'auteur de l'Ecclésiastique est un des Septante. En tout cas, il est de la même époque. Il vivait au plus tard deux cents ans avant Jésus-Christ, puisqu'il fait l'éloge de Simon, fils d'Onias, qui était grand prêtre à ce moment. Ce fait est d'une importance souveraine. Le problème de l'emplacement du Paradis terrestre n'est donc pas un problème antédiluvien ; il appartient

---

(1). C'est aussi l'opinion de l'abbé Darras. « Le Phison et le Géhon reparaissent une seconde fois véritablement dans la géographie des Hébreux ; ils sont cités avec des caractères particuliers, qui prouvent jusqu'à l'évidence qu'on avait sur eux des notions très précises ; ils sont rappelés en même temps que le Tigre et l'Euphrate... La géographie des Hébreux n'avait donc pas au troisième siècle avant Jésus-Christ, temps où vivait l'auteur de ce livre (l'Ecclésiastique), perdu la signification des deux fleuves. *Hist. génér. de l'Eglise*, t. I, p. 150.

aux temps historiques, à des temps historiques qui touchent à l'ère chrétienne. Comment pourrait-il être insoluble ? Comment ne pourrions-nous pas arriver à connaitre ce que connaissaient les juifs du temps des Septante ? N'est-ce pas même un autre problème vraiment inexplicable qu'une pareille connaissance ait disparu de la tradition juive et de la tradition chrétienne ? que la tradition juive n'ait pas recueilli ce qu'on savait si clairement en Judée deux cents ans avant Jésus-Christ, et que la critique historique, après dix-huit cents ans d'efforts, ne soit pas encore parvenue à se mettre en possession de cette connaissance ? N'est-ce pas la preuve qu'elle s'est égarée, égarée par la traduction un peu ambiguë de la Vulgate, déroutée par la conviction qu'elle était en face d'une géographie primitive que le déluge a bouleversée.

Concluons que Moïse a connu l'emplacement du Paradis terrestre, que cette connaissance n'a pas échappé aux Hébreux de son temps, que la nation juive l'a possédée jusqu'aux approches de l'ère chrétienne, et que nous pouvons à notre tour, parvenir à la ressaisir.

CHAPITRE III

Deuxième particularité.
Le Paradis était situé en Orient, dans la région de l'Euphrate et du Tigre.

Accord de tous pour placer le Paradis en Orient. — Désaccord quand il s'agit de désigner la région précise de ce vaste continent. — Le Pamir, désignation contraire à l'enseignement formel de la Sainte-Écriture. — L'autorité de celle-ci contestée et limitée. — Un mot, à cette occasion, au rationalisme catholique et au rationalisme scientifique.

La Vulgate écrit : le Seigneur Dieu avait planté dès le commencement un jardin délicieux.

Les Septante écrivent au contraire : le Seigneur Dieu avait placé en *Orient*... le Paradis.

Le mot hébreu a les deux sens. Nous préférons ici la version des Septante : nous venons de voir qu'ils connaissaient parfaitement l'endroit où avait été le Paradis ; ils ont donc traduit ce passage de la Genèse avec une compétence que n'avait pas l'auteur de la Vulgate, qui l'ignorait probablement.

Cette désignation de l'Orient exclut par là-même tous les systèmes qui placent le Paradis en dehors de cette partie du monde ; ils n'ont pas besoin d'une autre réfutation, et de fait la science est d'accord avec la tradition chrétienne pour placer en Orient le berceau du genre humain.

L'auteur sacré ne se contente pas de cette indication. L'Orient est vaste ; à quel point de l'immense continent se trouve le Paradis ? C'est, répond-il, sur les bords de l'Euphrate et du Tigre. Aux exclusions précédentes nous pouvons ajouter celle de tous les sites qui n'ont aucun rapport avec ces deux fleuves. Il n'est ni à Jérusalem, ni à Damas, ni en Syrie, comme le veulent les mahométans.

La difficulté se circonscrit singulièrement. Nous n'avons plus, semble-t-il, qu'à rechercher le point de contact de l'Euphrate et du Tigre avec le Paradis, et nous saurons sa situation exacte, mais c'est compter sans l'école anti-biblique.

Vous croyez savoir où sont l'Arménie et l'Assyrie ? Pas du tout, vous ne le savez pas. Où sont le Tigre et l'Euphrate ? Vous ne le savez pas davantage. Que deviendraient certains savants, si le commun en savait autant qu'eux. La vraie Assyrie est la primitive, elle était située dans l'extrême Orient ; le Tigre et l'Euphrate de la Genèse sont les fleuves de ces pays lointains. Gravissez le Mérou, massif montueux de l'Himalaya, dans la petite Boukarie et le Thibet occidental. Les points culminants en sont le Belougtad et le vaste plateau de Pamir. Sur ce plateau s'étend un lac d'une vaste dimension ; vous êtes en plein Paradis terrestre ; ce lac est le fleuve qui l'arrosait. Du pied de ces massifs partent, vers les quatre points de l'horizon, quatre grands fleuves ; ils n'ont aucune communication extérieure avec le lac ; n'importe, ce sont les fleuves du Paradis qui roulent leurs eaux, dans le Turkestan, aux Indes et au Thibet.

Mais la preuve de ces affirmations? La preuve se trouve dans les traditions aryennes, qui sont les bonnes et qui réfutent vos traditions sémitiques. Jusqu'à ce jour vous avez cru que Noé et ses fils vinrent de l'Ararat en Sennaar : erreur, ils venaient de l'Himalaya, du Mérou. Assur a habité ses bassins : ils ont été l'Assyrie primitive.

Mais pourtant le Tigre et l'Euphrate ne se sont pas déplacés. Détrompez-vous. Si les fleuves ne se sont pas déplacés, les noms l'ont fait. A mesure que les enfants de Noé ont marché vers l'Occident, ils y ont transporté les noms géographiques de leur séjour primitif. C'est postérieurement que vous avez eu l'Assyrie, le Tigre et l'Euphrate babylonien.

Telle est la thèse à la mode. Elle ne trouve à peu près aucun contradicteur, même parmi les exégètes catholiques. Il nous faut donc une très grande indépendance du côté de la réputation pour ne pas y souscrire et pour la combattre au contraire comme une erreur scientifique des plus notoires.

Nous l'avouons, nous avons un grand travers, celui, en doctrine, de n'accepter que l'autorité de l'Eglise. En dehors de l'enseignement révélé, sur le terrain des sciences humaines, nous ne croyons pas à l'autorité des savants ; leur grand renom ne nous impose pas ; nous ne donnons notre adhésion qu'à leurs raisons et à leurs démonstrations. Or trop souvent les savants n'ont pas de preuves et ne procèdent que par voie d'autorité. Bien plus aux savants modernes qu'aux scholastiques du moyen âge s'applique cet adage de l'Ecole : *magister dixit*.

Un jour, nous publiâmes un livre de critique historique, dont une revue fit un compte-rendu en partie défavorable. Nous nous permîmes d'aborder l'auteur de l'article ; sa première parole, en nous voyant, fut celle-ci : que je vous plains, M. l'abbé, d'avoir écrit un pareil ouvrage. Comme nous lui demandions la raison de notre infortune, lui, assez fraîchement éclos de l'école des Chartes, nous répondit naïvement : mais l'école des Chartes enseigne diamétralement le contraire.

Ce serait bien autre chose, si le présent ouvrage venait à tomber entre les mains du même savant. Vous êtes un incorrigible, nous dirait-il ; vous allez de ridicule en ridicule ; vous aimez le paradoxe, vous tenez à vous mettre à dos le monde savant. Nul n'ignore, après les affirmations des Renan, des Obry, des Lenormant, des Oppert, que le site du Paradis est au Pamir. Tout le monde s'est rallié à cette opinion, même les pieux, les exégètes catholiques, les historiens de l'Église, tout prêtre qui lit un peu, qui suit le mouvement de la science contemporaine, et ici nous saisissons sur le vif le caractère de notre époque rationaliste et libérale.

Le rationalisme est l'exclusion de toute autorité divine et humaine dans la recherche de la vérité même religieuse. Il a proclamé l'indépendance de la raison, oui, son indépendance de la Révélation et de tout joug divin, mais en réalité, jamais l'autorité humaine n'a joué un rôle plus important et plus néfaste. L'accord de tous, rationalistes purs et catholiques, sur la situation du Paradis terrestre au Pamir est-elle le résultat de la démonstration ? Non, il est le fruit de l'autorité. Le premier qui ait émis en France cette opinion est M. Renan. M. Renan, qui a renié son baptême, qui a renié l'autorité doctrinale de l'Église, ne se gêne jamais pour fournir des preuves. Sa méthode est de supposer et d'affirmer. Aussitôt, sur toute la ligne, on s'est écrié : sous peine d'ignorer le sanscrit et les vieilles langues orientales ; d'être étranger à l'anthropologie, à l'etnographie, à la philologie, de méconnaître les traditions hindoue et aryenne les plus anciennes et les plus autorisées, vous ne pouvez vous en tenir à la Bible, le Pamir est le centre de l'Univers, « l'ombilic du monde, que toutes les races semblent nous montrer du doigt comme le point où se rencontrent leurs plus anciens souvenirs ».

Un groupe d'écrivains catholiques a fait écho à ces déclamations. Les données scientifiques de la Bible ne font pas partie de leurs préoccupations. Ils ont laissé un rationaliste, Reuss, professeur d'Écriture sainte à la faculté protestante de Strasbourg, faire brèche à leur foi en l'inspiration du livre sacré.

« Dieu, écrit cet exégète protestant, a donné aux écrivains bibliques une lumière surnaturelle ; mais cette lumière surnaturelle n'avait pour but, comme la révélation en général, que la manifestation des vérités religieuses et non la communication d'une science profane, et nous pouvons, sans violer les droits que les écrivains sacrés ont à notre vénération, sans affaiblir le dogme de l'inspiration, accorder franchement que dans les sciences physiques, ils ne se sont pas élevés au-dessus de leurs contemporains, que même ils ont partagé les erreurs de leur époque et de leur nation... Par la révélation, Moïse ne fut pas élevé au-dessus du niveau intellectuel de son temps ; de plus rien ne nous prouve qu'il ait pu s'y élever par l'étude et par ses réflexions personnelles ».

Le protestantisme allemand ne s'était attaqué à l'autorité de l'Église qu'en exaltant celle des Écritures. Tombé dans l'exégèse rationaliste, dont Reuss s'est fait l'introducteur parmi nous, il ébranle aujourd'hui cette autorité elle-même en bannissant l'inspiration.

Cette doctrine des erreurs possibles de la Bible en dehors du dogme et de la morale, et en fait d'histoire et de sciences, a été accueillie par le libéralisme catholique. Elle a inspiré bon nombre de savants, restés, semble-t-il, catholiques, Obry, Lenormant. Ce dernier, fort de la nouvelle exégèse, s'appuyant sur le passage de Reuss, que nous venons de rapporter, se complaît aux thèses historiques les plus en opposition avec les données de la Bible.

La partie du clergé, qui aime à pactiser avec le rationalisme, épouse également l'enseignement de Reuss. L'université catholique de Paris ne se défend pas bien de ces errements, ni son recteur, ni son professeur de géologie, ni son professeur d'Assyrien et d'Écriture sainte. Ce dernier, M. l'abbé Loisy, vient de publier un livre sur la canonicité et l'inspiration des saintes Écritures, que M. l'abbé Magnier résume ainsi : il y a des degrés dans l'inspiration, qui varie d'autorité suivant les sujets traités par l'écrivain. Cette diversité de degré est telle qu'en certaines conjonctures, l'inspiration n'a pas garanti l'absolue véracité de l'écrivain, qu'elle se concilie avec les procédés antihistoriques de celui-ci, qu'elle peut même lui laisser donner pour vrai des documents apocryphes et faux.

Mais alors, à qui sera-t-il donné de déterminer le degré d'inspiration, de constater là où elle existe et là où elle a abandonné l'écrivain ?

Ce sera, reprend M. l'abbé Loisy, l'examen critique, historique et théologique, qui en appréciera, dans chaque livre, la présence et la portée.

Reuss est ici dépassé. Il avait spécifié, comme non soumis à l'inspiration, les textes scientifiques. Leur détermination est assez facile ; le champ de l'examen et de la critique se trouve circonscrit. Chez M. Loisy, plus rien de semblable. C'est la critique qui déterminera l'inspiration, suivant l'importance ou l'insignifiance du sujet (1). Tel est le haut enseignement exégétique, donné aujour-

(1) Voir sur les doctrines de M. l'abbé Loisy, l'ouvrage de M. l'abbé Magnier, *Étude sur la canonicité des saintes écritures*, Paris, Lethielleux.

d'hui aux intelligences les plus élevées d'une partie du clergé français.

On comprend que les savants laïques ne se gênent plus avec la Bible, quand ils voient les maîtres de la doctrine, ceux qui devraient être leur guide et leur règle, professer de semblables thèses.

Nous n'essaierons pas de les refuter. Nous avons exposé les principes sur cette matière dans notre ouvrage : *Les livres saints et la science* (1).

Nous affirmons hautement l'inspiration de toutes les parties de la sainte Ecriture, sans distinction de textes dogmatiques et moraux, historiques et scientifiques.

Aussi, ne nous adressant qu'à un public catholique, nous n'aurions pas à discuter l'opinion qui fixe le Paradis sur le Mérou, parce qu'elle est hautement condamnée par la Bible.

Le récit mosaïque nous dit expressément qu'il était arrosé par un fleuve unique, qu'il était placé sur ce fleuve à l'endroit où il se divise en quatre autres fleuves, et que l'un de ces quatre fleuves était le Tigre d'Assyrie.

10. *Et fluvius egrediebatur ex Eden ad irrigandum Paradisum, qui inde dividitur in quatuor capita.*

14. *Nomen vero fluminis tertii, Tigris, ipse est qui vadit contra Assyrios* (2).

Le fleuve unique avait donc un point de contact avec le Tigre assyrien, et comme ce fleuve, prenant son cours dans les montagnes d'Arménie, coule exclusivement en Assyrie, ce point de contact est forcément dans la région arménienne ou assyrienne. Nous avons donc le droit, au nom du récit inspiré, d'écarter la région du Pamir et toute autre qui n'appartiendrait ni à l'Arménie, ni à l'Assyrie. La question est clairement tranchée pour quiconque croit à l'universelle infaillibilité de la Bible.

Pourtant le rationalisme catholique n'y adhère pas.

(1) Chapitre préliminaire.
(2) Genèse, ch. 11.

Quelle en est la cause ? Pourquoi invente-t-il ou rajeunit-il sa théorie sur l'inspiration biblique ? C'est parce qu'il s'effraie à la légère. Son but est excellent, le moyen ne vaut rien. Il veut concilier l'autorité du livre divin, avec l'enseignement des sciences naturelles. L'enseignement révélé et l'enseignement scientifique sont souvent en opposition. Il faut forcément que l'un ou l'autre disparaisse. Ce ne peut être l'enseignement scientifique, qui est certain : faisons tout simplement disparaître l'inspiration de tout ce qui gênera les sciences dans l'enseignement des livres canoniques, c'est-à-dire que ces rationalistes catholiques raisonnent au rebours de la vérité. La vérité est que le livre divin est universellement infaillible parce qu'il est inspiré dans toutes ses parties ; donc les propositions scientifiques contradictoires aux propositions révélées sont fausses.

Mais non, répliquent-ils ; imprudents, rétrogrades, vous allez empêcher l'essor des sciences, vous allez insurger contre vous la société contemporaine, qui est toute à la science ; vous allez être les tenants d'un autre âge, vous mettre en dehors de votre époque, n'exercer aucune influence. Composez ; soyez plus tolérants, plus généreux, moins dogmatiques ; dégagez le livre divin de toute compromission inutile ; laissez-le à son but principal, qui est la vérité religieuse, et laissez les sciences à leur mission spéciale, qui est l'enseignement humain. La chose est bien facile ; elle ne demande que des idées un peu larges et libérales ; restreignez l'inspiration. Qu'a-t-elle à faire, je vous le demande, avec les sciences naturelles et physiques et avec l'histoire ? vous la sauverez elle-même de ses propres contradictions, qui vous le savez, ne sont pas notre moindre embarras.

A ces objurgations, il y a deux réponses à faire : la réponse de principe, que nous ne ferons qu'indiquer, parce que le but de notre travail n'est pas l'accord de la science et de la foi. Au point de vue des principes, la restriction de l'inspiration, surtout la théorie des degrés dans l'inspiration est la ruine même de l'inspiration, puisque vous n'avez pas de *criterium* sûr pour distinguer ce qui est révélé de ce qui ne l'est pas. « Votre goût, dit M. Magnier à M. Loisy, fût-il encore plus fin, votre critique fût-elle plus subtile, ce seront là pour moi des preuves radicalement insuffisantes. L'inspiration ne sera admise par mon esprit que si le fait lui est démontré, et il ne peut accepter d'autre démonstration que celle d'un témoignage irrécusable rendu par Dieu lui-même ».

L'autre réponse est un argument de fait : c'est qu'il n'y a aucun point scientifique qui contredise la révélation.

Les catholiques rationalistes raisonnent comme si l'infaillibilité était le don de quiconque exerce son activité intellectuelle dans le domaine des sciences. Il n'en est rien. Que souvent la révélation ait contre elle les savants, nous n'en disconvenons pas ; cette levée fréquente de boucliers n'a rien qui doive l'effrayer. Elle devrait craindre, si les savants étaient toujours certains. Comme ils ne le sont pas, comme leurs affirmations ne sont ordinairement que des suppositions, comme l'erreur se trouve bien plus souvent sous leur plume que la vérité, la révélation ne reçoit aucune atteinte de leurs coups. Un chapitre qu'ils n'ont pas pardonné à l'illustre auteur des *Splendeurs de la foi* est celui de leurs contradictions. Beaucoup d'entre eux aiment à se poser pour la science, tandis qu'ils n'en sont souvent que les organes inintelligents et impuissants. Non, mille fois non, les savants ne sont pas la science ; la révélation n'a pas à s'en préoccuper, elle a une sœur, la science, une sœur avec laquelle les savants voudraient la brouiller, mais sans pouvoir y parvenir.

Nous ne sommes pas un savant et nous aimons la science. Parce que nous ne sommes pas un savant, nous n'aurions jamais voulu prendre la plume. Parce que nous aimons la science, nous l'avons prise plusieurs fois sur des sujets profanes aussi bien que sur des sujets religieux, pour la défendre contre les erreurs des savants. Nos chapitres XI et XII de cet ouvrage, qui roulent sur la géographie et la géologie de la Basse-Chaldée, sont un exemple frappant de ces erreurs multiples ? Le préjugé géologique, attribuant la formation de la Basse-Chaldée aux alluvions modernes, vient de sire Charles Rawlinson. Une des préoccupations du noble et vénérable savant, pendant sa longue carrière, a été justement de rechercher l'emplacement du Paradis terrestre. Il était trop biblique, comme sa nation, pour s'en aller le placer au Pamir avec nos savants français. Il n'a pas voulu sortir ses recherches de la région assyrienne. L'emplacement que nous signalons en Chaldée, sur le bord du Chatt-el-Arab, s'offrait naturellement à ses observations. Il n'y a pas donné un instant d'attention. A quoi bon ? puisque, au temps de la création d'Adam, ce pays était sous l'eau. L'illustre savant alors a épuisé tous ses efforts à le placer à Babylone même. Aujourd'hui, à la fin de sa longue et scientifique carrière, il est amené à délaisser l'opinion de toute sa vie, parce que, malgré son espoir, il n'est pas parvenu à lui trouver les preuves historiques et archéologiques qu'il espérait.

Gardons-nous donc de confondre les savants avec la science. La science ne se laisse pas découvrir par le premier venu et aussi facilement qu'on l'imagine. Comme Dieu, dont elle est la fille, elle habite une lumière inaccessible, où ne pénètrent que les esprits attentifs, puissants et heureusement doués. Il y a beaucoup d'affirmations scientifiques, il y en a très peu de prouvées scientifiquement. Celles-là seules constituent la science et cette science rationnelle ne contredit jamais la science révélée.

On s'étonnera peut-être de ces réflexions générales à l'occasion d'un travail particulier. C'est que de toutes les thèses anti-bibliques, il n'en est pas une seule, que nous sachions, qui démontre les principes auxquels nous venons de toucher, comme la thèse du Pamir. On peut dire qu'elle est l'affirmation scientifique la moins justifiée et l'échec le plus humiliant pour la critique rationaliste. Le lecteur, nous l'espérons, en jugera comme nous dans les chapitres suivants.

CHAPITRE IV

Deuxième particularité (suite). — Les opinions sur la région du Paradis terrestre. — Le Pamir.

La Bible et l'ethnographie. — Le Pamir, lieu d'origine des Aryas, d'après les savants. — L'Ararat de la Bible plus oriental que celui de l'Arménie, d'après Fr. Lenormant. — Réfutation de ces opinions.

Pour mettre de l'ordre dans cette question du Pamir, qui serait le berceau de l'humanité anté et post-diluvienne, nous la discuterons au point de vue ethnographique, traditionnel, anthropologique, philologique ; puis nous étudierons la topographie et les noms des régions et des fleuves du Pamir donnés comme étant les régions et les fleuves paradisiaques.

De là, autant de chapitres qui traiteront de ces différents sujets.

Il y a deux thèses bien distinctes que les savants modernes et même les exégètes anciens se plaisent à réunir : c'est l'idendité du lieu d'origine des hommes avant comme après le déluge. Ceux-ci appuient volontiers les deux récits bibliques l'un par l'autre ; les savants appliquent à la région du Paradis terrestre les arguments qui militent en faveur du lieu d'habitation des premiers hommes après le déluge.

Nous pourrions ne pas accepter cette confusion des deux thèses, que Moïse prend soin de séparer. Nous simplifierions ainsi la discussion, mais nous n'épuiserions pas les arguments de nos adversaires. Nous sommes du reste rallié nous-mêmes à cette manière de voir. Les raisons de convenance, je dirai même de nécessité, qui ont fait choisir le lieu de la dispersion des enfants de Noé, s'appliquent aussi bien à ce même lieu pour la dispersion des enfants d'Adam.

Les tenants du Pamir ne s'appuient pas sur le même principe. Il y a le point de départ de M. Renan et celui de F. Lenormant.

Voici l'argumentation du premier.

Le sanscrit n'a pas pris naissance dans l'Inde ; de plus il y a une affinité très grande entre la race hindoue et la race iranienne, dont le séjour primitif était la Bactriane ou même une région plus septentrionale. « En combinant les données de la géographie et de l'histoire, on est amené presque forcément à supposer que la race brahmanique est entrée dans l'Inde vers Attok, par les passes occidentales de l'Hindou-Kousch, qui plus tard ont ouvert la vallée du Gange à Alexandre, à Mahmoud le Gaznévide et à tous les voyageurs du Nord-Ouest (1) ».

Toute la force de l'argumentation de M. Renan repose sur cette affirmation historique, que la Bactriane et les régions plus septentrionales ont été la région primitive des Aryens. La conclusion est toute naturelle. Ces pays étant le pays primitif d'une race primitive, se trouvent être le lieu d'origine des différentes races.

Seulement, l'affirmation est purement arbitraire. Admettons pour l'instant que les Aryens habitèrent la Bactriane avant d'envahir les Indes. Mais est-ce leur lieu d'origine ? Il faudrait le démontrer. M. Renan ne le démontre pas et il ne peut le démontrer.

Nous connaissons, par la philologie, l'aire habitée par les Aryens. Cette science prétend être parvenue à reconstituer leur langue initiale, l'*aryaque* (2). L'aryaque aurait

(1) Renan, *De l'origine des langues*, 3ᵉ éd.
(2) Cette opinion nous laisse sceptique. Nous la discutons au chap. XXII, p. 267.

donné naissance à six familles de langues, dont deux seules nous intéressent, le rameau hindou et le rameau iranien.

Le rameau hindou comprend le *sanscrit*, langue morte et sacrée de l'Inde, et le *pakrit*, d'où sont sortis les dialectes néo-hindoux.

La famille iranienne occupe l'Asie centrale. Dans l'antiquité elle est représentée par le *Zend*, qui a servi à composer l'Avesta, par le vieux *Parsi* d'où sont sortis le *Pehlvi* et le *Parsi* du moyen âge, devenus le persan moderne, et par l'Arménien.

Nous savons, grâce à cette distribution des langues, les contrées asiatiques dans lesquelles les Aryens furent répandus : ils habitèrent l'Arménie, la Perse et les Indes. Peut-être ont-ils aussi habité le Pamir.

« ... De vieilles traditions, nous dit M. Renan, y placent des peuples blonds, à prunelles bleues vertes, dans lesquels M. de Humbold voit des Ariens ».

Tel est le fait historique, que M. Renan a eu le tort de ne pas exposer dans son entier : ce n'est pas seulement la Bactriane et le Pamir qu'habitèrent les Aryens primitifs, c'est encore l'Arménie et la Perse. Cette dernière région a porté toujours, autrefois comme aujourd'hui, le nom d'Iran.

Dans une aussi vaste contrée, qui s'étend des montagnes d'Arménie aux rives du Gange, quel est leur lieu d'origine ? Vous dites la Bactriane et le Pamir, vous ne le prouvez pas. Pourquoi ne serait-ce pas l'Arménie ? Pourquoi ne serait-ce pas la Perse ? Nous pourrions le soutenir avec autant de raison que vous.

Admettons pour le moment que les Aryens-Hindoux soient descendus aux Indes par les passes de l'Hindou-Kousch, comme Alexandre et comme Mahomet ; cela ne prouve nullement qu'ils descendaient du Pamir. Alexandre ni Mahomet n'en venaient pas. Alexandre venait de la Susiane et de la Perse, Mahomet de l'Arabie. Pourquoi les Aryens ne viendraient-ils pas de l'Arménie et de la Perse par le même chemin ? c'est le seul qu'on puisse prendre, à moins de suivre le littoral. Force est de remonter du sud ou du centre de la Perse vers le nord, pour n'avoir pas à traverser l'immense désert salin et sablonneux qui la sépare de l'Afghanistan, par où, sans cet obstacle, serait son chemin direct et naturel vers l'Inde.

Vous êtes sans démonstration et jamais, en dehors des indications de la Bible, vous ne pourrez en fournir. L'ethnographie, l'anthropologie, la linguistique vous indiqueront les races qui ont habité les diverses contrées, elles n'articuleront jamais rien de certain sur leur lieu d'origine. Vous ne pouvez le connaître que par l'histoire. L'histoire existe, elle parle, elle s'exprime sûrement et clairement. Si c'était l'histoire hindoue et persane, vous accepteriez son témoignage avec empressement, mais c'est l'histoire révélée, certaine et authentique, vous la rejetez.

Du reste, nous consacrerons un chapitre spécial à traiter de l'importance des Aryas. Les notions fausses ou exagérées sur cette race et celle des Touraniens ont plus que toute autre cause, contribué à égarer la science contemporaine sur la question des origines.

Toutefois, nous en avons dit assez déjà pour montrer que M. Renan n'a aucune preuve ethnographique en faveur de la naissance des Aryens et des races humaines au Pamir. Or cette preuve ethnographique est le fondement sur lequel s'appuie toute sa thèse. C'est elle, et elle seule, comme nous le verrons, qui donne leur force à ses autres preuves ; sa disparition, comme nous le verrons aussi, les annule toutes et fait de cette opinion, si retentissante et si bruyamment accueillie, l'invention la moins justifiée qui ait jamais pu être produite.

Frappé sans doute de l'inanité du fondement établi par M. Renan, M. Lenormant a imaginé un autre argument, qu'il emprunte au récit mosaïque ; il écrit :

« Si l'on examine attentivement le texte sacré, il est impossible d'admettre que dans la pensée de l'écrivain de la Genèse, l'Ararat du déluge fût celui de l'Arménie. En effet, quelques versets plus loin il est dit formellement que ce fut en marchant toujours de l'Est à l'Ouest que la postérité de Noa'h parvint dans les plaines de Schine'ar (1) ».

Il résulte de là que l'Ararat de la Genèse n'étant pas en Arménie, mais plus à l'Est, c'est de ce point oriental que vinrent Noé et ses enfants. La tradition hindoue plaçant le Paradis au Pamir, il y a conformité entre la rédaction mosaïque et l'indication de cette vieille et véridique tradition.

La conclusion de M. Lenormant ne serait pas encore certaine, son interprétation du texte de la Genèse fût-elle vraie, puisque les traditions, nous le verrons, contredisent la tradition brahmanique. Mais nous sommes loin d'accepter son interprétation de la Genèse ; voici le texte même de Moïse,

1. *Erat autem terra labii unius et sermonum eorumdem.*

2. *Cumque proficiscerentur de Oriente, invenerunt campum in terrâ Sennaar et habitaverunt in eo* (2).

1. Il n'y avait qu'une seule langue sur la terre et une même expression de langage.

2. Partant de l'Orient, ils trouvèrent une vaste région dans le pays de Sennaar et ils y habitèrent.

Que faut-il, pour donner à ce texte une interprétation certaine ? s'assurer du point précis d'où Moïse prend son orientation. L'Ararat, d'où venait Noé, était-il à l'Orient de la plaine de Sennaar ou à l'Orient de la Judée, telle est la question. Si l'orientation est prise de l'Euphrate et du Tigre, si Moïse veut désigner la situation de Sennaar par rapport à l'Ararat, l'Ararat d'Arménie n'était pas à l'Orient, mais au Nord, il faudrait donc admettre avec

---

(1) F. Lenormant, *Histoire ancienne de l'Orient*, t. 1, p. 93.
(2) Genèse, ch. XI, v. 1 et 2.

M. Lenormant que l'Ararat de Moïse ne serait pas celui d'Arménie.

Si l'orientation est prise de la Judée, l'Arménie est réellement à l'Orient de ce pays. Plaçant en effet l'Ararat et Jérusalem sur la même latitude, nous aurons entre eux une distance de huit degrés deux tiers, qui équivalent à deux cent-quarante lieues kilométriques. Une région placée à deux cent-quarante lieues Est d'une autre, est bien à une distance assez considérable, pour être dite à l'Orient de cette région. Qu'on ne nous objecte pas qu'il est au Nord-Est. Le Pamir est dans la même situation. Moïse ne se sert nullement de l'expression que lui attribue M. Lenormant; il ne dit pas que Noé vint de l'Est, mais de l'Orient, et c'est parfaitement vrai. Les points intermédiaires n'apparaissent jamais sous la plume de l'écrivain sacré, il n'emploie que les quatre points cardinaux francs.

Je sais bien qu'au premier aperçu, il paraît étrange que l'orientation ici soit prise de la Judée. Puisque Noé venait de l'Ararat en Sennaar, il est bien plus naturel qu'elle soit du premier de ces lieux au second. Cela serait vrai, si nous n'étions pas en présence d'un procédé spécial à la Genèse. Il est très remarquable que toutes les orientations du livre sacré partent de la Judée. En voici, parmi beaucoup d'autres, deux exemples frappants.

Abraham revient de l'Egypte. Moïse nous dit que le Patriarche remonta de l'Egypte vers le midi : *ascendit ergo Abraham de Egypto, ipse et uxor ejus, et omnia quæ habebat et Lot cum eo, ad australem plagam* (1). C'est tout l'inverse qu'il fallait écrire. Remontant de l'Egypte vers la Judée, il allait vers le nord, *ad Aquilonem* : oui, mais il marchait vers le midi de la Palestine. Son point d'orientation n'est pas celui que nous aurions employé ; nous nous serons orientés relativement à l'Egypte, Moïse s'oriente relativement à la Judée.

(1) Genèse, ch. XIII. v, 1.

Nous avons, dans ce même chapitre XIII de la Genèse, une autre orientation non moins surprenante. Lot vit avec Abraham d'une vie commune à Bethel, un désaccord survient ; il est plus sage de se séparer. Abraham reste à Bethel, Lot descend vers Sodome, dans la région qui fut depuis le lac Asphalit, c'est-à-dire qu'il se dirige au midi de Bethel. Que dit Moïse cependant ? il déclare que Lot s'en alla à l'orient : *Elegitque sibi Lot regionem circa Jordanem et recessit ab Oriente* (1), ou qu'il se retira de l'Orient, ce qui revient au même pour notre thèse. Bethel semblerait devoir être pris comme le lieu d'où va se faire l'orientation : non c'est la Judée. Lot se retire soit de la partie orientale de la Judée, soit vers cette partie orientale.

Tel est le système de Moïse. Il prend la Terre promise comme son terme de comparaison. S'il avait en vue, quand il s'agit de l'Ararat, de fixer sa situation relativement au pays de Sennaar, il aurait fait une dérogation à son mode ordinaire d'orientation ; il nous faudrait un indice certain qui indiquât le fait de cette dérogation.

On comprend, du reste, la raison de ce procédé de l'écrivain sacré si différent du procédé habituel. Le peuple hébreu s'était développé en Egypte ; Moïse le transplantait en Orient, dans un pays et dans les régions avec lesquelles il fallait le familiariser. Il voulut tout d'abord lui faire connaître et ce nouveau pays et sa situation vis-à-vis de ces nouvelles régions. Quant au désert où il écrivait, il parlera aux Hébreux d'un point géographique quelconque, que ce point soit intérieur, qu'il soit extérieur à la Judée, il en fixera toujours la position relativement à ce pays vers lequel ils marchent et sur lequel il veut les instruire. L'Égypte est au sud de la Judée ; Lot vit dans l'Orient de la Judée, l'Ararat est à l'Orient de la Judée.

Nous le répétons, pour donner une autre orientation à

---

(1) *Ibid.*, v, 2.

l'Ararat, il nous faut la preuve que Moïse a dérogé à sa manière habituelle de s'exprimer. Tant que cette preuve ne nous sera pas fournie, l'interprétation traditionnelle est la seule acceptable.

Mais faisons aux partisans du Pamir toutes les concessions possibles. Admettons que l'esprit hésite entre notre interprétation et celle de M. Lenormant, nous sommes tout au moins en présence d'un texte dont le sens est douteux. Or vous ne pouvez bâtir sur un texte incertain une argumentation certaine. Vous ne pouvez donc vous appuyer sur ce passage du récit mosaïque ; il est sans autorité, il n'a pas de force probante et M. Lenormant se trouve comme M. Renan, sans base et sans point de départ pour sa thèse du Pamir. Nous allons voir que toutes ses autres raisons tirent leur valeur de celle-là, qui est sans valeur.

CHAPITRE V

Le Pamir (suite). — Les traditions antiques.

La tradition hindoue. — La tradition irannienne ou persane. — Impossibilité de les identifier. — Longue dissertation philologique par laquelle Burnouf s'efforce en vain de donner le Bérésinthe de Perse comme étant le nom primitif du Mérou de l'Inde. — Les traditions Mongolles, Finnoises, Chinoises.

Après l'argument fondamental mis en avant par les partisans du Pamir, celui qui revêt ensuite sous leur plume la plus grande importance, est l'argument traditionnel. Cela étonne, car cet argument n'est guère scientifique ; et cependant cela est. C'est qu'il ne s'agit pas des traditions chrétiennes ; elles ne sont pas scientifiques. Les traditions orientales, à la bonne heure, elles ont ce caractère.

A notre tour étudions ces lumineuses et scientifiques traditions.

On donne les traditions des peuples les plus anciens de l'Orient comme s'accordant à fixer au Pamir le berceau du genre humain. La tradition sémitique ne peut donc résister à un pareil concert.

Que valent ces nouvelles affirmations ?

M. Renan et M. Lenormant ne s'accordent pas complètement sur la valeur des diverses traditions orientales.

Selon M. Renan, celles « de la race hindoue, sur les origines de l'humanité, n'ont aucun caractère précis » (1). Au contraire, « les souvenirs iraniens ont ici un caractère de netteté qui leur assigne un rang à part entre toutes les légendes primitives » (2).

M. Lenormant met sur le même rang les deux traditions. Il écrit : « C'est exactement sur ce dernier point que convergent les traditions sur le berceau de l'humanité chez deux des grands peuples du monde antique, qui ont conservé les souvenirs les plus nets et les plus circonstanciés des âges primitifs, les récits les plus analogues à ceux de la Bible et des livres sacrés de la Chaldée, je veux dire : les Indiens et les Iraniens » (3).

Malgré ce désaccord sur la valeur de la tradition hindoue, acceptons l'opinion de M. Lenormant et disons avec lui que « chez les Indiens, les hommes d'avant le déluge comme ceux d'après le déluge descendent du mont Mérou, que c'est là que se trouve l'Outtara-Kourou, véritable paradis terrestre ».

Examinons maintenant la tradition aryenne.

Par cette tradition, si nous n'observions pas la chose de près, on voudrait nous faire croire à une tradition spéciale propre à la Bactriane, où l'on s'efforce, sans preuve, de fixer l'origine des Aryens. Il ne faut pas se laisser

---

(1) Renan, *De l'origine du langage*, p. 223.
(2) Renan, *ibid.*, p. 224.
(3) F. Lenormant, *Histoire anc. de l'Orient*, t. 1, p. 95.

prendre à ce mot, dont M. Renan affecte de se servir exclusivement. La tradition aryenne n'est pas autre que la tradition persane (1), et la Perse n'est pas l'Afghanistan. M. Lenormant en fait implicitement l'aveu, quand après la tradition hindoue, il nous donne celle de la Perse : « Les Perses dépeignent *l'Aryana Vuedja*, située sur le mont *Harâ Berezaiti*, comme un paradis exactement semblable à celui de la Genèse (2) ».

Qu'on le retienne, il n'y a pas de tradition afghane ou Bactriane, il n'y a pas de tradition aryenne, tout cela est la tradition persane.

Or qu'est-ce que le mont *Harâ Berezaiti* de cette tradition ?

M. Renan le reconnaît lui-même, c'est le *Bordj* des Persans modernes, une des chaînes de l'Elbourz, au pied duquel, dit M. E. Reclus, est Hamadan, l'ancienne Ecbatane, tandis que les ruines de Ragès touchent à Téhéran.

De l'aveu donc de MM. Renan et Lenormant, la tradition aryenne ou persane ne s'accorde pas avec la tradition hindoue sur le lieu du Paradis terrestre. La tradition hindoue le place sur l'Himalaya, à la chaîne du Mérou, la tradition aryenne ou persane le place sur l'Elbourz : la première le place au Nord de l'Inde, la seconde au nord de la Perse, près de la Caspienne.

Par quel art merveilleux nos savants parviennent-ils donc à faire converger vers le Pamir la tradition persane ?

---

(1) La tradition aryenne est exprimée par les livres Zend. Nous montrerons plus loin qu'elle n'est pas même une tradition persane complète.

(2) Voici le passage du Vendidad qui décrit le paradis mazdéen :
« Ahura-Masda dit à Zarathustra-le-saint : J'ai créé, ô S. Zarathustra, un lieu de nature agréable où tout pourtant n'est pas joie. Car si je n'avais pas créé ce lieu de nature agréable où tout n'était pas joie, tout le monde corporel se serait transporté dans l'Aryana-Vaéja (fargard 1. 1-3).

Le paradis mazdéen n'est nullement semblable au paradis mosaïque où tout était joie, pas plus qu'il n'était situé sur le Bérésinthe. Le Zend n'indique nulle part sa situation.

Quelle baguette magique a touché l'Elbourz pour le faire se transporter au Pamir et échanger la Perse contre l'Inde ? M. Renan va nous en instruire.

Et d'abord comme on place, par voie d'autorité, l'*Arye* en Bactriane, on dira la tradition aryenne et non la tradition persane. Cette tradition sera donc celle d'un pays qui touche aux montagnes du Nord de l'Inde, qui confine à l'Ouest de l'Himalaya, au Pamir. Puis on imaginera un très souple transfert de nom, qui s'est naturellement produit quand les Aryens, de la Bactriane, le prétendu lieu de leur origine, ont descendu vers la Perse et les contrées occidentales. « Il est vrai, dira M. Renan, que les noms de Berezat et d'Arvand ont servi plus tard à désigner des montagnes et des fleuves fort éloignés de la Bactriane. On les trouve successivement appliqués à des montagnes, à des fleuves de la Perse, de la Médie, de la Mésopotamie, de la Syrie, de l'Asie Mineure et ce n'est pas sans surprise qu'on les reconnaît dans les noms classiques de l'Oronte de Syrie et du Bérésynthe de Phrygie ».

La surprise n'est pas là où la met M. Renan, elle est simplement dans son affirmation. Vous nous affirmez que les Aryens sont venus de la Bactriane en Perse ; mais si au contraire ils étaient allés de la Perse en Bactriane ! Vos preuves, vos preuves, nous vous demandons vos preuves. Que dites-vous encore ? Que le Mérou s'est autrefois appelé le Bérésinthe, d'où ce nom a pris son vol et comme un oiseau voyageur s'est reposé sur le Bérésinthe de la Perse et sur celui de la Phrygie. Mais il faut le prouver. Vous n'en trouvez aucune trace ni dans la tradition hindoue, ni dans la tradition aryenne. Vous faites-là une assertion de la plus haute importance, et qui, à cause de cette importance même, doit être démontrée. Fournissez-nous la preuve que primitivement les Aryens donnaient au Mérou le nom de Bérésinthe.

Je sais bien que M. Renan croit s'appuyer ici sur Eug. Burnouf, et que l'autorité de ce savant est considérable.

Ne nous lassons pas de le répéter, la science ne procède pas par voie d'autorité. Il ne suffisait pas de vous appuyer sur Burnouf, il fallait encore le vérifier. Ce que vous n'avez pas fait, nous l'avons fait et nous restons convaincu que cet esprit si solide d'ailleurs, s'est laissé aller à des interprétations et à des conclusions qu'il ne justifie pas.

Voici le passage de l'Iaçna dont il s'autorise pour faire du Pamir le Bérésinthe.

Nous donnons d'abord la traduction d'Anquetil-Duperron.

« Je prie et j'invoque le Bordj donné d'Ormuzd, ce nombril des eaux (je prie), l'eau donnée d'Ormuzd ».

Toute l'attention doit se porter sur le radical zend *bérèz*, d'où la forme absolue *Beres*, haut, élevé. En lui-même, ce mot n'est qu'un adjectif, un qualificatif, qui, au figuré, a donné son nom au Bérésinthe persan, au sommet par excellence. Anquetil l'a pris au figuré et l'a traduit par Bordj ou Bérésinthe, montagne de la Perse, qui s'appelle aujourd'hui l'Elbourz.

Eug. Burnouf, dans une dissertation très savante, ne croit pas devoir adopter le sens figuré pour l'interprétation de ce passage ; il traduit ainsi :

« J'invoque, je célèbre le haut, le divin sommet, source des eaux et l'eau donnée par Masda ».

Le savant philologue fait observer que d'après la glose de Nériosengh, le mot Aurvat signifie, qui court, qui va rapidement, et exprime le nom d'une rivière. Le poëte célébrerait donc le sommet d'où sort la rivière Arvand. Il y a bien la montagne Arvand, orthographe ancienne du nom que les Persans écrivent aujourd'hui Elvand et Elvend, mais, fait-il observer, on ne connaît pas d'autre rivière de ce nom que le fleuve célèbre de la Cylyserie, appelé Oronte par les anciens, et alors il entreprend des recherches pour l'identification de l'Arvand. Nous le suivrons tout à l'heure dans ces recherches ; nous devons commencer par déclarer qu'elles sont inutiles. L'Arvand existe aujourd'hui encore. Il sort de l'Elvend, arrosait Ecbatane, capitale de la Médie et l'une des capitales de la Perse, et a donné probablement son nom à la montagne d'où elle sortait. Ce vers d'une rare obscurité, ne paraît donc pas exprimer autre chose qu'une invocation à la rivière et à la montagne d'Arvand. Nous irons plus loin et notre conviction intime c'est qu'il ne s'agit dans ce passage ni d'une montagne particulière, ni d'une rivière spéciale. L'écrivain célèbre d'une manière générale les montagnes et les fleuves, les hauts sommets et les eaux données par Ormuzd.

Voyons maintenant où va nous mener Burnouf. Il est à la recherche de la rivière Aurvand. Quand il croira l'avoir trouvée, quelle conséquence en tirera-t-il?

L'*Afrin des sept Amschaspands*, poëme des *Ieschts sadès* du Zend, contient cette exhortation. Nous empruntons la traduction d'Anquetil:

« Soyez toujours fort par le roud Oroûand (l'Arg). Soyez toujours fort par le roud Veh. Soyez toujours fort par le roud Frât ».

Voilà de nouveau trois rivières dont il faut rechercher le cours. « Le Frât est sans doute l'Euphrate, dit Burnouf. D'après tous les géographes le Veh est l'Oxus ». On ne voit guère que les géographes se soient occupés de la rivière Veh du Zend. Nous regardons l'identification comme non prouvée.

Quant à l'Oroûand, ce serait l'Auwand de tout à l'heure. Quel est donc cet Oroûand? quel fleuve désigne-t-il?

Dans sa dissertation très nourrie de faits, le savant philologue s'est demandé si on ne pourrait pas identifier l'Oroûand avec l'*Arg*, fleuve souvent désigné dans le *Boundeschech*, et il s'est répondu que le simple rapprochement de ces deux mots ne lui paraissait pas suffisamment établi. Mais en relisant les Ieschts-Sadès, en voyant Anquetil, dans sa traduction, les faire synonymes l'un de l'autre; en compulsant le dictionnaire persan, qui déclare que l'Arvand se nomme le Didjleh en arabe ; enfin en comparant entre elles les dénominations grecques, cette identification ne lui fait pas de doute. 1. Arvat, rapide. 2. Οροατες, autre orthographe d'Arvat. 3. Οροσις, le même qu'Oroatès, autre orthographe du même mot. 4. Ορξαντες, ancien nom de l'Iaxarte, « mot tiré directement, à ce qu'il semble, du zend aurvant par la substitution de *gva à va*. 5. Αραξες, nom commun à plusieurs fleuves.

La gradation des noms grecs conduit le savant orientaliste à conclure que si on ne trouve pas l'Oroûand sous son nom propre, on le trouve sous son synonyme d'Argroud, d'ορξαντες, l'Iaxarte. Sans doute, l'Argroud pourrait être aussi bien le Tigre, le Didjleh (1) ou l'Arvan des Arabes, mais on doit donner la préférence à l'Iaxarte, parce que dans le *Vendidad*, toutes les descriptions géographiques partent du Nord.

Comme conséquence naturelle, on est amené à reconnaître le vrai sommet ou le *Bordj* dont parle l'auteur de l'Iaçna. L'Iaxarte, prenant sa source dans le flanc Ouest de l'Imaüs, bérés, le sommet divin de cet auteur, est le Mérou dont le nom primitif fut Bérésinthe.

Nous venons d'analyser aussi clairement que nous l'avons pu cette dissertation très longue et non pas toujours claire du savant orientaliste. Nous lui devons les observations suivantes.

1. Au nom de la philologie, vous ne pouvez affirmer l'identité d'Aurvand et d'Arg. Le rapprochement des noms grecs n'y fait rien et laisse la chose en l'état. Le nom grec

(1) Burnouf reconnaît que l'auteur des *Ieschts-Sadès* entend désigner le Tigre. Mais selon lui, les autres livres Zend, plus anciens que l'auteur du Boundeschech, qui vivait seulement 200 ans avant Jésus-Christ, expriment bien mieux la tradition iranienne. Un écrivain persan du IIe siècle avant l'ère chrétienne devait beaucoup mieux connaître l'interprétation des livres Zend et de la tradition qu'un savant français du XIXe siècle, et entre l'un et l'autre, malgré les prétentions d'une critique qui ne doute de rien, le lecteur impartial ne peut hésiter.

n'est pas la transformation du nom Zend, il n'en est que la traduction. Le nom ορξαντες prouve seulement que l'Iaxarte s'appelait Argroud, il ne prouve pas le passage d'Oroûand à Argroud, pas plus que vous ne pouvez conclure de l'οροατες à l'ορξαντες. Ce passage d'Oroûand à Argroud ne nous est certifié que par la tradition. Nous n'avons donc pas, même sous votre plume de philologue, un argument de linguistique, nous avons simplement un argument traditionnel.

2. D'après la tradition sur laquelle vous vous appuyez, l'ορξαντες n'est pas le seul synonyme d'Oroûand ; l'αραξες en est un autre. Pourquoi vous prononcer pour l'Iaxarte, plutôt que pour l'Araxe, qui arrosait Persépolis ?

3. Il nous semble que le savant auteur n'élargit pas assez la question, et méconnaît un grand principe de linguistique. Il borne ses recherches à l'identification de l'Arvand, mais la Perse renferme quatre fleuves qui portent ce nom, en s'en tenant aux données de la tradition : l'Arvand de l'Elvend, l'Iaxarte, l'Araxe dont nous venons de parler et le Tigre. Ces noms ont un radical identique, nous y souscrivons, seulement l'identité des radicaux n'entraîne pas l'identité des fleuves, et c'est là le principe que Burnouf nous semble méconnaître : la diversité de formes que revêt souvent le même radical. Il ne suffit pas que Aroûand et Argroud aient une origine commune : ils n'en constituent pas moins deux noms distincts, à cause de la diversité de leur forme. En raison de cette diversité, ils ne désignent pas le même fleuve, mais deux fleuves différents. Il le faut nécessairement ; il faut qu'il y ait quatre noms distincts, quoique dotés du même radical, pour désigner les quatre fleuves que nous avons énumérés. Nous avons en effet l'Arvand, l'Oroûand, l'Arg et l'Argroud. Nous estimerions que ces quatres formes diverses d'un même radical, faussement identifiées par Burnouf, s'appliquent, l'Arvand à l'Arvand de l'Elmend, l'Oroûand au Tigre, l'Argroud à l'Iaxarte et l'Arg à l'Araxe.

4. Admettons toutefois la dissertation de Burnouf. Identifions l'Arvand avec l'Iaxarte. S'en suit-il que le Bérésinthe des livres Zend soit l'Imaüs?

Voici son raisonnement.

L'Arvand qui prend sa source dans le Bordj est l'Iaxarte. Or ce fleuve a lui-même sa source dans la région ouest de l'Imaüs, au Mérou du Pamir. Donc le Bordj ou le Bérésinthe de l'Iaçna est le Mérou.

La majeure de l'argument ne serait vraie que dans la traduction d'Anquetil qui fait sortir l'Arvand du Bordj. Mais vous avez traduit autrement. Vous avez fait une longue dissertation pour établir que le *Bèrèz* de l'*Iaçna* ne doit pas être pris comme un nom figuré ou propre. Vous avez traduit par le nom commun de sommet. « J'invoque, je célèbre le haut, le divin sommet, source des eaux, de l'eau donnée par Mazda ». Il n'est donc pas question du nom propre de Bérésinthe. Les livres Zend n'indiquent donc pas que ce nom ait jamais appartenu au Mérou de l'Himalaya. Ils ne l'indiquent pas dans votre traduction ; ils l'indiquent encore moins dans le sens que nous donnons et qui nous paraît être le seul vrai. Dans ce sens, il s'agit des montagnes et des eaux en général, non d'un sommet particulier et d'une rivière déterminée.

L'examen des Iaçna ne laisse aucun doute à cet égard. Ils ne célèbrent pas autre chose que le génie des eaux. Dans le vest V, Ahura Masda dit à Zarathustra :

« Honore pour moi, S. Zarathustra, Adwiçura la pure.

6. Que je fais jaillir avec éclat pour la prospérité des mnânas, des bourgs, des tribus, des contrées ; pour les protéger, les soutenir, les surveiller, les défendre, les préserver (1).

14-15. Loue Adwiçura, puissante, brillante, de taille élevée, majestueuse, dont les flots, le jour comme la nuit, apportent une quantité d'eau aussi grande que celle de

---

(1) Traduction de de Harlès. T. II, p. 20.

toutes les eaux qui coulent sur cette terre, Awiçura, qui coule puissante et forte (1).

Il est de toute évidence que le poëte célèbre, dans tous ces passages, non pas les eaux des fleuves en particulier, non pas même le génie des eaux en général, mais Adwicura, le genie des eaux de la Perse.

Au surplus, on ne peut invoquer un texte plus obscur que le passage de l'Iaçna discuté par Burnouf. On a lieu de s'étonner qu'un esprit aussi sagace, qui s'efforçait de préciser la traduction d'une langue à peu près ignorée, qui connaissait toutes les incertitudes que laissait subsister un pareil travail, ait épuisé les efforts de son esprit à une dissertation qu'il devait regarder sans fondement suffisant.

Cependant c'est sur ce passage qu'on veut établir comme conclusion monstrueuse, que les traditions hindoues et parses sont identiques dans la désignation qu'elles font des anciens noms géographiques ; que les noms primitifs sont partis de l'Inde, pour être appliqués aux nouveaux pays que les races venaient habiter, à mesure qu'elles quittaient le Pamir, leur lieu d'origine. Si jamais, dans la défense de la Bible et de la Révélation, nous faisions valoir une conclusion de cette importance, s'appuyant sur une pareille base, comme le rationalisme nous tournerait le dos, jetterait le ridicule sur notre crédulité, nous renverrait à la région de l'illuminisme, en dehors de toute science et de toute discussion raisonnée !

Nous devions insister à la réfutation de cet argument de Burnouf. Car dans toute cette thèse du Pamir il est le seul sérieux, non pas à cause de la base qui lui fait défaut, mais à cause du grand nom de son auteur, à cause de l'appareil scientifique avec lequel il se présente. Nous verrons par la suite que tous les autres s'appuient sur celui-là. Ils n'ont pas plus de valeur ou sont d'une fragilité plus grande encore.

---

(1) *Item*, ibidem, p. 207.

Nous sommes donc en droit de dire aux tenants de l'opinion que nous combattons : vous n'avez aucune preuve qui vous permette d'identifier le Bérésinthe des livres Zend avec le Mérou de l'Himalaya ; vous ne nous démontrez pas le prétendu accord de vos deux traditions principales : la tradition hindoue et la tradition iranienne sur l'emplacement du Paradis terrestre. Elles sont en complet désaccord, et c'est leur accord cependant que vous vous plaisez à opposer à la tradition biblique.

Vous ne vous contentez pas de cet effort. Vous entendez grouper toutes les autres traditions en un faisceau compact auquel de nouveau elle ne pourra résister. Vous ajoutez donc : « Les tribus mongoles rattachent leurs légendes les plus anciennes au Tian-chan et à l'Altaï, les tribus finnoises à l'Oural, parce que ces deux chaînes dérobent la vue d'un plan de montagnes plus reculées. Mais prolongez les deux lignes de migration qu'indiquent ces souvenirs vers un berceau moins voisin, vous le verrez se rencontrer dans la petite Boukarie (1) ». Enfin les traditions du peuple chinois placent son origine au Kouen-Lun.

Or le Kouen-Lun est à la séparation du Thibet et de la Chine, à deux cent vingt lieues au moins du Mérou.

L'Altaï est aux confins de la Chine et de la Sibérie, c'est-à-dire à environ sept cent cinquante lieues du Mérou.

La Finlande et l'Oural sont en Europe.

Il n'y a donc aucun accord de toutes ces traditions sur l'emplacement du Paradis terrestre ; chacune a son site particulier, sa montagne régionale : le Mérou pour l'Inde, le Bérésynthe pour la Perse, le Kouen-Lun pour la Chine, l'Altaï pour les Mongols, l'Oural pour les Finlandais. N'importe, tous ces sites doivent être identifiés avec le Pamir de l'Himalaya. Nous avons déjà vu la raison qu'en donne M. Renan pour le Bérésynthe. Voici l'inoubliable lien, par lequel il rattache au Mérou les traditions chinoi-

---

(1) Renan, cité par F. Lenormant, *Hist. anc. de l'Orient*, t. I, p. 95.

ses, Mongolaises et Finoises : c'est que les chaînes du Kouen-Lun, de l'Altaï et de l'Oural « dérobent la vue d'un plan de montagnes plus reculées ». Sans ce bandeau de roches, ils auraient aperçu le Mérou et n'auraient pas perdu le vrai souvenir du lieu de leur origine. En d'autres termes, il nous convient que le berceau du genre humain soit au Mérou ; nous avons pour nous une tradition qui l'affirme ; les autres qui le nient devraient au contraire l'affirmer ; donc elles l'affirment.

Voilà la critique des partisans du Pamir. Oh ! je nie que ce soit une critique française. Non, le bon sens et la droiture de l'esprit français sont incapables d'un pareil trompe-l'œil ; nous reconnaissons là le genre allemand, le procédé de cet esprit obscur et audacieux, qui a créé le protestantisme sans fondement, et qui véhicule dans ses livres scientifiques des montagnes d'erreurs par une critique sans pudeur.

Le professeur de l'Université catholique de Paris, M. l'abbé Loisy, peut bien s'incliner devant une pareille logique, et ébranler, en son honneur, l'inspiration de nos livres sacrés. La fière raison gauloise donnera toujours le coup de pied de l'âne à cette science tudesque ; dans son bon sens, elle n'entamera jamais pour elle sa foi catholique.

Au surplus, nous entendons également mal la tradition biblique. Nous venons de voir par quelle finesse de critique toutes les traditions, si formellement en désaccord, s'accordent néanmoins. Il en est de même du récit mosaïque. Il suffit de bien l'entendre. Compris avec intelligence, il n'exprime pas autre chose que la tradition universelle. Comme elle, il fixe au Pamir le Paradis terrestre.

« Un fait bien remarquable en effet, dit M. Renan, c'est que des inductions non sans doute aussi fortes que celles qui viennent d'être exposées, mais solides encore, nous engagent à placer vers le même point le berceau de la race sémitique. Le deuxième chapitre de la Genèse nous présente une géographie qui n'a aucun lien avec la géographie ordinaire des Hébreux, et qui offre au contraire des ressemblances étonnantes avec le système des Iraniens. Le Phison, qui sort du jardin de l'Eden, situé à l'Orient, est très probablement le Haut-Indus et le pays d'Havila, où se trouvent l'or et les pierres précieuses, semblent bien être le pays de Darada (vers Cachemire) célèbre par ses richesses. Le Géhon et l'Oxus, et c'est sans doute par une substitution de noms plus modernes que nous trouvons le Tigre placé à côté des deux fleuves précités. Qui sait même si le royaume d'Oudyâna ou du jardin, situé vers Cachemire, ne nous cache pas l'origine du nom sémite d'Eden ? Tout nous porte ainsi à placer l'Eden des Sémites au point de séparation des eaux de l'Asie, à cet ombilic du monde, que toutes les races semblent nous montrer du doigt comme le point où se rencontrent leurs plus anciens souvenirs » (1).

En se rappelant ce que nous avons dit du souvenir de toutes les races, souvenirs si disparates, le lecteur jugera de nouveau de ce genre scientifique qui procède par idées préconçues et systématiques et non par démonstration. Pour échapper à la démonstration, qu'ils font bien ces « très probablement », ces « semble bien être », ces « sans doute », ces « qui sait même », à l'aide desquels on peut accumuler avec vraisemblance autant d'erreurs que de mots, en prenant un air de modestie qui ne fait que rehausser la science et le talent de l'écrivain. Nous reprendrons un à un tous ces « peut-être » et tous ces « qui sait » et nous verrons qu'ils ne résistent pas à la discussion. Nous avons déjà fait du chemin, dans cette fameuse thèse du Pamir, sans avoir encore rencontré un argument qui se tienne debout. Il en sera ainsi jusqu'à la fin. Au point de vue de la tradition, cette opinion a contre elle celle de tous les peuples, à l'exception de l'obscure et incertaine tradition brahmanique.

(1) Renan, *De l'origine du langage*, 3ᵉ édit., p. 229.

CHAPITRE VI

Le Pamir (suite). — L'anthropologie.

L'anthropologie place la naissance de l'humanité au Pamir, la paléontologie en Sibérie et même au Spitzberg. — Fausseté de ces conclusions. — Impossibilité climatérique du premier développement des races au Pamir.

L'anthropologie doit aussi avoir la parole dans cette question du lieu d'origine des races. Elle les distingue les unes des autres, elle assigne aux diverses régions le nom des peuples qui les ont habitées, nous pouvons espérer de trouver auprès d'elle quelque lumière sur ce point important de l'histoire du monde. Va-t-elle enfin nous conduire au Pamir, à cette région vers laquelle nous faisons effort pour arriver, sans avoir pu y parvenir encore malgré le secours de l'ethnographie et de la tradition!

Nous allons entendre M. de Quatrefages, le plus autorisé, parmi nous, des anthropologistes contemporains.

« A en juger par ce qui existe aujourd'hui, ce grand massif central pourrait être regardé comme ayant renfermé le berceau de l'espèce humaine.

« En effet les trois types fondamentaux de toutes les races humaines sont représentés dans les populations groupées autour de ce massif. Les races nègres.... la race jaune, la race blanche.

« A lui seul ce fait pourrait inspirer au naturaliste la conjecture que j'ai exprimée plus haut ; mais on peut invoquer d'autres considérations.

« Une des plus sérieuses se tire de la linguistique.

« Les trois formes fondamentales du langage humain se retrouvent dans les mêmes contrées et dans des rapports analogues.

Nous discuterons plus loin ce double fait auquel le savant anthropologiste, donne, selon nous, une portée beaucoup trop considérable.

Du reste il va nous aider lui-même dans la vraie interprétation de ces faits, par sa conclusion finale.

« Les études paléontologiques ont conduit assez récemment à des résultats qui peuvent modifier ces premières conclusions. MM. Hur et de Laporta nous ont appris que à l'époque tertiaire (1), la Sibérie et le Spitzberg étaient couverts de plantes attestant un climat tempéré. A la même époque, nous disent MM. Murchisson, Kegserling, de Verneuil, d'Archiac, les barenlands de nos jours nourrissaient de grands herbivores, le renne, le mammouth, le rhinocéros à narines cloisonnées. Tous ces animaux se montrent chez nous au début de l'époque quaternaire. Ils me semblent n'être pas arrivés seuls.

« N'est-il pas permis de penser que pendant l'époque tertiaire, l'homme vivait dans l'Asie boréale, à côté des espèces que je viens de nommer et qu'il les chassait pour s'en nourrir, comme il les a plus tard chassés en France ! Le refroidissement força les animaux à émigrer vers le Sud ; l'homme dut les suivre pour chercher un climat plus

---

(1) L'opinion de l'homme tertiaire, encore professée par M. de Quatrefages dans sa 3e édition de l'espèce humaine, parue en 1883, est abandonnée aujourd'hui de la plupart des savants. « A-t-on signalé, nous dit M. Salomon Reinach dans ses *antiquités nationales,* des vestiges certains de l'existence d'un être intelligent à l'époque tertiaire ?.... Nous pensons qu'on doit répondre par la négative, malgré la multiplicité des découvertes alléguées depuis 1863. » Voir également M. de Carthilac lui-même, dans sa *France préhistorique*, et M. Bertran dans la 2e édition de son ouvrage : *la Gaule avant les Gaulois*. Voilà donc les savants anti-bibliques pris en flagrant délit de précipitation et par conséquent d'erreur sur un point qui a produit tant d'agitations. Cette fable de l'homme tertiaire a fait croire aux peureux de la vérité biblique, que tout était perdu, si on ne la désintéressait pas des questions scientifiques, et pour l'en désintéresser, ils ont inventé d'autres fables, d'abord celle qu'elle n'est pas inspirée sur les points de science et d'histoire, puis la fable des degrés dans l'inspiration.

doux et pour ne pas perdre de vue son gibier habituel. Leur arrivée simultanée dans nos climats, l'apparente multiplication subite de l'homme s'expliquerait aisément.

« On pourrait donc reporter bien au nord de l'enceinte dont je parlais tout à l'heure et au moins jusqu'en Sibérie le centre d'apparition humaine. Peut-être l'archéologie préhistorique et la paléontologie confirmeront-elles ou infirmeront-elles un jour cette conjecture (1).

Voilà les partisans du Pamir bien attrapés. M. de Quatrefages leur signifie, au nom de la paléontologie, que le berceau de l'espèce humaine est en Sibérie, peut-être même au Spitzberg.

Nous nous demandons vraiment si les concessions qu'il leur fait d'abord et la conclusion tout opposée qu'il énonce, n'est pas une manière aimable de plaisanter son cher collègue, M. Renan et les savants qui, à sa suite, adhèrent à la thèse du Pamir. Nous aimerions à le croire, mais nous nous tromperions. M. de Quatrefages a écrit sérieusement les lignes que nous avons citées ; il nous fournit ainsi la plus certaine réfutation de l'argument anthropologique et philologique, qui place dans cette région le berceau du genre humain à cause du rapprochement des races et des langues primitives. Car si cet argument est certain, si, parce que les trois races principales de l'humanité convergent au Pamir, si, parce que les idiomes primitifs s'y retrouvent également, vous avez le droit de les y faire naître, ce qui est certain est certain, et la paléontologie ne peut imaginer un autre lieu de création. M. de Quatrefages reconnaît donc lui-même la faiblesse de l'argument anthropologique et linguistique, puisqu'il lui oppose des données paléontologiques, qui le contredisent.

Nous ne cesserons de le répéter. La science a deux

(1) De Quatrefages, *l'Espèce humaine*, t. IV, ch. XXV, p. 133, 3º éd.

parties bien distinctes : la constatation des faits et les conclusions qui en viennent. Les savants se trompent rarement dans la recherche et la constatation des faits ; ils y mettent toute leur sagacité, ils y emploient un patient labeur. Ils sont loin d'être aussi heureux dans leur interprétation. Or ce qui constitue la science, ce ne sont pas les faits, ce sont les conclusions, les conséquences, les lois qui en découlent. Dans le cas présent on donne aux faits un langage qu'ils ne tiennent pas. Le fait, pour plusieurs races, de converger vers le même point, d'y apporter tout naturellement leur idiome, n'a pas pour conséquence de faire naître ces races en ce point. La concentration de peuples divers se rencontre fréquemment sur le globe. Pour ne parler que de notre région, nous avons en Suisse le contact de trois grandes races, des sous-races, tant que vous le voudrez, mais des races distinctes cependant, et parlant toutes trois des langues différentes, la race française, la race allemande et la race italienne. Faut-il conclure que ces peuples et ces langues ont leur origine au centre de la Suisse ? Assurément non. Nous avons déjà dit que la race blanche ou aryenne a pu venir de l'Arménie ou de la Perse et se répandre de là dans l'Inde par l'Indou-Kousch. La race jaune n'est qu'un rameau appartenant à la grande famille ouralo-altaïque qui occupe tout le nord de l'Europe et de l'Asie. Rien n'indique que cette race si nombreuse ait remonté du midi au nord, du Pamir dans ces vastes régions. Il n'y a pas un lien nécessaire entre le fait de la concentration des trois races et leur naissance au Pamir ; ce lien nécessaire n'existant pas, la preuve n'existe pas, l'argument tombe de soi et ne peut produire une affirmation scientifique.

M. Renan doit donc rayer de sa thèse cette page, qui paraît très savante, et qui n'est qu'un mirage.

« On arrive ainsi à constituer dans la région Alpeste que les anciens désignaient du nom d'Imaüs un berceau primitif dont les peuples s'appelaient aryens..... Le nom d'Arie désigna ensuite des pays beaucoup plus méridionaux à mesure que la race dont nous parlons descendit vers le sud ; mais il est certain que les progrès de la science portent à reculer de plus en plus l'Arie primitive vers le Nord. Les populations du versant oriental du Belourgtad et du Mustag, celles du Kaschgar, d'Aksou, de Jarkand, de Khoten ont été dans l'antiquité et sont encore en partie aryennes. Le vaste plateau de Pamir, surtout, attire d'une façon particulière l'attention de l'ethnographe... De vieilles relations y placent des peuples blonds à prunelles bleues, dans lesquels M. de Humbold voit des aryens ».

Non, vos certitudes n'existent pas. Les progrès de la science sont les faits anthropologiques et linguistiques rapportés par M. de Quatrefages, et qui ne l'empêchent pas d'aller chercher la naissance de l'humanité en Sibérie et au Spitzberg. Nous voulons bien que de vielles relations, envers lesquelles nous admirons votre confiance, vous si défiants et si dédaigneux pour les claires et positives traditions de la Genèse et des Sémites, nous voulons bien que ces vieilles relations placent au Pamir des peuples à prunelles bleues et que M. de Humbold les prenne pour des Aryens. Nous voulons bien encore qu'il y ait des aryens sur le versant oriental du Belourgtag et du Mustag, au Kaschgar, au Jarkand, à l'Aksou et au Khoten, puisque des noms inconnus au vulgaire font si bien à l'apparat scientifique. Mais des aryens, nous en rencontrons ailleurs : vous ne nous parlez que des aryens de la Bactriane, de la Sogdiane et du Pamir, pourquoi ne pas nous parler de ceux de la Perse et de l'Arménie ; il y en avait là aussi, nous vous l'avons déjà dit et tous les savants l'attestent : « Les parts décisives d'influence (dans l'Asie occidentale) écrit M. Reclus... furent dévolues aux Sémites dans les régions du sud, aux Aryens dans celles du Nord (1) ». Nous vous répéterons la question que nous

---

(1) *L'Asie antérieure*. T. IX, p. 4.

vous avons déjà faite. D'où venaient ces aryens de l'Arménie, de la Médie, de la Perse, de la Bactriane et du Pamir? Vous dites du Pamir et vous ne l'avez prouvé jusqu'à présent ni par l'ethnographie, ni par la tradition, ni par l'antropologie. Vous êtes toujours sans preuves, et nous voulons terminer ce chapitre en vous démontrant que vous avez au contraire contre vous toutes les vraisemblances climatériques.

La Paléontologie nous révèle qu'à l'époque tertiaire un climat tempéré s'étendait sur tout le globe. La Genèse nous présente la même affirmation pour l'époque où fut créé le premier homme. Seulement, la science suppose avec plus ou moins de raison que le refroidissement s'est accompli par degrés. La Genèse l'attribue à la grande catastrophe du déluge. C'est sous l'influence de cette révolution climatérique soudaine que nous vivons depuis ce moment. Voilà ce que croient tous ceux qui croient à la Bible. Comment, ceux-ci du moins, pourraient-ils admettre, non pas que le Paradis ait été au Pamir, mais que la race de Noé l'ait habité assez longtemps, pour y trouver ses premiers développements et se répandre de là dans le monde.

Le Pamir est peut-être la région la plus tourmentée du globe. C'est une immense cuvette à peu près circulaire, inclinée du nord au sud-ouest, et hissée à quatre cent cinquante mètres d'altitude sur une gigantesque charpente de montagnes, s'élevant elles-mêmes à des hauteurs qui varient de cinq mille cinq cents à six mille six cents mètres.

Il n'y a pas de contrée plus froide sur les continents. Les tourbillons de neige n'y cessent pas en été; la végétation y est presque nulle, ni le grain, ni le bois n'y poussent; les voyageurs qui s'engagent dans ses steppes, sont obligés de faire des provisions de l'un et de l'autre, pour ne pas mourir de faim et de froid. Enfin la raréfaction de l'air y rend la respiration fort pénible pour l'homme comme pour les animaux. Le pouls y donne jusqu'à quatre-vingt-neuf et même quatre-vingt-dix-neuf pulsations par minute.

Mais voici surtout un détail concluant, que nous trouvons dans le bulletin de l'Académie des sciences de Mai 1891.

« M. Capus, qui avec M. Bonvalot, a traversé dans l'Asie centrale, les régions glacées et désertes des hauts plateaux de Pamir, adresse une note sur la température qui sévit dans ces altitudes de plus de cinq mille mètres. Au soleil, le thermomètre s'élève à 40°, tandis qu'à l'ombre il reste souvent au-dessous de 15°. C'est là une cause de danger pour les voyageurs. S'ils n'ont pas la précaution de se retourner de temps en temps et d'exposer au soleil alternativement les parties de leur corps, il s'ensuit que la face frappée des rayons solaires s'échauffe démesurément, tandis que l'autre, plongée dans l'ombre, baigne dans une atmosphère d'une température de 15° degré au-dessous de zéro. La différence est de 55°. Ce défaut d'équilibre est dangereux et malsain et peut amener de grands accidents. »

En vérité comment M. Lenormant a-t-il pu écrire que le Pamir est « éminemment propre à nourrir des populations primitives encore à l'état pastoral, puisqu'il leur offre tout ce qui est nécessaire à leur existence : habitation, nourriture et combustible, et cela à une hauteur où l'on ne rencontre partout ailleurs que des neiges éternelles (1) ».

Il est difficile d'être plus paradoxal, et on se trouve rassuré, en voyant ces écrivains, pour faire triompher leurs opinions systématiques, ne pas tenir compte des certitudes de la science et de l'histoire plus que des affirmations infaillibles de la Bible.

---

(1) Lenormant, *Les Origines de l'histoire*, T. II. p. 41. Nous-même nous avons emprunté la plupart des détails que nous donnons sur le Pamir, à la *Revue des questions scientifiques*, Bruxelles, 1883.

CHAPITRE VII

Le Pamir (suite). — La philologie.

Deux étymologies réfutées. — Dangers de la linguistique en dehors des règles qui doivent la guider. — Preuves philologiques sans valeurs fournies par M. Obry. — Toutes les sciences interrogées jusqu'à présent, n'ont fourni aucune preuve sur le site du Paradis au Pamir.

Nous venons d'exposer et de réfuter plus haut le principal argument philologique mis en avant. De même qu'on retrouve autour du Pamir les trois grandes races primitives, de même on y retrouve les idiomes premiers. Ces deux faits sont corrélatifs. Les races émigrent avec leur langue ; elles les parlent là où elles vont se fixer, surtout les races primitives. Il est donc bien naturel de rencontrer les idiomes primitifs là où existent les races primitives. Nous avons réfuté la conséquence qu'on voudrait tirer de la présence de ces races sur les pentes du Pamir. Cette réfutation s'applique nécessairement à la présence des idiomes. Nous ne les renouvellerons pas ici et nous abordons les faits particuliers qui ont trait au Paradis.

La preuve que le récit biblique transporte en Chaldée un site qui appartient primitivement aux Indes et à l'Himalaya, ce sont les noms suivants qui se retrouvent dans ces contrées.

« Qui sait même, nous a dit déjà M. Renan, si le royaume d'Oudyâna ou du jardin, situé vers Cachemire, ne nous cache pas l'origine du nom sémitisé d'Eden. »

M. Lenormant, qui suit au fond, pas à pas, la thèse de M. Renan, écrit de son côté :

« Ce nom d'Aryâratha est la source de celui d'Ararat. »

« Il n'est pas jusqu'au nom même d'Eden qui n'eût été,

à une certaine époque appliquée à cette région, car il se retrouve clairement dans le nom du royaume d'Oudyâna ou du jardin, près de Cachemire, arrosé précisément par quatre fleuves comme l'Eden biblique. »

Ainsi deux noms de la géographie indienne auraient donné naissance à deux noms de la géographie mosaïque : l'Oudyâna et l'Aryarâtha hindous auraient engendré l'Éden et l'Ararat de la Genèse. C'est donc vraiment l'Indou-Kousch qui serait le berceau de l'humanité anté et post diluvienne.

La filiation de l'Ararat et de l'Eden, si elle était vraie, ne nous déplairait pas. D'abord elle ajouterait une incohérence de plus aux nombreuses contradictions qui se rencontrent dans cette thèse. L'Oudyâna hindou ne placerait pas le Paradis sur le Mérou, mais dans une riche vallée au pied de l'Himalaya. Il y aurait de cette façon désaccord entre la tradition et la philologie.

Puis, en admettant la descendance de l'Eden et de l'Ararat, nous disons que l'un et l'autre ont pu tout aussi bien engendrer Oudyâna et Aryàratha qu'être engendrés par eux. Le nom sémitique a pu tout aussi bien revêtir la forme aryenne, que le nom hindou revêtir la forme sémitique. Nous plaçons l'Eden en Chaldée, l'Ararat en Arménie. Nous pouvons vous dire avec un droit égal, que notre Eden Chaldéen et notre Ararat Arménien ont produit votre Oudyana et votre Aryâratha hindous. Tout ce que vous nous objecterez, nous vous l'objecterons. Jusqu'à présent nous avons réduit à néant toutes vos preuves en faveur de la situation du Paradis au Mérou ; vous n'avez parconséquent aucun fondement pour opposer votre filiation à la nôtre. Si nous écartons la certitude qui nous vient de la Révélation, nous sommes, au point de vue philologique, sans preuves scientifiques ; vous n'en avez pas davantage que nous.

Enfin, cette filiation existe-t-elle ? Nous répondrons par cette citation empruntée à M. Lenormant, et qui présente en même temps une vraie curiosité littéraire.

« Il est vrai qu'étymologiquement parlant et au point de vue de la rigueur philologique Eden et Oudyâna sont parfaitement distincts ; de ces deux noms, l'un a revêtu une forme purement sémitique et significative dans cette famille de langues, l'autre une forme purement sanscrite et également significative. Mais c'est le propre de ces quelques-noms de la géographie tout à fait primitive des traditions communes aux Aryas et aux Sémites, dont l'origine remonte à une époque bien antérieure à celle où les deux familles d'idiômes se constituèrent telles que nous pouvons les étudier et dont l'étymologie réelle serait actuellement impossible à restituer, de se retrouver à la fois chez les aryens et chez les sémites, sous des formes assez voisines, pour que le rapprochement s'en fasse avec toute vraisemblance, bien que ces formes aient été combinées à avoir un sens dans les langues des unes et des autres ».

Dans cette dernière phrase toute latine, les incidentes s'agencent comme les pièces multiples de charpente dans une construction, pour essayer d'étayer et de protéger une opinion que l'auteur sent lui-même très risquée.

La rigueur étymologique dont il parle exigerait qu'on connût au moins le radical d'un des deux mots Ararat ou Aryoârtatha, Eden ou Oudyana. Un mot ne vient d'un autre mot qu'autant qu'on fournit la preuve qu'ils ont un radical commun. De l'aveu même du savant assyriologue, ce radical est impossible à découvrir ; de là l'impossibilité aussi d'avoir une étymologie certaine. Mais, ajoute-t-il, par la similitude des mots on arrive à une étymologie vraisemblable et probable. Soit, nous avons une étymologie probable, mais en réalité cette probabilité n'est qu'une incertitude, elle peut engendrer une opinion, elle ne peut amener une affirmation scientifique. De votre aveu même, votre preuve philologique n'est qu'une simple probabilité.

C'est encore trop concéder. La similitude apparente de

deux mots ne produit pas même la vraisemblance que ces mots ont une commune origine. Regarder cette vraisemblance comme sortant de cette similitude est ouvrir la porte à toutes les erreurs. M. Renan ne se fait pas défaut de s'en prévaloir, mais contre ses propres principes. « Le hasard d'ailleurs, écrit-il, a pu amener entre les mots des coïncidences assez frappantes pour tromper l'étymologiste. L'échelle des articulations de la voix humaine est trop peu étendue et les sons se fondent trop facilemen dans les autres pour qu'en un cas donné il soit possible de prononcer avec certitude s'il y a rencontre fortuite ou véritable affinité. Un grand nombre de faits se reliant les uns aux autres par des lois constantes peuvent seuls produire, en fait d'étymologie, la conviction scientifique. Entre les identités réelles et les homonymées illusoires, la ligne de démarcation est bien difficile à saisir, et quel est le philologue qui peut être assuré de l'avoir toujours respectée » (1) ?

Un coup d'œil jeté sur la structure des langues suffit à démontrer la justesse de ces réflexions et de ces sages restrictions.

Les langues monosyllabiques ont pour caractère d'avoir tous leurs mots conservés à l'état de radicaux invariables et indépendants les uns des autres.

Le caractère des langues agglutinantes ne diffère pas essentiellement de celui-là. Elles associent, pour la formation de leurs mots, plusieurs radicaux sans les altérer ; ce sont des mots composés, où le principal radical s'assujettit les autres sans cependant être fusionnés entre eux de manière à ne former qu'un tout confus et indistinct.

Au contraire dans les langues à flexion, l'association des radicaux est telle qu'ils se modifient et se fusionnent assez pour ne plus former, non pas un mot composé, dont les

---

(1) Renan, *Histoire gén. et système comparé des langues sémitiques*. Liv. V, ch. II, § 111.

parties, semblables à un mécanisme savant, peuvent se démonter mécaniquement, mais un mot unique, dont la composition étymologique est non pas seulement difficile, mais le plus souvent impossible à découvrir.

Nous ferons exception cependant pour les langues sémitiques, et surtout pour l'Hébreu. Quoique à flexion, leur radical est moins dénaturé, plus saisissable, par conséquent, parce que négligeant les voyelles, il consiste surtout dans les consonnes qui généralement demeurent immuables. Leurs modifications sont facilement reconnaissables. Elles résultent de l'introduction de voyelles entre les consonnes pour en nuancer le sens. Par exemple, dans lamma sabaqtani, le verbe sabaq vient du radical *s b q*, qui fait *sboq*, abandonner, *sobeq*, abandonnant, et *sabaq*, a abandonné. Sabaq s'incorpore ensuite *ta*, tu, pour faire *sabataqta*, abandonnas-tu, et *ni*, moi, sabaqtani, abandonnas-tu moi ?

Il résulte de ces principes, que le radical d'un mot nous apparaît assez facilement dans les langues monosyllabiques et agglutinantes, mais qu'il nous échappe le plus souvent dans les langues à flexion et celles-ci sont toutes les langues européennes, ainsi que les langues anciennes de l'Inde et de la Perse : le *sanscrit* et le *zend*.

Il résulte de plus que même en comparant deux langues de même nature, deux langues agglutinantes, par exemple, le turc avec une langue ouralienne quelconque, l'Ougrienne ou Hongroise et la Bulgare, il est difficile d'avoir la certitude de l'affinité des mots comparés. La phonétique de chaque langue a souvent changé complètement l'aspect des racines communes, ou elle a rapproché et donné des airs de similitude à des racines diverses. Pour repousser une identification, il ne faut donc pas se fier à une dissemblance, pas plus que pour l'accepter, il ne faut avoir confiance en la ressemblance.

De là, comme le dit M. Renan, la nécessité de faits nombreux se reliant ensemble par des résultats constants, pour établir des règles et des lois certaines d'étymologie.

Grâce à cette méthode, et en repoussant la pratique si incertaine des similitudes, la science des étymologies s'est enfin constituée pour notre langue géographique nationale. Jusqu'aux travaux de l'illustre Quicherat, cette science était livrée à la fantaisie et à l'arbitraire, ou plutôt n'existait pas. « Les procédés de la saine philologie, écrivait-il en 1867, sont familiers à trop peu de personnes. Il faudra que les doctrines et les instruments de travail se répandent, avant que le succès réponde à la bonne volonté.

« Au point de vue où nous en sommes, le mieux est de ne pas tant s'inquiéter du sens des noms, et de se renfermer davantage dans l'étude de leurs formes. M. Redet, archiviste du département de la Vienne, a donné l'exemple pour sa province. Un mémoire très bien fait de ce savant montre par quelles métamorphoses ont passé les noms de lieu du Poitou pour devenir ce qu'ils sont aujourd'hui, en les prenant aux époques où on les trouve consignés pour la première fois.

« Il m'a semblé qu'une démonstration de ce genre, étendue à toute la France, deviendrait l'occasion naturelle de tracer des règles qui peuvent avoir leur utilité. Je fais cela depuis une quinzaine d'années à l'Ecole des Chartes, ayant introduit l'étude dont il s'agit parmi les préliminaires de la diplomatique. Mais la doctrine, propagée seulement par les travaux des archivistes paléographes, ne fait pas de rapides progrès. Journellement je suis témoin d'erreurs graves où tombent, par la rencontre des noms de lieux, des personnes, très instruites d'ailleurs, qui s'exercent sur les anciens monuments de notre histoire.... » (1).

Quand pour deux langues qui nous sont familières, puisque l'une est notre propre langue, puisque l'autre est

---

(1) Quicherat, *De la formation française des anciens noms de lieu*. Préface, p. 10 et suiv.

le latin qui ne nous est guère moins connu, les meilleurs esprits ont fait fausse route jusqu'à ces derniers temps, nous accepterions aveuglément les étymologies que nous donnent des philologues qui s'exercent sans méthode, sans règle, par des à peu près, sur les langues mortes et à peines connues de l'Orient antique ! Non, vraiment. A toutes leurs affirmations étymologiques nous répondons : quelle preuve donnez-vous ? Vos similitudes n'en sont pas une ; elle ne sont qu'une règle trop souvent fallacieuse.

Aussi nous n'avons jamais pu comprendre que des exégèses catholiques (1) aient osé invoquer l'autorité de M. Obry, dont la brochure (2), la plus obscure et la plus anti-scientifique qui ait jamais été écrite, la plus anti-biblique qu'on puisse imaginer, n'a pas d'autres arguments que des étymologies sanscrites, iraniennes, birmaniennes, singaliennes, chinoises, etc., etc., qu'il manie à l'infini avec une aisance et un aplomb imperturbables. Il pénètre mieux dans tous les arcanes de ces vieux idiômes à peine connus, il saisit mieux tous leurs radicaux, leurs transformations dans leurs passage d'une langue à une autre, que ne l'a jamais fait aucun professeur distingué de notre école des Chartes, à l'égard de notre langue française. C'est bien à cette étonnante brochure que s'applique cette réflexion de M. Gérard de Rialle, peu suspect de sympathie pour la Révélation : « L'Etymologie est un procédé de recherches trop souvent fallacieux et décevant, qui exige de celui qui l'emploie une réserve et une rigueur d'appréciation assez peu compatible, nous semble-t-il, avec la masse énorme de données contenues dans les trois volumes de Pictet (3).

Nous nous résumons et nous disons, que les identités d'Eden et d'Oudyâna, d'Ararat et d'Arâryathara ne sont

---

(1) M. l'abbé Crampon, dans son édition de Cornélius, publiée chez Vivès, M. l'abbé Vigouroux dans ses divers ouvrages.
(2) Du *berceau de l'espèce humaine, selon les Indiens, les Perses et les Hébreux.*
(3) *Les peuples de l'Asie et de l'Europe*, p. 115.

pas prouvées ; que le fussent-elles, elles ne serviraient en rien à démontrer l'existence du Paradis terrestre au Pamir, puisqu'il resterait toujours à déterminer quel mot à produit l'autre, si c'est le nom sémite qui a produit le nom hindou, ou si c'est ce dernier qui a produit le premier.

Nous avons parcouru les diverses sciences invoquées en faveur de la thèse que nous examinons. Aucune n'a fourni le moindre semblant de preuves. Nous avons rencontré plus d'idées préconçues que de faits positifs et certains. La fausseté de cette opinion tant vantée apparaîtra complète, quand, dans le chapitre suivant, nous aurons examiné la topographie du Pamir, celle des fleuves donnés comme les fleuves paradisiaques, et que nous l'aurons comparée à la topographie que décrit le récit mosaïque.

CHAPITRE VIII

Le Pamir (suite). — La topographie ou la disposition des fleuves du Pamir.

La topographie ou la disposition des fleuves du Pamir doit reproduire celle du récit mosaïque. — D'après ce récit la nappe d'eau qui arrosait le Paradis n'était pas une source, mais un fleuve. — Les fleuves du Pamir n'ont point la disposition de ceux du récit mosaïque.

Nous entendons ici, par topographie, la disposition des fleuves. Cette disposition, nous l'empruntons forcément au récit mosaïque. Lui seul peut servir de base à une recherche raisonnée.

Ou l'on croit à l'inspiration de toute l'Écriture, ou l'on ne lui attribue que l'autorité de l'histoire et de la tradition commune.

Dans le premier cas, tous ses détails sont d'une rigoureuse exactitude, il faut que le site choisi leur soit exactement conforme.

Si on n'accepte le Livre saint que comme une histoire et une tradition purement humaine, on doit également le regarder comme l'expression de la vérité, tant qu'on n'a pas fourni la preuve du contraire. Il faut donc qu'une critique, même indépendante de la Révélation, mais qui ne se paie pas de mots, s'attache à tous les détails du texte, dont la fausseté ne sera pas démontrée.

Un des détails les plus importants à fixer est la nature de la nappe d'eau qui arrosait le Paradis. Etait-ce une source ? était-ce un fleuve ?

Voici les propres expressions du récit.

Et fluvius egrediebatur de loco voluptatis, ex Eden, disent les Septante, *ad irrigandum Paradisum*. Un fleuve sortait du lieu de volupté, de la province d'Eden, disent les Septante, pour arroser le Paradis.

La Genèse ne se sert pas du nom de source, mais de celui de fleuve. De plus cette eau sort de la province voisine, elle entre dans le Paradis, elle l'arrose. Une source proprement dite, étant souterraine, n'a pas ces caractères : elle ne coule pas, elle ne sort pas d'une région dans une autre; elle ne féconde pas une contrée par ses arrosements. Tous ces effets ne sont produits que quand elle arrive à la surface du sol et se répand en fleuve ou rivière. Un premier point acquis à la discussion est donc qu'il y avait un fleuve paradisiaque et non une source.

Un autre détail qu'il est indispensable de préciser est la nature des relations des quatre fleuves avec le fleuve du Paradis.

Et fluvius egrediebatur de loco voluptatis ad irrigandum paradisum, qui inde dividitur in quatuor capita.

Le fleuve paradisiaque se divisait en quatre. Il n'y a que deux façons de concevoir quatre fleuves en contact avec un seul. Ou celui-ci forme les quatre fleuves, ou il en est formé.

Quand il forme les quatre fleuves, il part de la source, coule dans un espace plus ou moins considérable, jusqu'à ce qu'il se partage en quatre lits et forme quatre courants différents.

Ou bien au contraire le fleuve unique est formé par la réunion des quatre courants, il n'est alors qu'un confluent, comme en France la Maine, formée de la Mayenne et de la Sarthe, et qui coule pendant dix kilomètres jusqu'à la Loire. Dans le premier cas, le fleuve est la source des quatre autres, dans le second cas les quatre fleuves sont la source du fleuve unique ; dans le premier cas, le fleuve est à la source ou à la naissance du système d'eau, dans le second cas, il est à son embouchure. Nous pouvons donc affirmer que le fleuve du Paradis était à la source du Tigre, de l'Euphrate, du Géhon et du Phison, ou bien qu'il en forme l'embouchure. Cette alternative est rigoureuse et ne peut être contestée.

Ces points établis, avons-nous au Pamir un fleuve unique d'où partiraient quatre fleuves distincts ? ou avons nous quatre fleuves convergeant l'un vers l'autre pour se réunir en un seul lit et en un confluent unique ?

Disons d'abord quels sont les cours d'eau du Pamir désignés comme étant les quatre fleuves parasidiaques.

Ce sont le Haut-Indus, l'Oxus, le Tarim et l'Iaxarte ou bien l'Hilmend. Or ces quatre fleuves n'ont entre eux aucun contact. Ou leurs sources devraient être un fleuve commun, le fleuve du Paradis, ou ils devraient se jeter dans un fleuve commun, qui arroserait le Paradis et leur servirait d'embouchure.

Mais ils ne nous offrent rien de semblable.

Ils ne sortent pas d'un fleuve unique. Complètement distincts à leurs sources, celles-ci sont à d'immenses distances les unes des autres. L'Oxus prend la sienne à la pointe occidental de l'Himalaya, le Haut-Indus dans sa partie orientale, à treize cents kilomètres l'une de l'autre. La source de l'Iaxarte est au nord-est de l'Hindou-Kousch et celle du

Tarim au versant oriental, séparées l'une de l'autre par ce massif alpestre d'une épaisseur de 200 kilomètres. Ainsi à la naissance des fleuves, pas de fleuve commun, mais des sources séparées par des distances considérables.

Le fleuve unique est-il à leur embouchure ? Pas davantage. L'Oxus va se jeter au sud de la mer d'Aral et l'Iaxarte au nord de cette mer. Le Tarim se perd au Thibet dans le lac Labnoor et l'Indus s'épanche dans l'Océan indien. Il n'existe donc aucun point de contact entre eux, ni à leur origine, ni durant leur parcours, ni à leur embouchure.

Puis ils sont au pied du Pamir, à cinq et six mille mètres au-dessous du plateau sur lequel était établi le Paradis, sans communication avec lui, sans aucun lien extérieur qui les rattachât à cette région aérienne. Si jamais une topographie s'est trouvée étrangère à la description du récit mosaïque, c'est bien celle-là.

Au moins est-elle conforme aux traditions hindou et persane ? Non encore. On voudrait demander à la tradition iranienne une géographie paradisiaque ; c'est en vain. Nous avons fait connaître plus haut les fleuves qu'elle mentionne. Ce sont l'Elvand, l'Orouand, l'Argr et l'Argroun. Nous ne reviendrons pas sur la discussion que nous avons ouverte à leur occasion. Il nous suffit de dire qu'ils sont divinisés, mais comme les fleuves les plus remarquables de la Perse. Eugène Burnouf est formel sur ce point. Il n'a jamais vu de la part de l'écrivain du Zend la moindre allusion aux fleuves du Paradis. « Ce qu'on peut conclure, dit-il, d'une manière certaine, c'est que ces deux fleuves (l'Orouand et le Veh) sont, avec le Phratroud, les rivières les plus considérables (1) dont les traditions an-

---

(1) Des fleuves ne sont pas célèbres seulement par l'abondance de leurs eaux et la longueur de leur cours. Des fleuves moins importants ont quelquefois une grande célébrité nationale, soit parce qu'ils arrosent une ville capitale, soit à cause des événements historiques accomplis sur leurs rives, soit à cause de la nature de leurs eaux. Il n'y a donc aucune certitude, comme le veut Burnouf, que

ciennes de l'Asie fassent mention. Or les fleuves les plus célèbres de la Perse, en prenant ce mot dans sa plus grande extension, sont d'un côté l'Euphrate et le Tigre, de l'autre l'Iaxarte et l'Oxus. L'Euphrate est sans doute le Phrat du Boundeschech. Tous les géographes s'accordent à regarder le Veh comme répondant à l'Oxus (1)... » Les livres Zend et le livre le plus moderne du Boundeschech nous placent ainsi en présence d'une géographie purement nationale et non religieuse, en présence des fleuves de la Perse et non des fleuves du paradis terrestre.

La topographie des fleuves du Pamir n'a donc aucune ressemblance avec celle du récit mosaïque. On ne peut pas davantage invoquer sa ressemblance avec la tradition hindoue et iranienne, puisque cette double tradition est silencieuse sur la question des fleuves paradisiaques.

CHAPITRE IX

Le Pamir (fin). — Les noms des fleuves et des régions paradisiaques du Pamir.

L'Oxus donné pour le Géhon ; son nom de Djihoun ; — le pays de Kousche qu'il arrose. — L'Indus ou le Phison, arrosant le pays de Darada ou d'Hévilah. — L'Euphrate n'est ni l'Helvend ni l'Iaxarte. — La géographie mosaïque a-t-elle été mal comprise jusqu'aujourd'hui — Les noms géographiques des pays primitifs ont-ils été transportés aux régions habitées plus tard ? — Pourquoi le nom biblique a-t-il disparu des fleuves du Pamir sans laisser de traces ! — Est-il vrai, comme le veut M. Obry, que la conquête de Cyrus ait donné leurs noms de Tigre et d'Euphrate aux deux fleuves de l'Assyrie et de Babylonie ? — Conclusion. — Fétichisme de la science.

Un élément d'une certaine valeur que nous ne pouvons négliger est celui du nom.

les rivières des livres Zend, soient les plus considérables de la Perse et doivent être identifiés avec ceux-ci.

(1) Burnouf, commentaire sur l'Yaçna.

Il est évident qu'un fleuve, qui, à aucune époque, n'aurait porté celui du récit mosaïque, ne peut être celui désigné par ce récit. Mais aussi, un fleuve pourrait porter ce nom, sans être pour cela le fleuve de la Genèse. Car le même nom a pu être donné à plusieurs fleuves différents. Aussi le sagace Moïse, qui avait bien autant d'esprit naturel et de logique que nos savants; qui savait aussi bien qu'eux s'en servir, et s'en servait en effet pour comprendre et pénétrer les documents traditionnels qu'il avait entre les mains, Moïse n'a pas voulu nous faire connaître les fleuves paradisiaques seulement par leurs noms, ce qui eût pu être une cause d'erreur; il les a désignés en même temps par celui de la contrée principale qu'ils arrosaient. Voyons donc et le nom des fleuves et le nom des contrées.

« Il est certain, dit M. Lenormant, que deux des fleuves paradisiaques sont les plus grands fleuves qui prennent leur source dans le massif du Balourgtagh et du Pamir, l'un vers le nord et l'autre au sud. Le Géhon est l'Oxus, appelé encore aujourd'hui Djihoun par les riverains : la plupart des commentateurs modernes sont unanimes à cet égard. »

Tant pis, vraiment, pour les commentateurs modernes, qui feraient bien mieux d'y regarder à deux fois, avant de s'abandonner aux prétendues découvertes des savants. Où est leur certitude ? Ils n'ont pas d'autres arguments que ceux fournis par Burnouf. Nous avons vu que le savant philologue ne donne nullement les cours d'eau des livres Zend comme des fleuves paradisiaques, mais comme des fleuves nationaux. De plus les identifications qu'il fournit n'ont rien de probant. Il n'y a donc aucune preuve, sinon que l'Oxus, s'appelle aujourd'hui le Djihoun. Cette preuve, il suffit d'ouvrir un dictionnaire de géographie, pour la faire évanouir.

Le *Dji'houn* est un nom porté actuellement par deux rivières bien connues, l'*Oxus* de l'Afhganistan et le *Pyrame* de l'Asie Mineure. Or ces deux fleuves ne peuvent être simultanément le Géhon du Paradis terrestre. Si vous n'avez que les noms à invoquer, lequel des deux est le vrai Géhon ? Pourquoi l'Oxus, plutôt que le Pyrame ? Le Dji'houn est un nom arabe, et non iranien. Si les Arabes de Perse, voulant se donner la satisfaction de posséder l'emplacement du Paradis terrestre, le disent sur les bords de leurs fleuves, les Arabes de l'Asie Mineure ont le même désir et soutiennent qu'il est aussi sur les leurs. Nous aimerions mieux cette dernière opinion, pour le cas où la science serait une affaire de goût. Vous ne pouvez nier que le Géhon biblique ne se rattache, par un lien étroit, au Tigre et à l'Euphrate. L'Oxus n'a aucune communication avec eux ; il en est séparé par toute la Perse et l'Afghanistan. Le Pyrame au contraire appartient au même massif d'où sort l'un des principaux affluents de l'Euphrate. Nous lisons dans E. Reclus : « Parmi ces rivières du versant occidental (du Taurus) qui s'unissent à l'Euphrate est le Tokma-sou, le Mélas des anciens, dont les sources s'entremêlent sur le fait du partage avec celles du Dji'houn ou Pyrame de Cilicie, affluent de la mer de Chypre (1) ». Il ajoute : « ... Les fleuves errants par excellence sont les deux rivières de la Cilicie orientale, le Sarus et le Pyramus, que les Turcs et les Arabes appellent Seïhoun (Sihoun, Sihan, Saran) et Djihoun (Djihan), soit en souvenir des deux grands fleuves du même nom dans le Turkestan plus connus aujourd'hui comme le Sir et l'Amour, soit par allusion aux deux courants du paradis mythique (2) ».

Ces deux noms par eux-mêmes s'annulent mutuellement. Ils ne sont pas anciens, mais modernes : les noms les plus anciens qui nous soient connus sont l'Oxus et le

---

(1) E. Reclus, l'*Asie Antérieure*, t. IX, p. 391.
(2) *Ibid.* p. 522.

Pyramus, et ils ne nous offrent ni dans leur structure, ni dans leur assonance, ni dans aucun détail de leur histoire, un indice que l'un ou l'autre ait été le Géhon de la Bible.

On cite bien encore en faveur de l'Oxus une dernière particularité. Il arrosait, dit-on, le pays de Kousch, donné par Moïse comme le signe distinctif du Géhon. Cet argument est le seul ayant une apparence vraiment scientifique, mis en avant dans toute la thèse du Pamir. C'est des Chouschites en effet que l'extrémité occidentale de l'Himalaya a pris son nom d'Indou-Chousch. Mais le nom n'est pas primitif, il est Arabe, comme celui du Dji'houn. Moïse, dans ces conditions, n'a pu l'avoir en vue et désigner la région de l'Himalaya, puisque le nom n'a été créé que postérieurement à la rédaction de la Genèse.

De plus, il écrivait surtout pour les Hébreux, il donnait le nom des pays traversés par le fleuve comme la marque spéciale à laquelle ils devaient les reconnaître. Si dans la Genèse, il s'agit de l'Indou-Kousch, cette marque pour les Hébreux n'en était pas une, car la région ne leur fut jamais connue.

Enfin, l'Indou-Kousch signifie Kouschites des Indes. Les Kouschites en effet étaient répandus dans toute l'Asie Antérieure et méridionale, comme nous le prouverons plus loin. Cependant cette immense région ne porta pas le nom général de la race. Il y en eut seulement plusieurs centres. Il y eut entr'autres celui des Indes. Justement, si Moïse l'avait visé, il devait lui donner sa dénomination précise, sous peine de faire une désignation incertaine. Au contraire il emploie simplement celle de Kussim, le pays Chouschite. Il y avait donc le pays Chouschite proprement dit, en outre de la région de l'Indou-Kousch. Ce n'est donc pas cette dernière que Moïse indique comme arrosée par le Géhon, puisqu'il n'en donne pas le nom, et de nouveau l'Oxus ne peut, à cause de la contrée qu'il arrose, être présenté comme le Géhon biblique qui baignait le pays Chouschite.

Du Géhon nous passons au Phison. Ce fleuve serait l'Indus.

« Dans le Pischon, où la tradition a toujours vu un fleuve de l'Inde, il est difficile de méconnaître le Haut-Indus, et le pays d'Havilah, qu'il longe, paraît bien être le pays de Darada; vers Cachemire, célèbre dans la tradition grecque et indienne par sa richesse. On y trouve une foule de noms géographiques apparentés à celui d'Havilah (1). »

Les anciens exégèses catholiques, dans l'interprétation des textes historiques des premiers chapitres de la Genèse, s'appuyaient tout naturellement sur la tradition. Combien pauvres, nous disent les savants modernes, sont ces interprétations, puisque la tradition n'est guère que la légende.

Lorsque on ouvre les ouvrages des Renan, des Lenormant, des Oppert, sur les âges antiques, on se figure qu'au moins il ne sera plus question de traditions et de légendes, que vous allez marcher en plein pays scientifique. On est tout surpris au contraire de retrouver sous leur plume la tradition; seulement leur plume est un instrument merveilleux qui a converti la légende en certitude historique, non pas que les prémisses soient données comme des certitudes; on les laisse bien un peu dans la région du douteux, du présumable, du probable, mais en fait et grâce à une illusion d'optique convertie en logique nouvelle, la conclusion est toujours certaine et c'est là l'important.

Quant à Darada, ce bout d'argument philologique ne parvient pas à nous séduire. Nous nous refusons à y voir une transformation d'Havilah. Vraiment la tâche du philologue ne serait pas difficile. Avec un procédé aussi simple d'étymologie et de transformation, les savants n'ont plus à s'inquiéter, ils trouveront toujours des preuves

---

(1) F. Lenormant, *Hist. anc. de l'Orient*, t. 1; p. 100.

toute faites à l'appui de leurs suppositions. Si les autres noms apparentés à celui d'Havilah sont de cette trempe, nous pouvons passer, et répéter à nouveau qu'on ne nous a rien démontré.

La parenté du reste de noms indiens et de noms chouschites n'a rien qui doive surprendre. Les Chouschites ont peuplé l'Inde, mais n'en sont pas originaires. Seulement nous admirons les incohérences de ces savants de renom qui ne veulent voir des dénominations chouschites qu'aux Indes, où les Chouschites ne sont pas authoctones, et qui n'en n'aperçoivent pas dans leur lieu d'origine. Il y a chez eux des myopies étranges. Les commentateurs et les écrivains catholiques devraient bien un peu s'en défier; ils trembleraient moins que Dieu ne se soit mis en défaut dans la Bible.

Nous arrivons au Tigre et à l'Euphrate, au point culminant et vraiment merveilleux de la thèse du Pamir.

« Remarquons, nous dit M. Lenormant, que dans la tradition des Persans, l'Arvand s'est confondu avec le Tigre, ce qui donne lieu de soupçonner l'existence antique, chez les Iraniens, d'un nom analogue à celui d'Hid-Diquel parallèlement au nom d'Arvand (1). Plus positive est la présence du nom de Frat dans les livres mazdéens parmi les désignations des fleuves paradisiaques (2). Pour le rédacteur de basse époque du Boundechesch, peut-être influencé ici par la donnée biblique, ce Frât est l'Euphrate de la Mésopotomie. Mais des preuves nombreuses établissent que plus anciennement la même appellation a été attachée à l'Helmend, l'Helymandus des Grecs, lorsque la notion

---

(1) Lenormand, *Hist. anc. de l'Orient*, t. I, p. 103.
La science de ce savant est vraiment d'une légèreté impardonnable. Il n'a évidemment pas lu, ou n'a pas compris la thèse de Burnouf, que nous avons indiquée plus haut, où cette question philologique est si parfaitement élucidée.

(2) Nous ne pouvons nous lasser de répéter que ces livres ne parlent que de fleuves nationaux et non paradisiaques.

de la montagne sainte avec ses quatres fleuves se fût localisée dans la partie méridionale de l'Indou-Kousch, au massif de l'Ouçadarena des livres Zend, fameux comme le théâtre des révélations divines reçues par Zarathroustra (Zoroaste). »

Quelle délicieuse page de critique ; comme je comprends l'envie de M. Loisy de transporter dans la Bible, à la place de l'inspiration, ces procédés scientifiques qui font tant honneur à l'esprit humain !

Nous ne pouvons pas suivre Moïse, parce que Moïse n'était ni un historien, ni un géographe, ni un linguiste. Nous sommes bien obligés de le rectifier. N'allez pas croire cependant à une hostilité de notre part. Au-dessus de la tradition biblique, nous plaçons celle des Vedas et du Zend, à cause de leur plus haute antiquité, mais ne vous imaginez pas que nous croyions à leur infaillibilité ; nous ne croyons qu'à l'infaillibilité de la critique et de la raison scientifique moderne. Ces vieux livres ont commis des erreurs tout comme la Bible. La tradition persane postérieure et de la basse époque nous parle de l'Euphrate et du Tigre assyriens, c'est une erreur. Les fleuves qu'elle devait désigner, ceux auxquels la tradition ancienne appliquait les noms de Hid-Diquel et de Frâ étaient l'Arvand et l'Helymandus. Nous en avons des preuves nombreuses.

Ici nous ne voudrions pas dépasser les bornes de la modération, mais nous ne pouvons nous dispenser de dire que la première de toutes les preuves devrait être de ne pas se mettre en contradiction avec soi-même. L'auteur a des preuves nombreuses que le Hid-Diquel s'applique à l'Arvand, le Frât à l'Helmend et en même temps il écrit :

« Le Boundehesch pehlvi contient une description toute pareille (à la Genèse)... En combinant ses données avec celle des livres Zend, d'une rédaction beaucoup plus ancienne, on arrive à compléter les noms des quatre fleuves que les Iraniens admettaient comme sortant à la fois de l'Airyriana Vaidja : l'Arang-roût, primitivement Rangha (l'Iaxarte) fleuve appelé aussi Fraât ; le Veh-roût, primitivement Vangouchi (Oxus) ; le Dei-roût ou antérieurement Arvand (le Tarim) et enfin le Mehrva ou Mehra-roût (l' Indus supérieur) (1) »

Tout à l'heure l'Helmend était le Frât, l'historien en avait des preuves nombreuses. Ici, combinant les données du Boundehesch pehlvi avec les livres Zend, le Frât est l'Iaxarte, l'Helmend ne compte même plus au nombre des fleuves paradisiaques. Les preuves nombreuses, qu'on s'était bien gardé du reste de produire, se sont évanouies, nous laissant dans l'impossibilité de nous fixer entre l'Iaxarte et l'Helmend, et entre ces deux fleuves et l'Euphrate. Est-ce que tout cet amoncellement d'érudition indigeste ne serait qu'un apparat extérieur sans réalité, un trompe-l'œil, un manteau de parade, dissimulant la pauvreté de la négation biblique sous des dehors scientifiques ? Nous avons donné, en les citant, toute la géographie des livres Zend ; nous avons mis les textes sous les yeux des lecteurs ; nous avons produit de plus l'interprétation qu'en fournit Burnouf, le savant moderne le plus compétent sur ce point particulier : nous avons fait ressortir les incertitudes que sa discussion si sérieuse laisse néanmoins dans l'esprit ; que l'on compare ce travail vraiment scientifique avec la géographie imaginée par Messieurs Renan, Lenormant, Obry et qu'on nous dise si ces écrivains font de la science ou du roman, s'adressent à leur raison ou à leur imagination ; si pour eux la critique n'est pas un canevas sur lequel ils se plaisent à broder les images, les couleurs et les dessins qui conviennent au tableau qu'ils veulent présenter au public ?

Nous ne sommes pas au plus beau de la dissertation. Si le Tigre et l'Euphrate appartiennent à la Mongolie et au Turkestan, comment expliquer que Moïse les place

---

(1) Lenormant, *Hist. anc. de l'Orient*, t. 1, p. 98.

en Assyrie ? L'objection pourrait paraître embarrassante au premier abord ; elle ne l'est pas à la réflexion.

La géographie mosaïque est mal comprise, répond M. Renan.

« Le deuxième chapitre de la Genèse nous présente une géographie traditionnelle qui n'a aucun lien avec la géographie ordinaire des Hébreux et qui offre au contraire des ressemblances étonnantes avec le système iranien.... » c'est-à-dire que Moïse, ne comprenant pas les documents qu'il avait entre les mains et qui s'en référaient à la région du Pamir, prit pour ceux de l'Assyrie le Tigre et l'Euphrate primitifs. Car, ajoute M. Lenormant, « la description du jardin de l'Eden de la Genèse est très certainement un de ces documents primitifs antérieurs à la migration des Hébreux vers la Syrie, que la famille d'Abraham apporta avec elle en quittant les bords de l'Euphrate et que le rédacteur du Pentateuque inséra dans son texte tels que la tradition les avait conservés. Il a trait à des pays dont il n'est plus question dans le reste de la Bible, et tout comme d'autres morceaux placés également au début de la Genèse y est empreint de la couleur symbolique propre à l'esprit des premiers âges (1) ».

Est-ce bien vrai que la géographie du deuxième chapitre de la Genèse soit étrangère à la géographie ordinaire des Hébreux ? Examinons en détail les deux géographies. — Les pays d'abord : la Koussie. Mais combien de fois ne rencontrons-nous pas le pays de *Chussim* sous la plume des écrivains sacrés ? *Havilah*, mais Havilah revient également dans leurs écrits et sous le nom d'Havilah et sous celui d'Awa. *Eden* ; mais si la Babylonie en avait perdu le souvenir, les Juifs l'avaient au contraire fidèlement conservé. *Haran, et Chene et Eden, mercatores tui*, écrit Ezéchiel dans sa prophétie contre Tyr ; dans Isaïe, nous voyons que Sennachérib envoie dire à Ezéchias : « Igno-

---

(1) Lenormant, *Hist. anc. de l'Orient*, p. 96.

rez-vous ce qu'ont fait partout les rois d'Assyrie ? Est-ce que les dieux des nations ont sauvé ceux que mes Pères ont renversés, Gaza, Haran, Raseph, les fils d'Eden, qui étaient en Thalassar (1) ?

L'histoire des Juifs est presque autant l'histoire de l'Assyrie que leur propre histoire.

Quant aux fleuves, le Tigre et l'Euphrate sont aussi souvent désignés que le Jourdain, le Phison et le Géhon reparaissent comme deux fleuves parfaitement connus sous la plume de l'auteur de l'Ecclésiastique. Vous êtes docteur en Israël, dirons-nous à nos savants, et vous ignorez ces choses ! Non, vous ne les ignorez pas ; c'est une nécessité de vos systèmes préconçus de faire plier les faits les plus notoires à vos affirmations *à priori*. Non, la géographie du deuxième chapitre de la Genèse n'est pas différente de la géographie du reste des livres saints, elle concorde avec elle, et comme, selon vous, « la description du jardin de l'Eden est bien certainement un de ces documents primitifs antérieurs à la migration des Hébreux vers la Syrie » on ne peut douter que la géographie hébraïque la plus ancienne ne plaçât en Assyrie et non au Pamir, le Paradis et les quatre fleuves.

La conclusion forcée n'est donc pas celle que vous donnez : l'insertion dans la Genèse d'un document qui doit être entendu dans un sens différent de celui de la géographie biblique. La conclusion forcée, c'est que sur l'emplacement du Paradis terrestre et sur ses fleuves, Moïse s'est trompé, Abraham, source première des documents, s'est trompé aussi, qu'également a erré la tradition sémitique la plus ancienne.

Nous avouons du reste que l'erreur est bien pardonnable. Les Sémites ont rencontré en Mésopotamie la copie exacte du site de l'Eden vrai : cinq grands fleuves comme ceux du paradis ; cinq fleuves portant les

(1) Voir le chap. XV de cet ouvrage.

mêmes noms ; cinq fleuves arrosant des pays dont les désignations sont identiques aux pays arrosés par les fleuves paradisiaques. Qui ne s'y serait mépris ? Il y a là une reproduction tellement complète du site primitif qu'on a bien pu prendre la copie pour l'original.

Nous le trouvons ainsi, nous du moins qui sommes bibliques, et qui, comme tels, avons l'esprit peu ouvert aux idées scientifiques. Au point de vue de la science, paraît-il, cette similitude est toute naturelle.

« C'est là, dit M. Renan, un effet des déplacements que subissent toutes les localités des géographies fabuleuses. Les races portent avec elles dans leurs migrations, les noms auxquels se rattachent leurs souvenirs, et les appliquent aux montagnes et aux fleuves nouveaux qu'elles trouvent dans les pays où elles s'établissent (1) ».

L'étrangeté de cet axiome ne peut étonner chez un écrivain qui demande la science surtout à son imagination. L'axiome n'est vrai ni pour les races primitives, ni pour les races postérieures et conquérantes.

Si les races primitives, que vous faites partir du Pamir, en avaient transporté la géographie dans les pays qu'ils allaient habiter, nous rencontrerions partout le plus insupportable cahos des noms géographiques, le désordre que voudrait introduire dans le deuxième chapitre de la Genèse l'opinion que nous combattons. Les races primitives n'avaient pas d'académie des sciences ; elles avaient mieux ; elles avaient tous les principes nécessaires à la formation des sociétés et des sciences. Un de ces principes était la distinction nécessaire des lieux géographiques. Sans cette distinction, nous rencontrerions partout des Pamir, des Euphrates, des Tigres, des Phisons et des Géhons. Ce serait la vraie confusion des langues par l'absence même de la diversité. Que par accidents, pour des raisons spéciales et locales qui nous échappent souvent,

---

(1) Renan, *De l'origine du langage*, p. 226.

il y ait eu des dénominations communes, nous le reconnaissons, mais elles sont à l'état d'exception, de très rare exception ; dans ce cas elles ne sont pas accumulées nombreuses dans la même région, comme on voudrait le faire croire pour la Mésopotamie.

Le principe émis par M. Renan est faux encore pour les conquérants venant s'implanter dans des pays déjà habités. Pour ces peuples, un principe naturel et politique milite en faveur de l'introduction de leurs noms nationaux. Rencontrant une langue à laquelle ils ne sont pas initiés, ils continuent de parler leur propre langue, qui s'impose naturellement aux lieux géographiques. Puis cette imposition de la langue est un moyen puissant d'assimilation de la race conquise, et pourtant le transport de la langue des conquérants chez le peuple conquis n'est pas un fait universel. Est-ce que les Francs transplantés dans les Gaules en changèrent les noms ? Est-ce que les Normands transplantés en Neustrie lui appliquèrent le vocabulaire de la Scandinavie ? Les Pharaons d'Égypte, les Nabuchodonosors d'Assyrie ont-ils supprimé la désignation hébraïque de Jérusalem et du Jourdain ? En tant que principe général, cet axiome est faux. Le changement des noms géographiques est possible ; il a lieu quelquefois ; les Romains l'ont accompli pour les Gaules en partie ; mais quand on veut faire entrer le possible dans le domaine du réel, il faut en fournir la preuve, et la preuve vous ne la fournissez pas.

Vous n'avez pu nous démontrer que vos fleuves du Pamir aient jamais porté les noms des fleuves paradisiaques. Nous vous avons fourni la preuve du contraire. Vous connaissez les appellations les plus anciennes, et parmi elles ne se trouvent pas les dénominations bibliques. Vous reconnaissez trois noms successifs au sir Diara moderne : ce nom d'abord, puis celui d'Iaxarte, ou d'Aranh-roût et enfin celui de Rhanga. Comment se fait-il que vous ne retrouviez pas celui de Frât ? vous avez la même infortune pour les trois autres fleuves ; vous avez toutes leurs dénominations anciennes, l'appellation paradisiaque ne se montre jamais.

Ce n'est pas tout.

D'après M. Obry, le Tigre et l'Euphrate d'Assyrie portent un nom moderne, qui est postérieur à la conquête de Cyrus. Auparavant comment s'appelaient-ils ? Quand vous nous parlez des fleuves Pamiriens, vous êtes dans des régions placées en dehors de l'histoire connue, vous êtes en Scithye, dans la Sérique, et malgré tout, nous vous voyons familiarisés avec les désignations primitives de ces lointaines et sauvages contrées. En Assyrie, vous êtes en plein pays historique, en pleine civilisation. Vous remontez, à l'aide de monuments incontestables, vers l'an 3,000 avant Jésus-Christ. Sur ces monuments sont gravés les noms des villes, des provinces, des fleuves, des rois, des batailles, des conquêtes, et le nom primitif des deux grands fleuves de la région, vous l'ignorez. Oui, vous ignorez comment s'appelaient le Tigre et l'Euphrate en l'an mille, deux mille et trois mille, sous Sennachérib, Sargon, Taglathphalasar, sous Salmanasar, Assournazipal et Belitaras, sous les dynasties cosséennes, chaldéennes, élamites, mèdes, à des âges connus aujourd'hui presque à l'égal de notre histoire nationale ! Avouez combien est capricieuse cette reine de notre époque, la science, qui livre à ses initiés, à ses intimes les secrets les plus impénétrables et leur refuse de savoir ce que tout le monde connaît.

Ce que tout le monde connaît, ce que redisent les briques de Ninive et de Babylone, les inscriptions cunéiformes de leurs somptueux palais, comme les versets de la Bible, comme toutes les traditions historiques, c'est qu'aussi haut remonte-t-on dans l'histoire, les deux fleuves de la Babylonie se sont toujours appelés l'Euphrate et le Tigre.

Enfin, accordons que ces appellations aient été aussi celles des deux fleuves du Pamir ; admettons qu'elles se soient données mutuellement naissance dans la migration des peuples. Il resterait toujours la question d'origine. Sont-ce les races de la Mésopotamie qui ont transporté les noms géographiques de leurs fleuves à ceux du Pamir en venant se transplanter au Pamir, ou sont-ce les races du Pamir qui ont transporté ces noms aux fleuves de la Mésopotamie, en venant se fixer en Mésopotamie ? Vous dites que les races du Pamir ont peuplé l'Assyrie ; nous disons, nous, que ce sont les races d'Assyrie qui ont peuplé le Pamir. Où se trouve la vérité ? Si elle n'est pas de notre côté, ce dont le lecteur jugera, quand nous aurons fourni nos preuves dans les chapitres suivants, elle n'est certainement pas chez vous, nous l'affirmons, à l'examen que nous venons de faire de toutes les vôtres ; aucune ne justifie votre prétention à placer au Pamir le Paradis terrestre et l'origine des races. Votre supposition n'a pour elle ni la certitude, ni la moindre apparence de probabilité ; elle est une pure phantasmagorie dont on n'aurait jamais parlé, si elle avait été imaginée au profit de la Bible. Aussi nous voulons terminer notre chapitre en résumant cette thèse fameuse, pour achever de faire ressortir les procédés de la science antibiblique, qui a l'étrange privilège de tant effaroucher un groupe de catholiques.

Ne semblerait-il pas, comme nous l'avons déjà remarqué, qu'en fermant la Genèse pour ouvrir les livres des savants modernes, nous allons abandonner le champ de l'histoire et de la tradition et entrer enfin sur le domaine parfaitement éclairé de la science et de la critique, c'est-à-dire de l'anthropologie, de la philologie, de l'archéologie historique et préhistorique !

Il n'en est rien.

Du domaine de la tradition biblique très clairement énoncée, même au point de vue simplement humain et sans tenir compte de l'inspiration, nous sommes rejetés plus que jamais dans le dédal inextricable de la tradition païenne, dans le champ de la légende ou plutôt de toutes les légendes. L'argument principal qui étaie toute la thèse est l'argument traditionnel. L'anthropologie n'intervient que pour placer le berceau du monde peut-être au Pamir et plutôt en Sibérie ou au Spitzberg. La philologie ne jette dans la discussion que trois mots, l'Orouând ou l'*Argr*, désignant un fleuve dont elle ne restitue pas sûrement l'identité ; l'Oudyânâ et l'Aryâratha, dont elle ne démontre pas la filiation. Tout le reste de la démonstration est emprunté à la tradition. A laquelle ? A la tradition hindoue, et cette fameuse tradition, qu'on va forcer toutes les autres à saluer et à confirmer, n'a, de l'aveu même de ses protecteurs, aucun caractère précis. N'importe, elle deviendra le point culminant de la discussion. Toutes les autres s'en séparent nettement, on les y fera aboutir quand même : on les soumettra à la torture pour les forcer à avouer leur accord ; il ne sera pas licite de les entendre dans un autre sens que celui des souvenirs brahmaniques, et pour les acculer toutes à ce point unique du globe, on aura deux raisonnements, celui de M. Renan et celui de M. Lenormant.

M. Renan dira : Entre les Aryas et les Hindous il y a affinité ; il y a donc eu vie commune provenant évidemment d'une origine commune. Toutes les données scientifiques indiquent que les Aryas de l'Inde viennent de l'Afghanistan et probablement de régions plus septentrionales, du Pamir. Le Pamir est donc le lieu commun où les deux races se sont rencontrées et ont pris naissance : toutes les traditions sur l'origine des peuples doivent donc s'entendre de cette région.

M. Lenormant semble délaisser cet argument plus que faible, puisque les données scientifiques ne nous indiquent pas des Aryas seulement en Afghanistan et au Pamir, mais encore et surtout en Perse et en Arménie. Il se retourne du côté de la Bible, qui est bonne à suivre, quand on se la croit favorable, mais pour la fausser. Selon lui, les descendants de Noé, venant de l'Orient en Sennaar, ne purent descendre de l'Arménie, qui est au septentrion ; donc tout ce qui sera dit du Paradis terrestre devra s'appliquer à une région plus orientale.

Grâce à ce point de départ, il n'y a plus que des divergences apparentes dans les traditions. Leurs désignations du lieu d'origine ne doivent s'entendre que du Pamir ; la tradition mosaïque n'y contredit pas. La géographie de la Genèse diffère de la géographie ordinaire des Hébreux : elle aussi s'applique à l'Asie orientale et à la région du Pamir.

Voilà de la sorte toutes les traditions parfaitement d'accord sur la question du Paradis terrestre, tant controversée parmi les exégètes catholiques, mais résolue enfin par les découvertes scientifiques et la critique moderne.

Telles sont les grandes lignes de la démonstration que nous avons suivie pas à pas et dans tous ses détails aux chapitres précédents.

Nous ne craignons pas de l'affirmer. Un pareil procédé ne se retourne pas contre la Révélation, qui reste inébranlable comme une roche de granit. Il se retourne, non pas non plus contre la science, qui n'est pas responsable des bévues de ceux qui la font parler. Il ne se retourne que contre les savants, que contre la critique scientifique, cette orgueilleuse souveraine de notre époque, il l'abaisse, l'humilie, la déconsidère ; il la fait devenir l'instrument de toutes les sottises en la revêtant d'un dehors brillant.

Qu'on y prenne garde, notre siècle a son fétichisme, tout aussi réel, puéril et dégradant que le fétichisme des peuplades de l'Afrique ; ce fétichisme est celui non de la science, mais des apparences de la science. Qu'une phrase, qu'une page, qu'un méchant livre revête un apparat scientifique, c'est fini : les voilà lancés comme une expression de vérité dans le courant de l'opinion : gare à la Bible, gare à l'Église, gare aux exégètes. Abaissez votre drapeau, amenez votre pavillon, professeurs et écrivains catholiques, la science a parlé, ce qui veut dire les savants, c'est-à-dire le plus souvent l'illogisme, l'inconséquence, une demi-connaissance, l'esprit systématique, quelquefois même la haine qui fausse le jugement. N'importe ; parce que le savant a parlé, c'est la science, que la Bible se taise, que l'Église garde le silence, que les exégètes s'inclinent. Hélas ! oui, trop se sont inclinés et s'inclinent tous les jours ; ils s'inclinent devant des puérilités, des niaiseries, de ridicules audaces, qu'ils n'ont pas le courage de regarder en face, brillants sauvages de l'Europe civilisée, épouvantés par le fétichisme de la critique scientifique.

CHAPITRE X

L'Arménie et la Babylonie.

Le Paradis situé en Arménie. — On ne rencontre en Arménie, ni la disposition des cinq fleuves, ni leurs noms, ni les pays de Kousche et d'Hévilah.— Le déluge a-t-il bouleversé la topographie primitive ? Fausseté et inutilité de cette prétention. — Le Paradis à Babylone, d'après S. Ch. Rawlinson. — Discussion et réfutation de cette opinion.

Une thèse est bien près d'être démontrée, quand on a démontré la fausseté de toutes les opinions qui la contredisent. Alors une conclusion s'impose forcément. Ou la question est sans solution et la thèse elle-même est fausse, ou la thèse est vraie et contient la solution cherchée.

Avant d'aborder directement l'exposition et la démonstration de notre système, nous allons discuter les deux dernières opinions émises sur l'emplacement du Paradis terrestre, et qui groupent autour d'elles un assez grand nombre d'exégètes et de savants. Celles-là, du moins, sont parfaitement conformes à l'orthodoxie, qui place certainement le Paradis sur le Tigre et l'Euphrate.

De cette façon la difficulté se circonscrit. Nous voilà

renfermés dans une région déterminée. Elle est vaste sans doute, puisqu'elle s'étend du Nord de l'Arménie aux rives du golfe Persique, mais enfin elle a ses limites, ce n'est plus l'immense continent asiatique et encore moins les cinq continents du globe. Pour y trouver le point précis du site paradisiaque, nous avons une règle sûre : la topographie du fleuve unique issu des quatre fleuves ou les produisant eux-mêmes, leur source ou leur confluent.

Un grand nombre d'historiens et d'exégètes se déterminent pour l'Arménie. C'est l'opinion de dom Calmet, suivie de nos jours par M. l'abbé Darras, dans sa grande *Histoire universelle de l'Eglise*. « Les probabilités, nous dit le savant historien, se sont jusqu'à présent réunis en faveur du système de dom Calmet, qui voit dans le Phison le Phasi des Anciens, le Fasi actuel des Turcs. Il prend naissance dans les montagnes de l'Arménie, non loin des sources de l'Euphrate (1) et du Tigre et va se jeter dans la mer Noire. Hevilah est le nom d'un descendant de Sem à la cinquième génération ; il habitait les contrées voisines de l'Arménie traversée par le Phison. Dans le Gihon (impétueux) dom Calmet voit l'Arace, appelé aussi Gichon par les indigènes.... Il prend sa source au mont Ararat, à quelques distances de celle de l'Euphrate, se réunit au Kours (ancien Cyrus) et va se jeter dans la mer Caspienne, après un cours de plus de quatre cents lieues. La contrée qu'il arrose et que le texte hébreux nomme Chusch est parfaitement reconnaissable dans le nom de Chutha, patrie primitive des Scythes, qui habitèrent d'abord les rives de l'Arace.... Il est donc infiniment probable que l'Eden où Dieu plaça notre premier père était situé dans ces riches vallons de l'Arménie, encore aujourd'hui l'une des contrées les plus fertiles du monde (2) ».

(1) La source du Fasi est au Caucase et sa distance de celle de l'Euphrate est d'environ 120 lieues ; ce n'est certes pas une petite distance.
(2) *Histoire générale de l'Eglise*, t. VI, p. 155.

Nous allons appliquer à cette opinion notre méthode ordinaire, la comparer avec la topographie mosaïque et conclure.

Nous rencontrons ici quatre fleuves. Mais où est le fleuve unique ? Les quatre fleuves qu'on nous offre n'ont entre eux aucun point de contact ni à leurs sources, ni à leur embouchure.

A leurs sources. Celles de l'Euphrate, du Tigre et de l'Arace sont à quarante lieues l'une de l'autre et séparées par les contreforts de l'Anti-Taurus et de l'Ararat. Le Phasi prend sa source dans le Caucase, à près de cent vingt lieues de celle de l'Euphrate.

A leur embouchure. Le Tigre et l'Euphrate se réunissant en la Basse-Chaldée, descendent de l'Arménie se jeter dans le golfe Persique ; l'Arace coule à l'Est vers la mer Caspienne et le Fasi à l'Ouest, vers la mer Noire. Voilà quatre fleuves sans rapports entre eux et ne s'unissant pas dans un fleuve unique qui leur verserait ses eaux ou qui recevrait les leurs.

De la topographie passons aux noms.

Nous avons bien le Fasi, nous n'avons pas le Géhon. Nous ne trouvons dans aucun auteur de géographie que les indigènes donnent ce nom à l'Arace. Le fait fût-il vrai, qu'il faudrait rechercher s'il n'est pas d'origine arabe. Ce dont nous sommes sûrs, c'est que l'Arace est une denomination primitive. Nous l'avons démontré dans le chapitre précédent, à l'occasion de l'Iaxarte et on ne voit pas comment ce nom primitif aurait remplacé le nom également primitif de Géhon.

Ce qui est, avec la topographie, péremptoire contre cette opinion, c'est l'absence des régions arrosées par les deux fleuves paradisiaques. Quand la Bible affirme que le Phison arrosait le pays d'Hévilah, on est surpris qu'un critique sérieux comme M. l'abbé Darras, trouve suffisant de déclarer que le pays d'Hévilah était situé à côté de l'Arménie baignée par le Phasi. Il importe peu que le Phasi arrose l'Arménie, s'il n'arrose pas Hévilah, puisque c'est Hévilah qu'il est dit arroser. Or le Phasi arrose Hévilah comme la Seine arrose la Provence. L'Hévilah sémitique est située dans l'Arabie déserte et le Phasi coule au nord de l'Arménie. Ce que ces deux accidents géographiques, Hévilah et le Phasi ont de commun, c'est qu'ils appartiennent à l'Asie antérieure, comme la Seine et la Provence appartiennent à la France ; c'est tout.

M. l'abbé Darras est-il plus heureux, quand il nous montre l'Arace coulant dans le pays de Kousche ? Non, et il nous fournit un exemple éclatant du danger des étymologies basées seulement sur la ressemblance des noms. La contrée où coule l'Arace aurait porté le nom de Chusch. Or le nom de Chusch est, selon lui, parfaitement reconnaissable dans celui de Chutha, patrie primitive des Scythes. Si Chutha est un dérivatif et une forme différente de Chusch, il en résulte que les Scythes qui ont donné ce nom à la région, sont des Couschites, des fils de Chus, qui lui-même était l'aîné des fils de Cham. M. l'abbé Darras se réfute lui-même dans la partie de son histoire où il expose la table ethnologique de la Bible : « Magog, second fils de Japhet, peupla par ses descendants la Scythie et la Tartarie, dont les habitants prenaient dans l'antiquité, le nom de *Magli*, et qui conservèrent parmi leurs divinités le souvenir de Gog ou Magog, leur premier ancêtre ». (1)

Voici la conséquence de ce fait. D'après la Bible, les Scythes sont fils de Japhet. S'ils sont fils de Japhet, ils ne le sont évidemment pas de Cham et de Chus, et s'ils ne le sont pas de Chus, Chutha, la Scythie, n'a pas sa racine dans Chus ; la Scythie où coulait l'Arace n'est donc pas le pays de Chus qu'arrosait le Géhon biblique. L'Arace arrosait une région japhétique, le Géhon une contrée chamique.

(1) Tome I, p. 338.

Nous n'avons pas à pousser plus loin notre démonstration. L'Arménie ne renferme pas la topographie des fleuves paradisiaques, ses fleuves ne portaient pas leurs noms, ses régions ne sont pas celles qu'ils arrosaient. Elle n'est évidemment pas le pays qui a possédé le Paradis terrestre.

Un écrivain qui a gardé l'anonyme, apportait dans le journal l'*Univers* (1), une modification à l'opinion de dom Calmet. Il reconnaît que l'un des faibles de cette opinion est de ne pas reproduire la similitude du fleuve unique et des quatre fleuves. Voici comment il la rétablit.

« Les quatre fleuves qui sortaient du Paradis terrestre étaient les divisions d'un fleuve unique en quatre autres distincts, qui recevaient tous hors de là, leurs respectifs affluents.

« Les divisions d'un fleuve d'abord unique en quatre, ni en trois, ni en deux ne se retrouvent plus ; il faut en conclure que les flots du déluge ont à ce point déformé la superficie du Paradis terrestre que les eaux, qui venant d'une source unique se séparaient, ne se séparent plus et coulent désormais dans un même lit, constituant l'origine présente d'un seul des quatre fleuves, dans lesquels la source unique, autrefois divisée en quatre chefs distincts, versait primitivement les quatre divisions respectives de son eau ».

Et alors, dans une longue dissertation à laquelle nous reprocherons une grande obscurité, l'auteur s'efforce de démontrer que par le rapprochement et le niveau de leurs sources, les quatre fleuves de l'Euphrate, du Tigre, de l'Arace et du Kours (le Fasi est exclu) ont pu provenir d'un lit commun. Ce lit commun est actuellement la branche de l'Euphrate la plus éloignée du Taurus et prenant naissance au sud-ouest de l'Ararat.

Nous ne suivrons pas l'auteur dans sa discussion géologique pour la raison bien simple, que le fondement de sa dissertation est exclusif et faux.

(1) N° du 28 janvier 1889.

Ne tenant plus compte du nom des fleuves, puisqu'il repousse le *Fasi* pour lui substituer le *Kours*; ne paraissant pas davantage s'inquiéter du nom des régions arrosées par les fleuves, l'auteur semble fixer le Paradis en Arménie en vertu de ce principe : que les eaux qui venaient d'une source et d'un fleuve unique, se séparaie t en quatre, c'est-à-dire que le Paradis étant sur le fleuve unique se trouvait à la source des fleuves. Comme leur ancienne configuration n'existe plus, il est nécessaire d'admettre que les bouleversements du déluge ont modifié les dispositions du sol.

Ce principe est faux, parce qu'il supprime, sans preuve, une supposition très plausible et que nous montrerons être la vraie. Nous l'avons répété plusieurs fois déjà, et c'est l'évidence même : le fleuve unique pouvait être formé de la réunion des quatre fleuves, aussi bien qu'il pouvait en être la source. S'il était confluent, ce n'est pas l'Arménie qui fut l'emplacement du Paradis terrestre, ce fut l'endroit où s'accomplit leur réunion. L'auteur ne peut donc s'appuyer sur aucun principe pour affirmer que le Paradis était situé en Arménie ; que si on n'y retrouve plus les fleuves dans leur distribution paradisiaque, c'est que le cataclysme du déluge a bouleversé la topographie primitive. La seule conclusion légitime c'est qu'il faut le chercher dans une autre région, non plus à la source mais à l'embouchure des cours d'eau. Si cette dernière recherche n'aboutit pas, alors seulement on pourra conclure à un bouleversement du sol : mais alors aussi la question restera indécise entre l'Arménie et la Basse Chaldée, entre les sources ou les embouchures des rivières.

Tout s'élève à l'avance contre cette théorie, que le déluge aurait séparé les fleuves paradisiaques primitivement réunis.

Nous l'avons montré, le contexte du second chapitre de la Genèse prouve que la description de Moïse a pour but de faire reconnaître facilement l'emplacement du

Paradis. Le premier signe qu'il en donne est la distribution des fleuves, qu'il n'aurait pas décrits comme il l'a fait, s'ils n'avaient pas eu de son temps la disposition qu'il indique. Il n'emploie pas, pour dépeindre leur agencement, un conditionnel ni un passé, mais le présent. Or l'auteur de l'article que nous réfutons, commence par reconnaître que la configuration des fleuves a disparu, qu'elle a été modifiée par les eaux du déluge. On ne peut se mettre plus catégoriquement en désaccord avec la pensée de l'écrivain sacré.

Puis l'auteur oublie qu'une opinion très plausible soutient que le déluge n'a laissé aucune trace géologique appréciable de son passage, parce qu'il s'est accompli sans secousses. De violents courants auraient pu seuls produire de grands bouleversements. Ces courants auraient évidemment existé dans un déluge partiel. Dans un déluge universel, et l'universalité du déluge est beaucoup plus conforme au texte de la Genèse, les eaux se sont fait contrepoids à tous les points du globe.

Cependant, admettons le sentiment beaucoup plus général, qui croit aux ravages géologiques du déluge. Ceux-ci n'ont été qu'à la surface. Les eaux ont désagrégé les roches ; elles ont transporté les blocs désagrégés à des distances quelquefois considérables. Elles ont dénudé par places, par d'autres elles ont amoncelé les terres et les alluvions, mais elles n'ont provoqué aucune commotion dans les entrailles du globe. Vous ne pouvez au contraire vous contenter d'attribuer au déluge des exhaussements ou des dépréciations de terrains, phénomènes qui du reste ne s'expliquent la plupart que par des commotions internes. Aujourd'hui le bras de l'Euphrate que vous donnez comme le fleuve unique a sa source aux pieds de l'Ararat, à plus de cent lieues de celle du Tigre, à plus de quarante lieues de celles du Kours et de l'Arace, qui elles aussi sont à peu près dans le même éloignement l'une de l'autre. Voilà donc la source unique, qui coule encore et qui voit ses extrémités rejetées à des distances prodigieuses par le cataclysme diluvien.

Le second effet du bouleversement a été de supprimer les lits primitifs qui n'ont laissé aucune trace, dont on ne retrouve aucun vestige, pour en créer de nouveaux et enfin sous les eaux du déluge a surgi l'anti-Taurus qui n'existait pas, puisque les quatre fleuves sortaient de l'Euphrate et coulaient sans obstacle dans la direction qu'ils ont encore, tandis qu'aujourd'hui leur cours, à sa naissance, est séparé par les divers contreforts de cette montagne. De pareilles suppositions, ne fussent-elles pas impossibles, ne peuvent servir de fondement à une thèse scientifique. Elles appartiennent à cette géologie fantastique qu'aucune difficulté n'arrête ; qui a porté nombre d'auteurs, par exemple, à imaginer que le Phison est le Gange ou l'Oxus, que le Nil est le Géhon, et qui raccordent ces fleuves de l'Inde et de l'Égypte avec le Tigre et l'Euphrate par des canaux souterrains.

Enfin, toutes ces suppositions fussent-elles admissibles ; fût-il vrai que les quatre grands fleuves de l'Arménie ont été réunis primitivement en un lit commun ; elle ne serait pas pour cela le lieu du paradis. Ses fleuves auraient possédé une similitude de hasard avec les fleuves paradisiaques, sans leur être identiques. Car, à aucune époque, leurs eaux n'ont baigné les pays d'Hévilah et de Chousche.

Notre exploration des sources de l'Euphrate et du Tigre ne nous ayant donné aucun résultat, continuons-la sur leur cours. Quittons l'Arménie et descendons les eaux des deux grandes rivières qui ont un allongement de deux mille et de treize cents kilomètres.

Après un voyage de trois cents lieues environ, nous arrivons à Babylone, en descendant l'Euphrate, laissant sur notre gauche le Tigre, qui coule parallèlement dans la même direction, quelquefois à une faible distance, mais sans que jamais les deux fleuves se confondent.

A Babylone, un savant de grand renom, sir Charles

Rawlinson, nous arrête, comme étant au centre de l'Eden, il nous montre dans la région quatre fleuves, l'Euphrate, avec son affluent de droite, et le Tigre avec un de ses affluents de gauche, la Kerka.

Vraiment nous sommes si près de la vérité, qu'on nous offre des preuves et des éléments qui appartiennent à la vraie solution.

D'abord le nom ancien de Babylone, dans l'idiome de la population primitive regardée par les Orientalistes comme antérieure aux Sémites, serait Tin-tir-ki, dénomination accadienne qui signifierait « arbre de vie ». La riche et fertile province de Babylonie reçut ensuite le nom de *Gandounyasch*, le jardin du dieu *Dounyasch*. A cause d'une certaine similitude d'assonance, les mêmes savants veulent voir un rapprochement entre ce nom et le nom biblique de Gan-Eden, jardin de l'Eden.

Pour les fleuves, ce sont ceux de la Bible. C'est le Tigre et l'Euphrate, d'abord. La Kerka ou le Gynde arrose le pays des Cosséens ou des Chouschites et l'affluent droit de l'Euphrate arrosait le pays d'Hévilah.

Evidemment il y a des indications bien dignes d'attirer l'attention sur cette opinion, cependant, elle aussi, n'est pas encore la vraie. Très accueillie jusqu'à ce jour dans la biblique Angleterre, on commence à la délaisser. C'est que sa topographie ne reproduit pas celle de la Genèse; il y a les régions, il n'y a pas la disposition des fleuves. Comme le fait très justement observer M. Lenormant, elle a contre elle « la donnée fondamentale de la conception géographique du Gan-Eden, le cours d'eau unique qui entre dans le jardin pour l'arroser. En Babylonie nous avons exactement l'inverse ; deux fleuves divisés en quatre rameaux qui entrent séparés dans le Gan-Dounyasch pour s'y réunir et en sortir en formant un seul cours d'eau ».

Ainsi cette opinion manque de la base fondamentale : la distribution des eaux indiquée par le récit mosaïque. Et que fallait-il à l'illustre savant pour arriver au point précis où il eût donné satisfaction à ses efforts persistants, qui se sont prolongés plus d'un demi-siècle ? Il lui eut suffi de descendre l'Euphrate d'environ cent vingt lieues, de porter ses investigations sur la dernière partie du cours des deux grands fleuves babylonien et assyrien. Ce qu'il n'a pas fait, nous allons le faire. Nous n'avons pas les mêmes motifs, que nous signalerons plus loin, de nous arrêter au seuil même du Paradis. L'ange n'est plus avec son épée flamboyante, pour nous empêcher de mettre le pied sur ce site célèbre qui n'a pas disparu, qui subsiste aujourd'hui encore, non plus dans son état primitif, mais assez conservé, pour qu'il soit possible de le reconnaître, d'y retrouver, par la pensée, le premier couple humain sorti directement des mains du Créateur.

CHAPITRE XI

Le Paradis terrestre. Son site véritable en Basse-Chaldée.

Exposition de l'opinion qui place le Paradis dans la Basse-Chaldée. — Les fleuves paradisiaques étaient le Chatt-el-Arab, le Karoun ou Phison, la Kerka ou Géhon, le Tigre et l'Euphrate. — La disposition de ces fleuves est en parfaite conformité du récit mosaïque. — Leurs noms. — Leur importance. — Leur cours en des pays parfaitement connus des juifs. — Résumé : cette topographie satisfait pleinement aux deux premières particularités du texte de la Genèse.

Nous venons de poser les principes qui doivent faire écarter les mille hypothèses imaginées pour retrouver l'emplacement du Paradis. Il ne nous reste plus qu'à exposer le seul système qui réponde à la réalité. Nous espérons que les preuves dont nous l'appuyons seront trouvées assez positives et scientifiques pour trancher définitivement la question.

Dans ce système, le Paradis était situé sur les bords du *Chatt-el-Arab*, large fleuve qui se rend au golfe Persique, après un parcours de trente-six lieues environ. Il est le confluent de l'*Euphrate*, du *Tigre*, de la *Kerka* et du *Karoun*. Le Paradis était placé sur ses rives, à la jonction des trois premiers fleuves (1).

L'Euphrate et le Tigre, d'un volume presque égal, sortent à une certaine distance l'un de l'autre, des monts Nephotès (le Keleskin actuel). Ils coulent d'abord dans deux directions diamétralement opposées et débouchent dans la plaine, aux deux extrémités du mont *Nasius* (le *Karadjet* d'aujourd'hui) ; le Tigre à l'est, l'Euphrate à l'ouest. A partir de ce moment, ils vont en se rapprochant graduellement jusqu'au 34° degré de latitude, où ils se mettent à couler parallèlement pendant quatre-vingt lieues. Puis ils se réunissent dans un même lit, actuellement appelé Chatt-el-Arab, qui se jette dans le golfe Persique.

A l'Ouest du Tigre et de l'Euphrate et parallèlement au Tigre, il y a un fleuve appelé la *Kerka*. Elle prend sa source à la limite du 35° et du 36° degré, dans l'ancienne Médie, aujourd'hui Nord-Est de la Perse, entre de là dans l'ancienne Susiane, formant les provinces modernes du Lauristan et du Kouzistan, et vient se jeter dans le Chatt-el-Arab, un peu au-dessous de l'embouchure du Tigre.

Un quatrième fleuve, le *Karoun*, prend sa source au Sud-Ouest d'Ispahan, coule vers l'Ouest, se rapproche très près de la Kerka aux deux tiers de son parcours, s'en écarte légèrement ensuite et descendant parallèlement vient également se jeter dans le Chatt-el-Arab, à vingt lieues au-dessous. Les quatre fleuves forment ainsi une une espèce d'éventail, dont l'arc s'étend du 36° degré au 47° de latitude, dont la pointe est sur le Chatt-el-Arab,

---

(1) Voir la carte.

qui se prolonge vers le golfe Arabique pour en former comme la poignée.

Nous résumons cette opinion. Un fleuve unique qui se jette dans le golfe Persique. Si du golfe nous remontons le fleuve, nous rencontrons à droite, à douze lieues de son embouchure, son premier affluent, le Karoun. Poursuivant notre navigation, nous traversons la ville moderne de *Bassora* et à vingt lieues du Karoun, nous atteignons, toujours sur la droite, la Kerka, deuxième affluent du Chatt-el-Arab ; aussitôt nous sommes à l'embouchure du Tigre, après quoi nous entrons dans l'Euphrate. Nous avons ici le fleuve unique, qui coule pendant trente-six lieues, puis les fleuves paradisiaques, qui se détachent du fleuve unique à des distances bien rapprochées. Le Paradis, dans ces conditions, occupait la région qui s'étend du point de séparation des fleuves au golfe Persique, et que plus loin nous localiserons d'une manière plus précise.

Et tout d'abord, n'y a-t-il pas lieu d'être frappé de la ressemblance de notre description avec la topographie de Moïse ? Nous présentons le Chatt-el-Arab, large et magnifique cours d'eau ; dans son lit, le Karoun, la Kerka, le Tigre et l'Euphrate font leur jonction tout naturellement, sans que nous ayons à violenter aucun texte, à bouleverser aucun élément, à recourir à aucune supposition. C'est le fait géographique brut de l'époque contemporaine, on dirait que Moïse, après quatre mille ans, vient de se lever de sa tombe pour le dépeindre, en le copiant sur nos cartes modernes.

La ressemblance des lieux, qui est un argument fondamental, ne suffit cependant pas à lui seul. Qu'est-ce que ce Karoun et cette Kerka dont nous faisons le Phison et le Géhon ? Où est la synonymie des noms, quelle est leur importance ? Que pouvaient-ils bien être pour les Juifs ces fleuves à peine connus aujourd'hui ?

Nous avons réponses à toutes ces questions, réponses

tellement concluantes, que nous nous sommes demandé plusieurs fois, en rédigeant notre thèse, si nous n'étions pas l'objet d'une illusion. Nous les trouvions si naturelles, si courantes, tellement historiques, que nous ne pouvions avoir la suffisance d'être les premiers à les formuler. Cependant nous avons dû nous incliner devant la réalité des données de la géographie, de l'histoire et des sciences (1).

Sur le nom ancien du Karoun, nous trouvons un très précieux renseignement dans Quinte-Curce. L'historien romain, au livre V de son histoire, écrit ceci : « Alexandre étant entré dans Suse, il y trouva des richesses immenses et pour cinquante mille talents d'or et d'argent non monnayés, mais en masse et en lingots. Après, il s'assit dans le trône des rois de Perse, qui était d'une hauteur peu proportionnée à sa taille... Il donna la garde des trésors à Callistrate ; et pour Abalitès, il lui conserva le gouvernement de la Susiane et laissa aussi en cette ville la mère et les enfants de Darius...... Le roi ayant laissé celle-ci extrêmement satisfaite, arriva en quatre jours à la rivière que ceux du pays appellent *Pasitigris. Mitigato animo ejus, rex quartis castris pervenit ad fluvium Pasitigrim incolæ vocant.* Elle prend sa source au pays des Uxiens, et roulant au travers des rochers, passe par des lieux pleins de précipices l'espace de mille stades, puis trouve des plaines qui adoucissent fort l'impétuosité de son cours. Après, elle commence à porter bateaux, et ayant traversé six cents stades d'une meilleure contrée par un canal uni, elle coule doucement dans la mer Persique.

Aujourd'hui encore et pendant tout le moyen âge, le

---

(1) Nous n'avons pas la prétention d'être le premier à placer le Paradis sur le Chatt-el-Arab ; mais nous ne sachions pas un seul auteur qui ait donné avec précision la Kerka et le Karoun comme étant le Géhon et le Phison.

Karoun s'est appelé par les indigènes le petit Tigre :
« Abou Maça (qui faisait le siège de Chouster) fut trop
heureux d'accepter ses offres. Le transfuge, accompagné
d'un soldat de la tribu des Beni-Chéiban, traversa le petit
Tigre (1) ».

Il est donc bien constaté que le Karoun s'appelait le
Pasitigris, à l'époque de l'expédition d'Alexandre. Nous
n'avons pas à tenir compte ici de l'addition *Tigris*, qui
ne constitue pas le vrai radical du nom. Le radical est
Pasi, dont nous faisons le synonyme de Phison, en hébreu
Pishon. On sait que le sh parsi ainsi que l'hébraïque n'a
pas son correspondant dans les langues grecque et romaine, où il se convertit généralement en une s. Nous pouvons donc l'écrire Pison, qui ne rend évidemment pas le
vrai son hébraïque insaisissable dans nos langues modernes. Nous devons de plus nous rappeler que le Pasi de
Pline et de Quinte-Curce s'est formé sur la prononciation
persique et non sur la prononciation hébraïque. Quand on
sait en outre combien l'interversion des voyelles, leur
remplacement par d'autres voyelles, la chute des syllabes
ou la substitution des unes aux autres, est un fait usuel
dans la transformation des noms géographiques, on est
obligé de reconnaître toute la vraisemblance de l'identité
du Pasi et du Phison, dont il est la prononciation modifiée en passant du Parsi dans l'hébreu et de l'hébreu dans
le grec et le latin.

Aurons-nous plus de difficulté de retrouver le nom géographique du Géhon ? Non. Hérodote appelle γυνδη, la
Kerka actuelle, dont nous faisons le Géhon ; la plupart
des géographes sur les cartes de l'ancien monde et dans
les dictionnaires de géographie, désignent ce fleuve sous
le nom de Gynd, Gynde, Gyndes (2). En hébreu, le Gé-

---

(1) *La Perse, la Chaldée et la Susiane*, par Mme Dieulafoy, chap. XI.
Voir également le dictionnaire persan de M. Barbier de Megnard.

(2) Les géographes les plus récents lui substituent le nom de

hon des Septante et de la Vulgate s'écrit *Gichon*. Il est passé dans le grec et dans le latin, en subissant un assez notable changement ; à la première syllabe, il a perdu l'*h* et a converti l'*i* en *e*, à la seconde, il a perdu le *c*. Si Gynd des cartes géographiques venait directement de l'hébreu, il en serait naturellement la filiation, par la contraction des deux syllabes en une et par l'addition d'un *d* euphonique. Mais il s'est probablement formé sur le γυνδη d'Hérodote ; si dans la désignation de l'historien grec nous retrouvons l'identité de la première syllabe, nous sommes moins heureux pour la seconde, et toutefois la différence de *Gichon* à γυνδη n'est certainement pas aussi grande que celle de *Chiddigel* à Tigre.

Le Gynd et le γυνδη, nom français et grec de la Kerka, peuvent donc être regardés comme la transformation du Géhon des Septante et de la Vulguate et du Gichon des Hébreux. Du reste, nous ferons observer que la synonymie des noms, si difficile à déterminer dans leur passage à travers diverses langues, n'est pour nous qu'une présomption qui nous achemine à la démonstration certaine de l'identité des deux fleuves.

Dans le récit mosaïque et dans l'Ecclésiastique, le Phison et le Géhon nous apparaissent comme de belles et grandes rivières, dignes d'être citées à côté de l'Euphrate, du Tigre et du Jourdain. Or le Karoun et la Kerka, le Pasitigris et le Gynd sont dignes en effet de ce parallèle.

Nous allons laisser la parole à Mme Dieulafoy, qui, en 1887, publiait le récit de son voyage en Perse, en Chaldée et en Susiane, dans un ouvrage où la netteté des renseignements géographiques et historiques le disputent au naturel et à l'élégance du style. Commençons nos citations par le Karoun.

« Le port de Mohamereh... est situé à l'embouchure du

Choaspès. Nous discutons et réfutons cette opinion plus loin, dans le chapitre XIV.

Karoun, immense cours d'eau qui descend des montagnes du Kurdistan, et relie, par une voie de communication trop peu fréquentée, la Susiane au golfe Persique. Les rives du fleuve, taillées à pic, forment des quais naturels... Nous avons attendu la marée montante... et à minuit nous étions enfin lancées sur les flots du Karoun.

« A part l'industrie meunière, le commerce de la province de Chouster est mort et bien mort. Et cependant quelle devait être la richesse de ce pays irrigué jadis avec une science dont témoignent encore aujourd'hui d'anciens ouvrages sassanides. Comme il serait facile de rendre à cette capitale de l'Arabistan sa prospérité évanouie. Il suffirait de mettre les terres en culture, d'ouvrir des voies de communication avec Ispahan et le golfe Persique ; mais un pareil effort ne saurait être demandé aux habitants, moins encore au gouverneur. La plupart des barrages sont détruits, les dérivations... sont comblées : la province, traversée par *l'un des plus beaux fleuves de l'Orient*, n'a pas d'eau à répandre sur les plaines desséchées (1) ».

Quand nous aurons ajouté que le Karoun a un cours de plus de quatre cents kilomètres, nous aurons montré qu'il soutient parfaitement la comparaison, par son importance, avec le Phison de la sainte Écriture.

La Kerka, le Gynd, que nous identifions avec le Géhon, parcourt six cent quarante kilomètres. Si nous la prenons à sa naissance, voici ce que nous dit M. Binder, dans son récent voyage *au Kurdistan, en Mésopotamie et en Perse* : « Jusqu'à Hassein-Kala les plaines se succèdent... Notre allure est rapide. Nous côtoyons la Rivière (la Kerka) au milieu de cette grande plaine, dans un large lit où des bancs de galets indiquent l'importance que son cours doit avoir au printemps. L'horizon, à une distance peu éloignée, est fermé par de hautes montagnes couvertes de

(1) Mme Dieulafoy, *la Perse, la Chaldée et la Susiane*, chap. XXXVII.

neige : ce sont les ramifications de l'Helvend ». Or c'est dans ces ramifications que la Kerka prend sa source, c'est dès sa naissance qu'elle a ce large lit, qui commence à en faire le fleuve important que nous allons dire.

Mme Dieulafoy l'a traversée vers le milieu de son cours.

« En quittant Eïvan, je me suis huchée de nouveau sur mon trône de couverture ; mais bientôt nous avons atteint les bords de la Kerka, large rivière qu'il a fallu franchir à gué ».

Ses eaux sont tellement profondes que la monture a failli se noyer, entraînant avec elle l'élégant écrivain qu'elle transportait. Puis Mme Dieulafoy continue :

« Lorsque les chaleurs torrides de l'été, ces chaleurs légendaires de la Susiane, ont brûlé et desséché le sol, on peut encore franchir, en quelques rares passages, le fleuve épuisé ; mais pendant neuf mois de l'année on doit avoir recours aux embarcations semblables aux Keleks de l'Euphrate (1) ».

Le Karoun et la Kerka supportent donc noblement l'honneur qu'ils ont d'être associés à l'Euphrate et au Tigre pour former en commun le Chatt-el-Arab, et certes il serait difficile de trouver plus de similitude entre eux et les fleuves du Paradis terrestre.

Mais étaient-ils connus dans l'antiquité et surtout dans l'antiquité juive ?

La Kerka ou le Gynd est une des rivières les plus historiques du monde ancien. « Cyrus, lisons-nous dans Hérodote, ayant campé sur ses bords, un de ses chevaux sacrés y tomba et s'y noya. Le prince irrité voulant punir le fleuve, fit creuser trois cent soixante canaux par lesquels les eaux s'écoulèrent, mais les canaux se comblèrent et, avec le temps, la rivière reprit son cours ». Les Grecs superstitieux et non religieux, attribuent à la superstition un magnifique travail d'irrigation que le génie de Cyrus

---

(1) *It. ibid.* chap. XXXVII.

fit exécuter, et dont les voyageurs constatent encore aujourd'hui les restes grandioses.

A son tour Pline écrit :

La Susiane est séparée de l'Elymaüs par le fleuve Eulœus (1). Il naît dans la Médie et passe sous terre dans un espace peu étendu. Sorti de là, et traversant la Mésabatène, il entoure la citadelle de Suse, et le temple de Diane, le plus révéré de ces nations. Le fleuve lui-même est l'objet de cérémonies pompeuses ; les rois ne boivent pas d'autre eau et on en transporte pour eux dans leurs voyages (2).

Faisant allusion à ce passage du naturaliste latin, Mme Dieulafoy nous donne ce spirituel récit des difficultés qu'elle rencontra à franchir la Kerka.

« La Kerka a fait bien des façons avant de se laisser traverser ; elle a eu tort, c'est indiscutable ; mais il est permis à un noble fleuve de se souvenir de ses grandeurs passées et de ne point se livrer au premier venu. N'est-ce pas la Kerka qui arrosait Suze, l'une des plus anciennes villes du monde? N'est-ce pas la Kerka dont les eaux cristallines, conservées dans des vases d'argent, étaient servies en tous lieux sur la table du roi des rois? Quels vins fameux pourraient invoquer des titres équivalents ? »

---

(1) Pline appelle Eulœus ce que Hérodote nomme γυνδη. Nous redressons toutes ces contradictions au chapitre XIV. Il nous suffit de dire ici que dans les questions du genre de celles que nous traitons, il ne faut pas trop s'inquiéter des noms. Rien de plus contradictoire que la géographie ancienne ; celle d'aujourd'hui elle-même n'est pas exemple d'erreurs. Pour en citer un exemple, la plupart des géographes modernes, à la suite des anciens, placent Suse sur le *Pasi-Tigris*, le Khoapsès d'Hérodote. C'est ce qu'a fait M. le colonel Niox, dans le magnifique atlas qu'il vient de publier, et cependant il est absolument certain qu'elle était sur la Kerka. Les géographes disent que les ruines de Suse sont aux environs de Chouster, situé sur le Karoun. Cela est vrai, et malgré tout, elles sont sur la Kerka, la distance entre les deux fleuves n'étant guère à cet endroit que de soixante-dix kilomètres.

(2) Pline, VI, XXXI, 9.

Nous venons d'écrire le nom de Suze ; c'est affirmer que le Géhon et le Phison étaient connus des juifs, à l'égal du Jourdain et de l'Euphrate.

La Kerka prend sa source, avons-nous dit, dans les ramifications sud-ouest de l'Helvend. Au pied du versant opposé s'élevait Ragès, à l'entrée de la plaine immense au milieu de laquelle était bâtie Ecbatane. Cette dernière ville, capitale de la Médie, joua un rôle considérable dans les guerres Persiques et dans celles d'Alexandre ; c'est là qu'il fit assassiner Pygmalion ; mais surtout Ragès et Ecbatane sont pour nous les villes de Gabélus, de l'ange Raphaël et de Tobie. Si, à partir de ses sources, vous descendez le fleuve, vous rencontrez les célèbres grottes de Tah-I-Bostan ; plus loin ses eaux baignaient la grande ville de Bisoutoum, située au pied des roches du même nom, où l'on a retrouvé de nos jours la fameuse inscription trilingue, qui a mis sur la voie des déchiffrements cunéiformes. Il est bien évident que dans ces parages, et peut-être même sur les bords de la Kerka, habitait Raguel, qui donna sa fille en mariage à Tobie. Aujourd'hui encore pour venir de Bagdad à Amadan, l'ancienne Ecbatane, il faut joindre la Kerka et suivre l'itinéraire que nous avons indiqué. Quand ensuite le fleuve fléchit vers le sud de la Médie, il descend en Susiane. Là il arrosait Suze, où demeuraient Assuérus et Aman, Esther et Mardochée. Parmi ses ruines actuelles on montre le tombeau de Daniel, pendant que celui de Mardochée et d'Esther a été transporté à Ecbatane.

Quant au Karoun, il était aussi connu des Juifs que la Kerka, car il appartenait plus particulièrement encore à la Susiane. Il prend sa source dans les montagnes de Koik Kala, environ à soixante kilomètres d'Ispahan, la *ville aux mille et une nuits*. Coulant de là dans des pays rocheux, il arrive à Chouster.

« Derrière ses murs, écrit Mme Dieulafoy, si on en croit une légende encore vivante, vécut pendant dix ans le prisonnier de Chapour (Sapor), le malheureux empereur Valérien. Quand son vainqueur montait à cheval, il était forcé de prêter, en guise de marchepied, son épaule couverte naguère de la pourpre romaine.

Puis elle nous décrit ainsi le site de Chouster, la profondeur des eaux du Karoun et la fertilité de ses bords.

« Le sol du Kouzistan, ancienne Susiane, était extraordinairement fertile. Il rendit au centuple la dépense faite pour le mettre en culture. Le blé, le coton, la canne à sucre y prospèrent à souhait : si l'on en croit le vieil auteur persan Hamed Allah Moustofi, la vie devint même si bon marché, que pendant les disettes, elle y était encore moins dispendieuse qu'à Chiraz dans les années d'abondance.

« De la terrasse du gouverneur, nul paysage mieux fait pour surprendre et charmer le regard ne pouvait s'offrir à ma vue. Vis-à-vis de moi, à quelque deux cents mètres, se dresse une haute muraille de rochers rougeâtres dont la tête semble supporter la plaine verdoyante, tandis que ses pieds, plongés au fond d'un gouffre, baignent dans les flots du Karoun. Je me penche afin de mieux suivre des yeux les méandres du fleuve et je constate que le palais d'Assadoulah Kan est fondé sur des rochers à pic, pareils à ceux qui me font face, et que le torrent s'écoule entre de gigantesques barres de fer. L'espace compris entre les deux murailles n'est point tout entier couvert par les eaux ; à gauche s'étendent des alluvions plantées de palmiers magnifiques. Malgré leurs dimensions, les arbres disparaîtraient dans la profondeur de l'abîme et leur feuillage vert se confondrait avec les teintes sombres des eaux, n'étaient des bouquets d'orangers chargés de fruits d'or ».

M. Dieulafoy écrit de son côté : « Cette merveilleuse contrée, qui eut fait pâlir la renommée de la terre Promise, si les Hébreux l'eussent devinée, est à peu près morte pour l'historien (1) ».

Nous avons fait à dessein toutes ces citations, et nous

---

(1) M. Dieulafoy, *L'Acropole de Suse*, p. 5.

pourrions multiplier les descriptions, parce qu'elles prouvent à merveille que le Karoun et la Kerka arrosent des pays enchanteurs dignes d'appartenir à la région du paradis terrestre.

Chouster, sur le Karoun, est environ à soixante-dix kilomètres de Suze, placée sur la Kerka, bien que leurs sources se trouvent en des régions tout à fait différentes. A ce moment s'écartant un peu l'un de l'autre, ils descendent parallèlement la Susiane, pour venir se souder sur le Chatt-el-Arab, à vingt lieues de distance. La Kerka est à la fois un fleuve de l'ancienne Médie et de l'ancienne Susiane. Mais le Karoun était essentiellement le fleuve de la Susiane. Il en était le seul navigable, par lui se faisait le commerce de toute la région. Chouster eut toujours de l'importance, parce que, avant la création de l'Eulœus, cette ville était comme le port de la Capitale, dont elle était à peine séparée par une quinzaine de lieues.

La Médie et la Susiane pouvaient passer comme la seconde patrie des Juifs. C'étaient surtout dans ces deux régions que les rois d'Assyrie avaient transporté Israël, qui ne devait plus revoir le ciel de la Palestine. Juda lui-même, bien qu'il ne dût pas subir le sort d'Israël, y fut expatrié. Là s'écoulèrent les jours de la captivité. La Kerka et le Karoun sont au nombre des fleuves dont parle le Psalmiste. Sur le cours de leurs eaux se sont assis les enfants du peuple de Dieu, tristes et inconsolables. Ils ont suspendu les harpes joyeuses aux saules de leurs rives; ils y ont remplacé les chants d'allégresse par leurs larmes, au souvenir de Sion et de la patrie absente : *super flumini Babylonis illii sedimus et flevimus, cum recordaremur Sion.*

Les fleuves paradisiaques ne cessèrent pas, dans le cours des âges comme au commencement, d'entendre retentir les gémissements des coupables et d'être le théâtre de leurs expiations. La race d'Adam infidèle, chassée du Paradis, commença par se fixer sur les bras du fleuve qui l'arrosait. Caïn, poursuivi de la colère de Dieu, se retira à l'orient, probablement en Susiane. Le Paradis, rétabli en faveur du peuple des promesses, dans cette terre fortunée de la Judée si riche par ses productions, fut de nouveau vidé de ses habitants infidèles par la colère de Dieu, ses fleuves reçurent aussi de nouveau sur leurs bords ces suppliciés de sa justice : harmonies merveilleuses de l'histoire, accomplies tous les jours par la même sagesse qui a créé les harmonies de la nature.

Nous nous résumons.

La jonction des quatre fleuves sur le Chatt-el-Arab, l'importance de leur cours, les pays historiques qu'ils arrosent, le séjour plusieurs fois séculaire des juifs sur leurs rives, la connaissance nationale qu'ils en avaient, sont autant d'indices qui nous permettent d'identifier le Karoun, l'ancien Pasitigris avec le Phison, la Kerka, l'ancien Gynd avec le Géhon.

Nous satisfaisons du même coup aux deux premières particularités du récit mosaïque, qui en fait des fleuves se rattachant à l'Assyrie et très connus des juifs.

Notre démonstration sera complète quand nous aurons fait voir que le fleuve unique sortait de la province d'Eden et que ses deux branches méridionales arrosaient les pays d'Hevilah et d'Ethiopie. Seulement, avant d'aborder cette démonstration, nous devons répondre à l'objection qui, au nom de la géographie et de la géologie, place sous les eaux la Basse-Chaldée, à l'époque adamique.

CHAPITRE XII

L'objection géographique. — La géographie de
la Basse-Chaldée dans les ages anciens.

Le Chatt-el-Arab n'aurait pas toujours existé. — Il aurait été un lac et non un fleuve jusque sous Alexandre-le-Grand. — Le Golfe Persique aurait remonté avant dans les terres à une époque relativement récente.

En examinant attentivement la description que nous avons faite de la distribution des eaux dans la Basse-Chaldée, on admet volontiers la ressemblance des lieux avec celui du Paradis. Mais de suite vient à l'esprit des savants une objection formidable : la Basse-Chaldée était certainement sous l'eau à l'époque de la création de l'homme. Le Chatt-el-Arab lui-même est d'une formation récente. Notre système tombe à faux ; le site parfaitement ressemblant aujourd'hui n'existait pas, quand le Paradis fut organisé.

Il y a lieu, le lecteur l'admettra, avant de poursuivre notre thèse, d'étudier à fond d'aussi graves objections.

Cette étude intéresse également l'Assyriologie. L'une des contrées du globe qui attire le plus l'attention de l'érudit et du savant sont les plaines de la Babylonie et de la Chaldée. Tous les jours on y retrouve les ruines les plus intéressantes pour l'histoire des peuples et des civilisations antiques. Il n'est pas possible de rester indifférent à la topographie de cette région. Il est même nécessaire que la géohraphie et la géologie ne viennent pas détruire les faits les plus positifs de l'histoire. Les sciences n'ont aucun droit d'empiéter les unes sur les autres. Elles s'éclairent, se limitent et s'harmonisent forcément, ou alors elles ne sont plus les sciences, mais un simple jeu de l'imagination, des théories prétentieuses, des sources d'erreurs.

Nous disons qu'à tout théâtre, il faut un plancher et une estrade pour le développement de la scène et le jeu des acteurs. Ce n'est pas sous les eaux, dans les profondeurs de la mer que se construisent les villes, que se font les sièges des places fortes, que s'accomplissent les expéditions militaires. Telle est l'opposition qui existe actuellement entre les découvertes chaldéennes et les données prétendues de la géographie et de la géologie. Celles-ci refusent à l'histoire de la Basse-Chaldée la terre ferme sur laquelle s'est développée son existence ; elles placent des envahissements de la mer où il est nécessaire de rencontrer le continent.

Une pareille contradiction ne peut éternellement subsister. Nous voudrions en étudier les causes et essayer de les faire disparaître.

Nous devons commencer par rappeler en deux mots la topographie de la Babylonie et de la Basse-Chaldée.

Les deux grands fleuves de cette région sont l'Euphrate et le Tigre, qui descendant des montagnes d'Arménie, coulent parallèlement du Nord au midi. A cent quarante lieues environ, au Sud de Babylone, l'Euphrate quitte sa direction, fléchit de l'Ouest à l'Est, et se réunit au Tigre pour former le Chatt-el-Arab. Aussitôt la jonction des deux fleuves, le Chatt-el-Arab se grossit de la Kerka, reçoit vingt-quatre lieues plus loin le Karoun, et coulant encore pendant douze lieues, va se jeter dans le golfe Persique (1).

D'après les géographes modernes, ce fleuve, même à une époque relativement rapprochée, sous Alexandre-le-Grand, trois cents ans avant J.-C., n'avait pas un si long parcours. Le golfe Persique remontait jusqu'à Mohame-

---

(1) Suivre sur notre carte l'ensemble de notre discussion. — Pour plus de clarté, nous avons donné à la région du Chatt-el-Arab une échelle double de celle du reste de la carte.

reh, à l'embouchure actuelle du Karoun. Voici la preuve empruntée à Strabon, que donne M. Dieulafoy, dans son remarquable ouvrage : l'*Acropole de Suse*. Il la tire des mesures que fournit Néarque, amiral de la flotte d'Alexandre, depuis l'Indus jusqu'au golfe Persique, jusqu'à l'embouchure du Tigre et jusqu'à Babylone.

Des bouches de l'Indus à la frontière orientale de la Perse............ (1)	13,900 stades
Côtes de la Perse	4,300 stades
De la frontière occidentale de la Perse, formée par l'Oroatès, le plus grand fleuve de la région, à l'embouchure du Pasitigris................	2,000 stades

D'autre part :

De l'embouchure de l'Oroatès, limite occidentale de la Perse à l'embouchure du Tigre, dans les marais.........	3,000 stades
De l'embouchure du Tigre à la mer..	600 stades
De l'embouchure de l'Euphrate dans le marais à Babylone, plus de......	3,000 stades
Côtes de la Carmanie.........	3,700 stades

Dans ces mesures ne sont pas comprises les sinuosités des côtes.

Nous devons observer que ce tableau n'est pas emprunté textuellement à Strabon. Il est formé par le savant Assyriologue à l'aide des données recueillies dans le géographe grec. Ainsi Strabon ne dit pas :

De l'embouchure du Tigre à la mer il y a 600 stades ;

Il dit simplement :

« Néarque ajoute qu'il y a une distance de 2000 stades environ de l'embouchure du Pasitigris à celle de l'Oroatès ; — qu'en traversant le lac et en remontant jusqu'à l'endroit de sa rive supérieure où débouche le Tigre, on a à franchir une distance de 600 stades, et que tout à côté de ce débouché du Tigre il y a un bourg (dit Aginis) dé-

(1) Le stade valait environ 185 mètres.

pendant de la Suside et distant de Suse de 500 stades (1) ».

Nous verrons plus loin l'importance fondamentale de la restitution du texte exact de Strabon.

Cette réserve faite, nous ajoutons que M. Dieulafoy fait suivre son tableau de plusieurs conclusions, dont voici les deux qui se rapportent à notre sujet.

1° Les marais du Tigre et de l'Euphrate commençaient à plus de 3.000 stades (180 milles) de Babylone, par conséquent dans le voisinage de Kournah et du confluent actuel des deux fleuves mésopotamiens.

2° La mer s'avançait dans les terres jusqu'à 600 stades (20 milles) de Kournah, c'est-à-dire jusqu'aux environs de Mohamered.

Nous ne pouvons accepter cette dernière conclusion, avec les conséquences qui en découlent. Nous lui opposons les propositions suivantes :

1° La nappe d'eau formée du confluent de l'Euphrate, du Tigre et de la Kerka n'a jamais été ni un marais ni un lac. Une étude attentive des géographes anciens et des inscriptions cunéiformes en fournit une preuve irréfragable.

2° Cette immense nappe d'eau n'a jamais eu d'autre conformation que celle du Chatt-el-Arab actuel; en d'autres termes, le Chatt-el-Arab a toujours existé tel qu'il est, sinon peut-être à son embouchure ;

3° A l'époque d'Alexandre, le golfe Persique ne remontait pas jusqu'à Mohamereh. Non seulement alors la mer n'empiétait pas sur le continent, mais d'après Strabon et Pline, le continent s'avançait sur la mer de dix lieues plus avant qu'aujourd'hui.

Telle sera notre réponse à l'objection géographique, tirée de Strabon lui-même. Nous étudierons ensuite

---

(1) Strabon, traduit par E. Tardieu, t. III, liv. XV, p. 282, 5.

l'objection géologique et essaierons également de la résoudre.

II

Le Chatt-el-Arab a toujours été un courant et jamais un lac.

Le premier point à établir est l'existence du Chatt-el-Arab, à toutes les époques et dans les conditions générales où nous le connaissons. La seule différence, c'est qu'il portait un autre nom, celui de *Pasitigris*.

Strabon ne connaît pas personnellement la géographie du delta de la Basse-Chaldée. Il l'expose d'après des documents qu'il n'essaie même pas d'interpréter. On dirait qu'il y a là diverses opinions ; au fond il n'y en a qu'une ; le Géographe l'exprime ainsi :

« D'autres prétendent que toutes les rivières de la Suside se réunissent avec le Tigre en un seul courant, juste à la hauteur des canaux intermédiaires dérivés de l'Euphrate dans le Tigre, et que c'est pour cette raison que le cours inférieur du Tigre a reçu le nom de *Pasitigris* (1).

Il est impossible de décrire aujourd'hui le Chatt-el-Arab autrement que ne l'est ici le Pasitigris. Ce n'est point un lac, encore moins un marais, c'est un courant. C'est le courant de l'Euphrate et du Tigre, grossi des rivières de la Suside. Le Pasitigris est donné comme constituant le cours inférieur du Tigre. Or c'est encore l'opinion des habitants de la contrée. « Les Orientaux, dit Bouillet, croient que c'est le Tigre et non l'Euphrate, qui est la

(1) Le *Pasitigris* est le nom ancien auquel on a substitué le nom moderne de Chatt-el-Arab ; nous prouverons plus loin qu'il était aussi celui du *Karoun*. Nous croyons même, contrairement à l'opinion rapportée par Strabon, que le Chatt-el-Arab tirait son nom du Karoun. Celui-ci était le dernier affluent que recevait le Chatt-el-Arab, à douze lieues du golfe Persique. L'embouchure du *Chatt* semblait donc se confondre avec celle du Karoun. Le Pasitigris, nom de l'embouchure, s'est étendu à tout le fleuve. Il y a ainsi eu deux Pasitigris, dont l'un était un affluent de l'autre.

branche principale du Chatt-el-Arab (1) ». « Au confluent avec l'Euphrate, à Kornah, écrit E. Reclus, le Tigre est, contrairement à ce que disait Strabon, le fleuve le plus abondant. La rivière occidentale se perd dans son flot sans paraître l'augmenter (2) ».

Strabon rapporte ensuite le récit de Néarque, l'amiral de la flotte d'Alexandre, qui a sillonné avec ses vaisseaux, la nappe d'eau dont nous nous occupons. La description, semble-t-il, devrait faire autorité. Cependant, Strabon ne paraît pas lui donner une importance décisive. Il fait bien, nous le montrerons plus loin. Il la cite moins qu'il ne l'analyse ; elle garde sous sa plume une certaine indécision, qui tient également à l'ignorance de l'analyste et à la science confuse du célèbre marin.

« Néarque, qui a longé toute cette côte de la Suside, la représente comme semée partout de bas-fonds et la termine au cours de l'Euphrate. Là, dit-il, tout près de l'embouchure, se trouve un gros bourg qui sert d'entrepôt aux marchandises venant d'Arabie. Car de l'autre côté de l'embouchure de l'Euphrate et du Pasitigris, c'est la côte d'Arabie qui fait suite immédiatement. Quant à l'intervalle des deux embouchures, il est tout entier couvert par un lac ou étang (3) dans lequel se déverse le Tigre (4).

Par cette citation, nous entrons dans le domaine des obscurités et des incohérences. Elles apparaîtront plus évidentes encore quand nous l'aurons complétée par les autres témoignages de Strabon et que nous y aurons joint celui de Pline.

Strabon ajoute donc :

« Au dire d'Onésicrite maintenant, tous ces fleuves,

---

(1) Bouillet, *Diction. d'hist. et de géog*. Art. *Tigre*.
(2) E. Reclus, *L'Asie Antérieure*, t. IX, p. 391.
(3) C'est la seule fois que le mot étang est employé par les géographes anciens pour désigner cet amas d'eau. L'expression générale et exclusive est celle de lac.
(4) Strabon, *loco citato*.

l'Euphrate aussi bien que le Tigre, déboucheraient dans le lac, mais l'Euphrate en sortirait et irait se jeter dans la mer par une embouchure distincte (1) ».

Strabon avait dit d'ailleurs :

« Suivant Polyclète, le Choaspès, l'Eulœus, voire le Tigre, tombent dans un même lac, puis en ressortent pour aller se jeter séparément dans la mer (2) ».

Enfin Pline écrit : «... puis il (le Tigre) reçoit de la Médie le Choaspès, et coulant, comme nous l'avons dit, entre Séléucie et Ctésiphon, il s'épanche dans les lacs de Chaldée, qu'il remplit d'une étendue de soixante-dix mille pas. Alors formant un vaste canal, laissant à droite la ville de Charax, il se jette dans le golfe Persique par une embouchure de dix mille pas.

« Entre les embouchures du Tigre et de l'Euphrate, toutes les deux navigables, l'intervalle fut jadis de vingt-cinq mille pas ou suivant d'autres de sept mille, mais il y a longtemps que les Orchiniens et les peuples voisins ont barré l'Euphrate pour l'irrigation de leurs champs et ses eaux n'arrivent à la mer que par le Pasitigris (3) », qui avait, Pline vient de le dire, quatorze kilomètres d'embouchure. »

Comme on le voit, nous sommes en plein dans la confusion.

Tout à l'heure, nous n'avions qu'un courant unique. Ici nous avons un lac, mais un lac qui arrive au golfe Persique, suivant les uns, qui n'y arrive pas, suivant les autres. Ceux qui le font arriver seulement jusqu'à l'embouchure du Karoun, ne s'entendent pas encore pour sa décharge à la mer. Pour les uns, il avait deux canaux, l'Euphrate et le Pasitigris, pour d'autres il n'y a que la décharge de l'Euphrate, pour d'autres encore, il n'y a

---

(1) It., ibid.
(2) It., ibd.
(3) Pline, *Hist. natu.*, t. 1, liv. VI, n° XXXI, 3 et 4. Paris, Dubochet, 1848.

que celle du Pasitigris ; d'autres enfin disent qu'à la sortie du lac, le Tigre, le Choaspès et l'Eulœus, lisez le Karoun et la Kerka, se reconstituent pour aller se jeter séparément dans le golfe Persique.

C'est donc le plus complet désaccord entre les géographes. A quelle opinion s'arrêter ? où est la vérité ? Il est évident que nous pourrions passer outre à toutes ces contradictions. Nous sommes en présence de deux opinions, l'une claire, nette, qui a pour elle l'inappréciable mérite d'être en conformité de ce que nous avons sous les yeux. Oui, du temps de Strabon et avant Néarque, il y avait une croyance, c'était la croyance commune qui soutenait que, comme aujourd'hui, le Tigre ne faisait qu'un seul courant avec les rivières de la Suside, sous le nom de Pasitigris. A côté de cette opinion si positive, il en est une autre, invraisemblable, obscure, contradictoire. Est-ce qu'une saine critique pourrait hésiter ? Est-ce que, comme le font les géographes contemporains, on est tenu de s'arrêter à une opinion qui ne s'exprime que par des incohérences manifestes, pour délaisser celle qui dépeint les lieux sans ambage, avec une vraisemblance d'autant plus grande, qu'elle donne la géographie du delta, il y a deux mille ans, semblable à la géographie moderne. Nous pourrions donc arrêter là notre discussion, et affirmer sans pouvoir être contredit, que le Pasitigris d'autrefois était à peu près ce qu'est aujourd'hui le Chatt-el-Arab.

Mais en examinant de plus près les contradictions que nous venons de rapporter, nous pouvons néanmoins en dégager certaines lignes principales, qui ne font que confirmer les conclusions que nous défendons.

Que fait Néarque, l'auteur de tous les malentendus ?

Il revient des Indes avec sa flotte, longe le littoral et le décrit. Il arrive au Pasitigris. S'y engage-t-il pour monter à Babylone ou continue-t-il sa route dans le sens des côtes ? il est difficile de le dire. Il se contente de donner l'Euphrate comme étant, avant le désert d'Arabie, le dernier fleuve qui se jetât dans le golfe Persique, ajoutant qu'entre l'Euphrate et le Pasitigris il y a un lac qui les réunit.

Voilà donc une vaste nappe d'eau, dont la largeur est formée de l'Euphrate, du Pasitigris et du lac réunis.

Que représente-t-elle ? Elle représente certainement en partie le Chatt-el-Arab ou le Pasitigris qui en était au moins une portion.

Je sais bien que les géographes modernes prétendent que ce fleuve était le Karoun. Mais impossible de l'admettre. Il s'agit ici du Pasitigris, qui se jetait directement à la mer ; or jamais le Karoun ne s'y est jeté. Les géologues le soutiennent sans le prouver. Qu'à une époque préhistorique, la chose ait eu lieu, nous n'en savons rien et nous le voulons bien, mais on n'en peut fournir la moindre preuve pour l'époque historique. Pline donne formellement le Pasitigris comme la continuation du Tigre. «... Il y a longtemps que les Orchiniens et les peuples voisins ont barré l'Euphrate pour l'irrigation de leurs champs et ses eaux n'arrivent à la mer que par le Pasitigris. On doit donc distinguer le Pasitigris du golfe Persique du Pasitigris de la Susiane.

Dans le cas présent, nous traitons du Pasitigris du golfe Persique ; nous sommes donc sûrs qu'il désigne le Chatt-el-Arab. Seulement l'identité était-elle complète ? Nous le répétons, que représentait la nappe d'eau formée du Pasitigris, du lac et de l'Euphrate ? Pline nous le dit, en nous indiquant la largeur de cette étendue d'eau. Elle était, avons-nous vu, de vingt-cinq mille pas ou de sept mille.

C'est toujours la confusion, mais une confusion que nous pouvons démêler.

La distance de vingt-cinq mille pas, qui se serait ensuite changée en sept mille a fait croire que l'Euphrate a eu autrefois une embouchure différente de celle d'aujourd'hui ; nous pensons qu'il n'en est rien.

Aussitôt Babylone et en descendant vers le midi, l'Euphrate laisse échapper ses eaux en deux lacs, qui communiquent entre eux et recouvrent une assez vaste superficie. Des lacs on avait creusé un canal artificiel qui amenait directement à la mer leurs eaux et celles de l'Euphrate ; il se nommait le *Pallœcopas*. Les vingt-cinq mille pas indiqués par Pline, sont, selon nous, la distance de l'embouchure du Pasitigris à celle du Pallœcopas, dont les Orchiniens ont détourné les eaux pour irriguer leurs champs. Les sept mille n'ont donc pas été substitués aux vingt-cinq mille. Ce sont des mesures coexistantes et distinctes.

Nous savons ce que représentent les vingt-cinq mille. Disons maintenant ce qu'étaient les sept mille.

Sept mille romains équivalent à dix kilomètres : les dix kilomètres exprimaient la distance qui séparait le Pasitigris du prétendu Euphrate de Néarque. A cette mesure il faudrait ajouter la largeur des deux fleuves, deux kilomètres pour chacun et nous aurions la largeur de quatorze kilomètres, que Pline donne à l'embouchure du Pasitigris (1). Ces quatorze kilomètres, qui sont peut-être exagérés, se rapprochent singulièrement de la largeur actuelle de l'embouchure du Chatt-el-Arab, qui n'est guère moindre (2).

Au milieu des incohérences de Néarque et de Pline on ne pouvait trouver une preuve plus péremptoire de l'identité de Chatt-el-Arab avec la nappe d'eau décrite par ces géographes. Seulement au lieu d'en faire un courant unique, ils en forment deux qu'ils nomment l'Euphrate et le Pasitigris, reliés entre eux par des eaux moins rapi-

(1) Voir la citation de Pline à la page 114.
(2) « A huit heures, le bateau s'engage dans un estuaire vaste comme une mer : c'est le Chatt-el-Arab... Au delà de la barre de Fou, les rives se rapprochent, et bien que le fleuve ait encore près de six kilomètres, on aperçoit cependant sur ses bords une maigre végétation ». Mme Dieulafoy, *la Perse, la Chaldée et la Susiane*, p. 521.
Si à son rétrécissement le fleuve possède encore six kilomètres, on peut bien lui en supposer dix ou douze à son embouchure.

7.

des. Peut-être en effet les deux rives du Pasitigris avaient-elles plus de profondeur et formaient-elles chacune un courant facilement navigable, tandis que vers le milieu se trouvaient des amoncellements de limons qui embarrassaient la marche de la navigation. De plus, Néarque n'ignorait probablement pas que le Pallæcopas conduisait à la mer une partie des eaux de l'Euphrate. Connaissant également l'importance de ce fleuve, il ne pouvait s'imaginer qu'il fût sans embouchure propre. Toutes ces idées confuses en lui l'amenèrent sans doute à donner à l'un des courants son nom propre de Pasitigris et à l'autre celui d'Euphrate.

Quoi qu'il en soit de l'explication, le fait est là indéniable, la nappe d'eau décrite par Néarque a la même largeur que celle du Chatt-el-Arab ; cette largeur est la preuve certaine de leur identité complète.

Outre les contradictions que nous avons signalées, ce qui a contribué à obscurcir ce point géographique dans l'esprit des savants contemporains est l'expression de lac employée par Néarque, par les géographes grecs et par Pline lui-même.

Tous étaient loin de se servir de cette expression. La principale opinion, qui existait universellement avant Néarque, faisait de la réunion des fleuves un seul courant, qui portait le nom de Pasitigris. Néarque nous paraît être le premier qui se soit servi de la dénomination de lac, laquelle, sur son témoignage, est devenue celle des géographes grecs et romains. Mais en l'employant, il nous a expliqué lui-même la nature du lac ; il n'y a pas à s'y méprendre. « De l'autre côté de l'embouchure de l'Euphrate et du Pasitigris, c'est la côte d'Arabie, qui fait suite immédiatement. Quant à l'intervalle des deux embouchures, il est tout entier couvert par un lac ou étang, dans lequel se déverse le Tigre ».

Le lac pour l'amiral macédonien est donc la nappe d'eau répandue entre les deux courants de l'Euphrate et du Pasitigris ; nous en avons déterminé la largeur ; elle est celle du Chatt-el-Arab. Il l'appelle lac, nous l'appelons fleuve, fleuve énorme aujourd'hui comme alors. Il mesure douze kilomètres à son embouchure. Sa largeur est encore de six kilomètres dans une grande partie de son cours. Cette dernière largeur est celle même du lac Majeur. Le lac de Come, dans sa plus longue traversée, n'en a que cinq à six. Le lac du Bourget a cinq kilomètres, celui de Zurich trois ; le lac de Constance en a moins encore dans sa partie du Nord. Le Chatt-el-Arab est une nappe d'eau vaste comme la mer, écrit Mme Dieulafoy, qui l'appelle encore le fleuve monstre.

On comprend donc l'étonnement de Néarque et la dénomination qu'il lui applique. Mais, après en avoir fixé le sens, il introduit la confusion dans l'esprit : on ne rencontre plus que ce nom sous sa plume. L'Euphrate et le Pasitigris disparaissent, c'est le lac et toujours le lac ; il va même jusqu'à indiquer la longueur de sa traversée. Ainsi trompés, les géographes après lui ne voient plus la définition, ils ne voient que le nom. Au lieu de le prendre dans le sens indiqué une fois par le célèbre marin, ils le prennent dans son sens rigoureux et absolu, et alors surgit le préjugé géographique qui met un lac en Chaldée à la place du Pasitigris ou du Chatt-el-Arab.

Au surplus, la géographie des inscriptions cunéiformes attentivement et impartialement étudiée, tranche la difficulté. Elle établit qu'il y avait un fleuve au centre de la Basse-Chaldée et qu'il coexistait avec des marais. Ce ne peut être que le Chatt-el-Arab.

Il est reconnu par tous les assyriologues que la Chaldée possédait une principauté dite de Bit-Iakin (1) ; que

(1) « ... J'ai régné..... sur le pays de Bit-Iakin, qui est au bord du (Nahar-Marratu (golfe Persique) jusqu'au territoire de Delmun ». Grande inscription des salles de Khorsabad, traduite par M. Oppert dans ses *Inscriptions des Sargonides*, p. 22, et rectifiée d'après le P. Delattre, dans son *Esquisse de géog.-assyr.*, p. 38.)

cette principauté allait des bords de la mer (1) jusqu'à l'Euphrate (2), au delà duquel elle s'étendait probablement. Elle occupait sinon toute la Chaldée, du moins sa partie occidentale.

Presque tous les rois de Ninive vinrent combattre dans ce pays, où se réunissaient les armées d'Elam contre l'ennemi commun. Sargon y guerroya. Son fils Sennachérib s'y battit fréquemment. Il nous raconte ainsi l'une de ses expéditions : « Dans ma quatrième campagne, je me recommandai à Assour, mon maître, j'assemblai la totalité de mon armée et je décrétai une expédition vers le pays de Bel-Yakin....... Ce Mérodach-Baladan, que j'avais vaincu dans le cours de ma première expédition et dont j'avais brisé l'orgueil, redoutait l'approche de mes forces considérables et l'imminence d'une sanglante bataille. Il recueillit les dieux comme emblême de sa victoire dans leur..... il les fit s'embarquer dans leurs arches et s'envola comme un oiseau vers la ville de Nagit Rakki, qui est au milieu de la mer. Je fis sortir de Bel-Yakin, près du fleuve Nahar-Agammi et des marais, ses frères et la race de sa maison paternelle, qui avaient abandonné les environs de la mer, ainsi que les grandes familles de ce pays ;

---

(1) « J'ai expulsé Nabou-Zir-Simtat, fils de Mérodach-Baladan, qui avait eu confiance en Elam ; mais il ne sauva pas sa vie. Naid-Mardouk, son frère, reconnut ma souveraineté.... Je lui confiai en entier les bords de la mer, qui avaient obéi à son frère ». (Oppert, *ibid. Prisme d'Assarhaddon*, p. 55.)

(2) « Mérodach Baladan apprit l'approche de mon expédition : voulant donner le change à ses guerriers, il fuit devant elle, et vole comme un oiseau, en se repliant de Babylone jusqu'à la ville d'Ikbibel. Il répartit les villes.... parmi ses généraux. Lui-même se porta à Hisir-*Iakin* et en fortifia les murailles...... Il construisit un fossé large de 200.... et profond d'un barza. Dans ce fossé aboutissaient les conduites d'eau à partir de l'Euphrate : il avait coupé et divisé en canaux le cours du fleuve ». (Oppert, *ibid. Gr. inscrip. des salles de Khorsabad*, p. 29.)

je les vendis comme esclaves et je les emmenai. Je démolis les villes, je les changeai en désert..... (1) »

Bit-Yakin avait une ville, qui portait le nom de la principauté. Elle n'était pas sur les bords du golfe Persique, puisque les frères et la race de la maison paternelle de Mérodach les avaient quittés pour s'y réfugier. Elle était enfin située près du Nar-Agammi et des marais. N'étant pas sur les bords du golfe, nous pouvons supposer qu'elle était au nord de la Basse Chaldée, ou au moins vers son centre longitudinal, plutôt vers la partie Ouest, car à l'Est se trouvait une autre principauté chaldéenne, l'Umligas, séparant la Chaldée de l'Elam.

Dans ces conditions, le Nahar-Agammi était, ainsi que la ville de Bel-Yakin, vers le centre de la Chaldée et forcément la traversait dans son point central du nord au midi pour se rendre au golfe Persique.

Or la Chaldée sous Sennachérib était certainement touchée par quatre fleuves, le Tigre et l'Euphrate, la Kerka et le Karoun. Si elle ne possédait que ces quatre fleuves, l'un ou l'autre portait le nom de Nard-Agammi. Ce n'était pas l'Euphrate et le Tigre dont nous savons les noms assyriens. Ce n'était pas davantage la Kerka et le Karoun; ils coulaient à l'Est et n'appartenaient probablement pas à la principauté de Bit-Yakin, mais à celle de l'Umligas ; de plus, comme nous le montrerons plus loin, il s'appelaient le Sourappi et l'Oukni. Aucun des quatre fleuves n'étant le Nar-Agammi, il est inévitable d'en supposer un cinquième portant cette dénomination. Comme les régions ne changent pas leurs cours d'eau d'un jour à l'autre, avec la même facilité que l'homme change de vêtements, on ne peut admettre qu'il y ait eu, sous Sennachérib, au centre de la Chaldée, un cinquième fleuve qui soit autre que le Chatt-el-Arab.

Le Chatt-el-Arab existait donc, sous Sennachérib, huit cents ans avant Jésus-Christ ; il n'existait pas seulement

(1) Oppert, *ibid. Inscrip. du prisme de Sennachérib*, p. 46.

aux approches de la mer, puisque la ville de Bel-Yakin, située sur ses rives, en était éloignée ; enfin, comme conséquence dernière et fondamentale pour notre thèse, le Chatt-el-Arab coexistait avec les marais. La Chaldée renfermait donc des marais et non des lacs, en même temps que son grand fleuve moderne ; c'est ce que nous avions à démontrer.

L'existence simultanée de marais et du fleuve n'aurait rien qui doive surprendre. Aujourd'hui les terres qui le bordent sont encore assez basses pour faire concevoir qu'autrefois elles ont pu être des marécages, et le phénomène d'un fleuve coulant dans des marais, qui aux époques de débordement, se convertissent en lac, se remarque journellement. Nous le rencontrons sur le bord de la plupart des rivières. Leurs rives sont généralement couvertes de prairies, qui sont des marais secs, ou de marais proprement dits, qui sont des prairies fraîches, c'est-à-dire des herbages grossiers remplis d'eau. La même herbe est une plante très fine et très recherchée du bétail dans les prairies, elle se dénature immédiatement et devient une plante grossière et acide, dès qu'elle végète dans l'eau.

Nous n'avons donc pas à nous préoccuper des obscurités et des contradictions de Néarque et de Strabon. La Chaldée, au temps d'Alexandre, n'avait pas de lac dans son centre. Elle possédait probablement encore les marais que signalait Sennachérib quatre cents ans auparavant et qui étaient sans doute ceux bien connus de l'Oukni, plutôt qu'ils n'étaient situés sur l'Agammi. Elle était sillonnée certainement, comme à l'époque de ce prince, comme aujourd'hui, par le majestueux Nar-Agammi Assyrien, par le Pasitigris chaldéen et grec et par le Chatt-el-Arab des modernes, le même fleuve sous trois noms différents, qui portait à la mer, alors comme aujourd'hui, les eaux de l'Euphrate, du Tigre, du Gyndes et du Pasitigris de la Susiane.

III. — SITUATION DU GOLFE PERSIQUE SOUS ALEXANDRE.

Une dernière objection tirée des géographes est l'allongement de la mer sur le continent déduit des mesures données par Strabon.

Au temps d'Alexandre, disent les savants modernes, le golfe Persique remontait à Mohamered, à l'embouchure du Karoun. La preuve, c'est que de l'embouchure du Tigre, dans le lac, à la mer, il y avait 600 stades ou cent onze kilomètres.

Cette mesure est prise dans Strabon, qui l'emprunte à Néarque. Or nous avons déjà fait remarquer que Néarque n'entend pas donner la distance de l'embouchure du Tigre à la mer, mais seulement l'étendue de la traversée du lac. « Néarque ajoute qu'en traversant le lac et en remontant jusqu'à l'endroit de sa rive supérieure où débouche le Tigre, on a à franchir une distance de six cents stades ».

Il importe de déterminer ce que Néarque entend par la traversée du lac, comme nous avons déterminé ce qu'il entend par le lac lui-même.

Il est regrettable que nous n'ayons plus son texte. Nous ne connaissons guère ses récits que par les analyses de Strabon. Celles-ci sont faites d'après les idées du géographe, qui croyant à l'existence d'un lac, donne tout naturellement la distance de sa traversée. Néarque ne s'est probablement pas exprimé dans ce sens.

Il avait reçu d'Alexandre rendez-vous à Babylone. Pour s'y rendre, sa flotte s'était engagée dans l'Euphrate, quand il apprend que le conquérant a changé son itinéraire et qu'il est à Suse. Sur le champ « naviguant dans un sens opposé à celui qu'ils avaient suivi, les Macédoniens laissent la Susiane à leur gauche, et pénètrent dans un lac où se jette le Tigre », c'est-à-dire le Pasitigris comme nous l'avons dit.

Pour Néarque, la traversée est celle qu'il fait de l'embouchure de l'Euphrate pour se rendre au Karoun ; il n'entend pas autre chose. Son point de départ, son point d'arrivée, sa route sont clairement marqués. Son point de départ est l'embouchure de l'Euphrate, son point d'arrivée est l'embouchure du Karoun, toutes deux dans le Chatt-el-Arab ; l'une à l'extrémité Nord de la rive droite, l'autre à l'extrémité Sud de la rive gauche, sa route est le lac ou la voie d'eau du fleuve large comme un lac, qui le mène d'un point à l'autre.

Le chiffre des distances met en outre cette question hors de doute. Néarque donne pour longueur de sa traversée six cents stades ou cent onze kilomètres. Pline donne également ce chiffre avec une légère différence :

« Le Tigre s'épanche dans le lac de Chaldée qu'il remplit d'une étendue de soixante-dix mille pas (ou cent deux kilomètres). Alors formant un vaste canal, laissant à droite la ville de Bibrace, il se jette dans le golfe Persique par une embouchure de dix mille pas (1).

La différence de neuf kilomètres vient de ce que Néarque mesure la diagonale qu'il fit de l'Euphrate au Karoun, et que Pline mesure la verticale qui joint le Karoun au Tigre. La distance de soixante-dix mille pas est exactement la mesure existant entre ces deux derniers fleuves.

Nous savons donc ce qu'expriment les six cents stades ou les soixante-dix mille pas. Pour Néarque, les six cents stades déterminent la distance qu'il parcourut de l'Euphrate au Karoun. Pour Pline, les soixante-dix mille pas signifient la longueur du lac, qui va du Karoun à l'embouchure du Tigre. Ces mesures n'ont aucun rapport avec la distance à la mer.

---

(1) Pline, *loco citato*. Ces dix mille pas équivalent à quatorze kilomètres huit cent mètres. Ils font l'embouchure du Pasitigris environ cinq kilomètres plus large que celle que nous avons donnée, d'après le même Pline. On ne peut évidemment s'attendre à une exactitude rigoureuse de la part de géographes si peu informés et si incertains.

Pour que celle-ci arrivât à Mohamereh, près de l'embouchure du Karoun, au temps de Néarque, il faudrait le prouver autrement que par la distance des six cents stades, qui ne s'y appliquent pas. Or on ne peut en fournir aucune autre preuve, parce que tous les témoignages attestent le contraire.

Pline vient de nous dire qu'à la sortie du lac, le Tigre se retrouvait sous le nom de Pasitigris, formait un vaste canal, laissait à droite Bibrace et allait à la mer par une embouchure monstrueuse de quatorze kilomètres.

Onésicrite nous affirme que tous les fleuves se jettent dans le lac, mais que l'Euphrate en ressort pour aller se déverser à la mer par une embouchure distincte.

Suivant Polyclète, le Choaspès, l'Eulæus, voire le Tigre tombent dans un même lac, puis en ressortent pour aller se jeter séparément à la mer.

On ne peut pas un plus grand désaccord sur le nom et sur le nombre des courants qui vont du lac à la mer ; on ne peut pas non plus un plus parfait accord à affirmer que le lac ne se jette pas directement dans le golfe Persique. Pour les géographes grecs et romains, il y a deux distances distinctes de l'embouchure du Tigre à la mer. Il y a d'abord la longueur et la traversée du lac, qui est de six cents stades ou de soixante-dix mille pas, puis il y a la longueur du courant ou des courants qui mènent au golfe les eaux du lac. Or c'est de cette longueur dont ne tiennent pas compte M. Dieulafoy et les savants contemporains ; elle existe, elle est indéniable, quand nous n'en saurions pas l'étendue en kilomètres, il faudrait encore la reconnaître, et ne rien affirmer sur une situation du littoral différente de celle actuelle.

Mais cette distance kilométrique, nous la possédons. Si Pline ne nous la fournit pas, Strabon nous la donne, nous la trouvons dans le tableau même des distances qu'a dressé M. Dieulafoy.

Ce tableau nous présente deux mesures, à partir de l'Oroatès, qui forme la frontière occidentale de la Perse. On compte deux mille stades du fleuve au Pasitigris ou Chatt-el-Arab, et trois mille stades de ce même fleuve à l'embouchure du Tigre dans le lac ou le Chatt-el-Arab, à Korna par conséquent (1). Comme la distance de l'Oroatès à Korna est formée d'abord par les côtes du golfe Persique jusqu'au Pasitigris ou Chatt-el-Arab, et ensuite par les rives de ce fleuve ; comme d'autre part l'étendue des côtes Persiques depuis l'Oroatès jusqu'au Pasitigris est de deux mille stades, il en résulte que les mille stades restant de l'Oroatès au Tigre ou à Korna, mesurent l'étendue du cours du Pasitigris. Strabon divise donc ce cours en deux parties de la façon suivante : la première, qu'il appelle les lacs, a six cents stades, et d'après Pline soixante-dix mille pas ; la seconde est le canal qui sortait du lac pour porter les eaux à la mer et auquel il faut attribuer le surplus des mille stades, c'est-à-dire quatre cents stades, soixante-quatorze kilomètres ou dix-huit lieues et demi.

Nous ne pensons pas qu'on puisse contester notre calcul et nos chiffres, puisque ce sont les chiffres mêmes que nous fournissent les savants que nous combattons. Voici la conséquence.

Si nous n'avions que la distance de ce que les géographes anciens appelaient le lac, la mer en effet aurait monté jusqu'à Mohamereh au temps de Néarque et d'Alexandre, au temps même de Pline ; comme nous avons de plus quatre cents stades qui mesurent le courant par lequel les eaux du lac s'écoulaient à la mer, il en résulte que le cours du Chatt-el-Arab ou du Pasitigris avait mille stades, quarante-six lieues, et que le rivage du golfe Persique était à dix lieues plus reculées vers la mer qu'il ne l'est aujourd'hui. Depuis Alexandre, ce n'est donc pas le continent qui a empiété sur la mer, par l'apport d'alluvions inces-

---

(1) Voir la carte de la Susiane.

santes, c'est la mer qui a rongé le continent et l'a amoindri de dix lieues.

Notre conséquence nous paraît être aussi sûre que les documents sur lesquels nous nous appuyons, et ils nous amènent à des conclusions diamètralement opposées à celles des géographes contemporains et des assyriologues.

CHAPITRE XIII

L'objection géologique.

Progrès annuel du continent chaldéen sur la mer, d'après Rawlinson. — Ses alluvions n'appartiennent pas à l'époque actuelle. — Preuves géographiques et historiques. — Les calculs réduits de M. Maspéro sont également réfutés par l'histoire. — Explication plausible du mouvement géologique.

Ce qui a porté les géographes contemporains et les Assyriologues à interpréter, comme ils l'ont fait, les textes tantôt clairs et tantôt obscurs des géographes grecs et latins sont les géologues, c'est particulièrement la découverte de sire Ch. Rawlinson, que rapporte ainsi M. A. Reclus.

« De 1793 à 1833, dans l'espace de soixante années, le progrès du delta aurait été, d'après Rawlinson, de trois mille deux cents mètres, soit environ cinquante-trois mètres par an, et l'on évalue à plus de cent cinquante kilomètres depuis 30 siècles, l'avancement de tout le littoral vers le midi. Les campagnes d'alluvion fluviale continuent les plaines de formation marine que l'on voit jusque dans le voisinage de Babylone et dont l'origine est révélée par des myriades de coquilles appartenant aux mêmes espèces que celles du golfe Persique (1) ».

---

(1) A. Reclus, *L'Asie antérieure*, t. IX.

Il n'y a pas de doute que les terrains de la Basse-Chaldée ne soient formés d'alluvions provenant des grands fleuves qui la sillonnent. Mais la question est de savoir si ces formations appartiennent à notre époque géologique ou à une époque antérieure. Il y a un allongement actuel du littoral constaté par Rawlinson, seulement la conclusion qu'il en tire est inadmissible.

Elle l'est, en vertu des preuves géographiques que nous avons fournies. Nous avons montré que depuis Alexandre, le continent ne s'est pas accru et que son étendue a au contraire diminué de dix lieues. C'est la négation même du phénomène d'accroissement périodique signalé par le savant anglais et de la conclusion qu'il en déduit. On peut tourner un raisonnement ; il suffit pour cela de subtilité d'esprit ; on ne peut rien contre un fait certain, il faut l'accepter et rejeter toutes les lois géologiques, toutes les théories, toutes les conclusions qui le contredisent.

Au fait géographique, nous ajoutons le fait historique, qui n'est pas moins probant. Pour le mieux faire saisir, nous allons déterminer l'accroissement du continent de mille en mille ans, en prenant pour base le chiffre d'augmentation de cinquante-trois mètres par an affirmé par M. Rawlinson.

Aujourd'hui, il y a trente-six lieues du golfe Persique au confluent de l'Euphrate, c'est-à-dire que le Chatt-el-Arab a trente-six lieues de cours.

En l'an mille de l'ère chrétienne, la mer remontait de quarante-trois kilomètres deux cent vingt-trois mètres vers le continent. Le Chatt-el-Arab n'avait plus que vingt-quatre lieues.

Au premier siècle de l'ère chrétienne, elle était à cent kilomètres ou vingt-cinq lieues. Le Chatt-el-Arab ne conservait que onze lieues.

En l'an mille avant Jésus-Christ, elle était à cent cinquante-trois kilomètres. Le Chatt-el-Arab n'existait pas.

Le Tigre et l'Euphrate se jetaient directement dans la mer.

En l'an deux mille, elle était à deux cent six kilomètres ou cinquante-une lieues.

En l'an trois mille, son avancement sur le continent était de deux cent cinquante-neuf kilomètres ou soixante-cinq lieues, et en l'an quatre mille, elle était à trois cent douze kilomètres, ou soixante dix-huit lieues.

Voici les conséquences historiques qui découlent de ce tableau.

Nous avons fait voir, que sous Alexandre, le Chatt-el-Arab avait quarante-six lieues de cours; la traversée du prétendu lac en avait vingt-huit à elle seule. D'après l'opinion géologique, le fleuve n'en avait pas même sept à cette époque.

Prenons ensuite les principaux faits historiques par ordre, en commençant par ceux qui se sont accomplis le plus près du golfe Persique.

Sur le golfe même, se trouve aujourd'hui encore la ville de Tilmun, devant laquelle Sargon Ier vint mettre le siège dans l'une de ses expéditions militaires en Basse-Chaldée. M. Lenormant, s'appuyant sur le cylindre de Nabounahid, le fait régner à Agadée, au nord de Babylone, vers l'an 3800 avant Jésus-Christ. Comprenant que l'existence de Tilmun, sur les bords actuels du golfe Persique, est inconciliable avec l'opinion géologique, il la place dans une île que les alluvions ont depuis réunie au continent. Pour rendre cette supposition plausible, il faut dire que Sargon avait intérêt, afin de mieux défendre ses conquêtes, à la possession de cette ville, et pour que l'intérêt lui-même fût plus plausible, il faut dire que l'île est peu distante de la terre ferme. Or cette faible distance n'est pas moindre de soixante-quinze lieues. Ce devaient être de fameux corsaires que ces insulaires, qui inquiétaient, à pareille distance, les conquêtes de Sargon. Puis ce prince fait une expédition militaire et non point une expédition maritime. On ne lui voit aucune flotte, il sillonne, comme nous l'avons vu, la Basse-Chaldée dans tous les sens, mais de flotte il n'en est pas question. Cependant il ne pouvait en être dépourvu, pour aborder une île placée à soixante-quinze lieues en pleine mer.

Pour soutenir que Tilmun est une île, on s'appuie sur les Inscriptions. Examinons-les.

Dans celle des salles de Khorsabad, Sargon énumère les provinces sur lesquelles s'étend sa domination. «... sur les pays de Bet-Yakin, qui est sur les bords de la mer jusqu'aux confins d'Asmoun.... » C'est la traduction de M. Oppert (1).

Voici celle du P. Delattre «... sur le pays de Bit-Yakin qui est au bord du Nahar-Marratu, jusqu'au territoire de Dilmun... (2) ».

On ne trouve pas la moindre mention d'une île dans cette description. Il est en dehors de tout langage humain, dans aucun idiome, d'écrire qu'un pays de terre ferme confine à une île, ou qu'on règne sur un continent jusqu'au territoire d'une île. Il faut que cette traduction, si étrangère à toute idée de situation insulaire, s'impose singulièrement aux deux assyriologues, pour qu'ils la subissent, bien qu'ils professent tous deux l'opinion que nous combattons.

S'appuie-t-elle avec plus de certitude sur le texte suivant ?

« Oupir, roi d'Asmoun, qui habite à trente doubles heures au milieu de la mer du soleil levant et qui est établi comme un poisson, entendit la grâce que m'avaient accordée les dieux d'Assour, Nébo et Mérodach, il envoya son don expiatoire.

Telle est la traduction de M. Oppert (3).

---

(1) Oppert, *Les inscrip. assyr. des Sargondes* : gr. inscrip. des salles de Khorsabad, p. 22.
(2) Delattre, *Esquisse de géog. assyr.*, p. 38.
(3) Oppert, *opere citato*, p. 31.

Le P. Delattre la corrige ainsi :

« Uper, roi de Dilmun, avait établi sa demeure comme un poisson à 30 kasbue de marche, au milieu du soleil levant (1).

Cette traduction change complètement le sens que semblait indiquer celle de M. Oppert. Avec le temps présent, on peut supposer que le roi demeure dans sa capitale ; sa capitale étant au milieu de la mer, ses États s'y trouvent également, ils sont insulaires. Avec l'imparfait, la résidence n'est plus qu'accidentelle et passagère. On ne dit pas d'un roi qu'il a fixé sa résidence dans sa capitale ; c'est naturel, tout le monde le sait. S'il la quitte, justement parce qu'elle est sa résidence de droit, on avertit qu'il se fixe ailleurs. Devant les poursuites de Sargon, le roi de Dilmun prit le parti que suivit plus tard, sous Sennachérib, Merodach-Baladan (2). Il se retira dans une île du golfe Persique, pour se dérober au Conquérant. Les rois d'Assyrie, dans leurs expéditions en Chaldée, ne disposaient pas habituellement d'armements maritimes, et ne pouvaient poursuivre leurs ennemis dans les îles de la mer du soleil levant. Les princes chaldéens en profitaient pour leur échapper ; ils s'y retiraient. Le texte rapporté ici n'exprime pas autre chose ; la traduction du P. Delattre le prouve ; il ne peut rester aucun doute, si on contrôle entre elles les deux citations, la première indiquant nettement que Tilmun est un territoire de terre ferme confinant au territoire de Bit-Yakin.

Tilmun n'est donc point dans une île, mais sur le continent. Le siège de cette ville est l'opération extrême que le conquérant accomplit dans cette contrée, où il guerroie d'un côté et de l'autre du Chatt-el-Arab.

« Ayant soumis les provinces les plus méridionales, celles qui se terminent au golfe Persique, depuis le Chatt-el-Arab jusqu'à la lisière du désert arabique, et solidement

---

(1) Delattre, *opere citato*, p. 40.
(2) Voir p. 120.

occupé la ligne du Tigre et du Chatt-el-Arab, le roi d'Assyrie remonte vers le Nord et marche sur Babylone (1).

Ainsi Sargon vient de combattre sur la rive droite du Chatt-el-Arab, jusqu'à l'Arabie. Le voici maintenant portant ses armes sur la rive gauche, jusqu'à la Susiane.

« On verra tout à l'heure, par la marche de la campagne de l'année suivante, que cette ville d'Ikbi-Bel était située dans le pays même de Bit-Iakin ou dans ses environs immédiats, c'est-à-dire dans le littoral qui s'étend de la rive gauche du Chatt-el-Arab à la Susiane (2) ».

Mais la rive gauche, ainsi que la rive droite du fleuve n'existaient pas, puisque lui-même n'était pas encore, soit que vous fassiez vivre Sargon en 3800 avant Jésus-Christ, comme le veut M. Lenormant, soit que vous le fassiez régner avec M. Maspero vers l'an 2500 (3). Dans l'opinion géologique, le Chatt-el-Arab ne prend naissance que vers l'an 826 avant Jésus-Christ, pour n'atteindre ses trente-six lieues actuelles que de nos jours. A l'époque de Sargon Ier, tous les terrains où il se meut étaient submergés. Il n'y avait donc pas lieu pour lui « d'occuper solidement la ligne du Chatt-el-Arab ».

Du reste, M. Maspero professe formellement cette non-existence du Chatt-el-Arab à une époque bien postérieure à celle de Sargon Ier. Il nous affirme que sous Sargon II, en 722, le golfe Persique montait jusqu'à la Kerka, c'est-à-dire que le Chatt-el-Arab n'existait pas. Mais nous le demandons ; comment explique-t-il l'expédition du premier des Sargon, n'eût-elle eu lieu qu'en 2500 ? Ou l'histoire que nous racontent les Assyriologues et qu'ils tirent des inscriptions cunéiformes est fausse, radicalement fausse, ou c'est l'opinion géologique. On ne peut ensei-

---

(1) Lenormant, *Histoire anc. de l'Orient*, t. IV, p. 265.
(2) It. p. 266. Voir la carte de la Susiane.
(3) *Histoire ancienne des peuples de l'Orient*, 3e édit. Dans la 4e édition, M. Maspero paraît avoir adopté l'opinion de M. Lenormant.

gner l'une et professer l'autre, comme le font cependant la plupart des savants.

Comment encore, par exemple, prétendre que le golfe Persique montait jusqu'à la Kerka sous Sargon, en 722, et admettre en même temps l'expédition suivante de Sennachérib?

« Sennachérib, fils de Sargon II et son successeur, forma en 699 une flotte qui descendit le Tigre depuis Ninive, et l'Euphrate depuis Tul-Barsip, pour atteindre le golfe Persique. Elle était montée par des matelots de Sidon... Devant la ville d'Ubua, au confluent des deux fleuves, toute sa flotte se trouva rassemblée. C'est là que l'armée assyrienne s'embarqua et en cinq jours de navigation elle atteignit l'embouchure commune des deux fleuves appelée l'embouchure du Salut (Bab-Salimeti). En entrant dans le golfe Persique, Sennachérib offrit du haut de son navire un sacrifice solennel au dieu de l'Océan (1) ».

Cette donnée historique suffirait à elle seule pour prouver toute notre thèse.

D'après les inscriptions cunéiformes, en 699, l'Euphrate et le Tigre ont une embouchure commune dans le golfe Persique. D'Udua, où les deux fleuves se réunissent, la distance est longue. Il faut cinq jours à la flotte pour la parcourir et arriver à la mer. C'est au moins la distance d'aujourd'hui, qui est de trente-six lieues, la flotte ne devant pas faire moins de sept lieues par jour. Comment donc en 722, la mer aurait-elle monté, d'après M. Maspero, jusqu'à la Kerka et par conséquent jusqu'à Ubua, et comment vingt-trois ans après, aurait-il fallu cinq jours à une flotte pour descendre de cette ville à la mer! Explique qui pourra cette contradiction.

L'Euphrate, qui coule du nord au sud, change brusquement de direction vers le 31° degré de longitude : il coule alors horizontalement de l'ouest à l'est, pour aller

(1) Fr. Lenormant, *ibid.*, p. 285.

rejoindre le Tigre. Sur cette partie du fleuve se trouvent *Larvana, Eridu, Ur*. Ces trois villes sont placées sur la même ligne longitudinale que Korna. Quand la mer montait à Korna, elles les envahissait également, placées qu'elles étaient à la même altitude dans le bassin de l'Euphrate. Dans l'opinion géologique, l'envahissement avait lieu dès le Xe siècle avant Jésus-Christ. Au vingtième, la mer était à treize lieues plus haut, c'est-à-dire que l'emplacement des trois villes était sous l'eau, à treize lieues du rivage.

Voici de nouveau les conséquences historiques. Nous citons toujours M. Lenormant.

« Après Sargon et Naram-Sim (que l'historien, nous l'avons dit, fait vivre en 3800 avant Jésus-Christ) les plus anciens souverains dont nous ayons les inscriptions, régnaient au pays de Sumer, dans la ville d'Eridu, qui se trouvait alors sur le bord de l'Océan, et dont les ruines n'ont été que superficiellement explorées par le colonel Taylor.

« Lik-Bagus et Dungi, qu'on place 2400 ans avant notre ère, sont les deux plus anciens rois d'Ur (1). »

Pourquoi M. Lenormant place-t-il Ur et Eridu sur le bord de l'Océan ? C'est constamment donner des entorses à la vérité historique et géographique. Mais il le faut bien, sous peine de faire de ces villes des villes aquatiques. Nous le répétons, en l'an mille, elles étaient sous l'eau avec Korna. Alors le golfe Persique était à trente-huit lieues plus haut qu'aujourd'hui, tandis que Korna n'est qu'à trente-six lieues de ses rives actuelles. En l'an 2500, époque où régnaient Lik-Bagus et Dungi, le golfe Persique était à cinquante-huit lieues ; il remontait à vingt-deux lieues au delà de l'emplacement d'Eridu et d'Ur. Abraham, qui vivait à Ur, vers l'an 2200, n'est qu'un mythe, les rois Lik-Bagus et Dungi, une fiction, à moins qu'ils n'aient été des amphibies.

(1) Fr. Lenormant, *ibid.*, p. 89.

Même raisonnement pour Erech et Tello.

Erech, le Warka d'aujourd'hui, est situé au Nord-Ouest d'Ur, à douze heures de marche de cette ville. Tello se trouve à la même distance, au Nord-Est.

Erech a toujours passé pour une des cités les plus anciennes du monde. La Bible en attribue la fondation à Nemrod, l'Assyriologie la fait remonter au premier empire Chaldéen, qui selon les uns, aurait existé quatre mille ans avant Jésus-Christ, selon les autres, deux mille cinq cents ans seulement.

Toutes les inscriptions recueillies jusqu'à ce jour donnent à Tello le nom de *Sirtella*. L'époque, à laquelle appartiennent ses monuments, se laisse déterminer avec une approximation suffisante. On peut affirmer, sans crainte de se tromper, que la plupart remontent aux premiers siècles du premier empire Chaldéen (1).

Mettons de côté la date de quatre mille ans, qui probablement est fausse. Laissons également celle de deux mille cinq cents ans, qui est peut-être trop rapprochée. Prenons la période intermédiaire de trois mille ans, et admettons qu'elle est l'époque de la fondation d'Erech et de Sirtella. Aujourd'hui leurs ruines sont distantes du golfe Persique de quarante-huit lieues environ. Au contraire, en l'an trois mille, le golfe était à soixante et une lieues au-dessus. Leur emplacement était donc au sein de la mer, qui s'étendait à dix-sept lieues au delà.

On le voit, les prétentions géologiques ne supportent pas l'examen de l'histoire. Nous comprenons peu que des Assyriologues, comme MM. Lenormant et Maspero, aient pu adhérer à une opinion, qui leur fait déchirer d'une main ce qu'ils écrivent de l'autre.

Aussi, nous nous demandons si M. Maspero n'a pas entrevu cette position équivoque; si ce n'est pas la perception de contradictions flagrantes, qui lui a fait modifier

(1) Voir *Revue des deux mondes*, 1ᵉʳ octobre 1882. *Les fouilles de M. de Sarzec en Chaldée*, par M. G. Pérot, de l'Institut.

les chiffres donnés par M. Rawlinson. Il écrit : « Aujourd'hui encore le delta du Chatt-el-Arab avance rapidement et l'accroissement du rivage monte à peu près d'un mille anglais par soixante-dix ans ; dans les temps anciens, le progrès des terres était plus sensible et devait s'élever à environ un mille par trente ans (1) ».

Le mille anglais pour soixante-dix ans nous donne un accroissement de deux kilomètres trois cents mètres par siècle, tandis que l'accroissement supposé par M. Rawlinson est de cinq kilomètres trois cents mètres.

Où M. Maspero a-t-il pris le chiffre de deux kilomètres trois cents mètres ? Où a-t-il vu, que dans les temps anciens, l'accroissement était double ? Il s'abstient de nous le dire ; ce n'est pas assez. La science ne repose pas sur l'autorité, mais sur la démonstration. Nous pourrions donc passer outre à ces suppositions pures et à ces affirmations dépourvues de preuves. Nous nous en occuperons cependant et nous verrons que les chiffres de M. Maspero eux-mêmes ne font pas échapper à toutes les difficultés historiques que nous avons signalées.

Nous disons : à toutes. Son chiffre étant réduit de moitié sur celui de M. Rawlinson, le retrait de la mer sera diminué dans une même proportion et l'accroissement du continent se fera également dans cette proportion. Le ralentissement de l'accroissement du continent, que M. Maspero a en vue, quand il imagine ses chiffres, lui permet d'établir l'existence d'Eridu, d'Ur, d'Erech et de Tello, mais il ne supprime pas les premiers événements historiques que nous avons signalés, et il n'en faut pas davantage.

Nous n'avons pas besoin, pour détruire l'opinion géologique, de beaucoup de faits ; un seul bien prouvé, bien certain est suffisant. Il suffit que nous soyons sûr de l'existence d'une seule ville, de la réalité d'un seul fait militaire,

---

(1) Maspero, *Hist. anc. des peuples de l'Orient*, 4e éd., p. 129.

pour déclarer que le pays n'était pas envahi par les eaux, à l'époque où cette ville existait, à l'époque où s'accomplissait ce fait d'armes.

Or nous avons prouvé que sous Sargon 1er, en 2500 et même en 3500 ans avant l'ère chrétienne, la ville de Tilmun appartenait au continent. Même d'après les chiffres de M. Maspero, on est obligé au contraire de la placer dans une île qui aurait été distante du rivage de vingt-cinq lieues.

Les ruines de Kaban sont aussi bien submergées que dans l'opinion de M. Rawlinson et elles se trouvent à vingt lieues sous les eaux.

Dans l'opinion de M. Maspero, le Chatt-el-Arab n'a que onze lieues de cours en 2500 avant l'ère chrétienne, sous Sargon 1er. Tous les pays situés au delà sont recouverts par la mer. Cependant c'est dans cette région que Sargon guerroie, vers l'Arabie sur la rive droite, vers la Susiane sur la rive gauche.

Enfin par une contradiction à peine croyable, M. Maspero nous affirme que la mer montait jusqu'à l'embouchure de la Kerka, en 722 avant Jésus-Christ; par conséquent le Chatt-el-Arab n'existait pas encore, puisqu'il prend naissance au confluent de cette rivière, du Tigre et de l'Euphrate, tandis que d'après les chiffres réduits du savant Assyriologue, il avait à cette époque vingt et une lieues de cours et arrivait, à trois lieues près, à l'embouchure du Karoun, vers Mohamereh.

Cet effort impuissant d'un savant comme M. Maspero à modifier les chiffres de M. Rawlinson, dans le but de concilier les faits de l'histoire avec l'opinion géologique, est une preuve manifeste, qui se joint à nos autres preuves, de la fausseté de cette opinion.

Ou le phénomène de l'accroissement du continent, de trois mille deux cents mètres, pendant la période de 1793 à 1833, a besoin d'être de nouveau vérifié et contrôlé,

8.

ou, s'il est exact, la conclusion géologique, qu'on a voulu en tirer, est sans valeur.

Rien n'est plus difficile à réduire en lois fixes et invariables que les mouvements de la croûte terrestre, surtout ceux du littoral. Il y a des effets complexes de soulèvements et d'affaissements, des ruptures d'équilibre, des inclinaisons s'accomplissant dans un sens et se redressant dans un sens opposé, avec une périodicité quelquefois très inégale, qui ne permettent pas de conclure sûrement. Le fait de l'accroissement signalé par sire Ch. Rawlinson peut être vrai. Ce qui est imprudent, non justifié et faux, c'est d'en déduire qu'il est régulier depuis des milliers de siècles, qu'il a produit les alluvions du delta de la Basse-Chaldée pendant la période historique. Ces alluvions appartiennent au contraire à une époque préhistorique, ou il faut nier les affirmations les plus certaines de l'histoire et de la géographie, qui nous disent avec le plus parfait accord, que depuis des milliers de siècles, la région est à peu près stationnaire.

Une explication plausible du fait constaté par M. Rawlinson serait peut-être d'admettre que les rives du golfe Persique, fixes depuis longtemps, subissent un affaissement, que viennent périodiquement combler les alluvions du grand fleuve. On comprendrait de cette façon comment le rivage, il y a deux mille ans, sous Pline et Strabon, était plus reculé vers la mer de dix lieues, et comment un affaissement lent et insensible s'étant produit, l'a amené à la limite qu'il occupe aujourd'hui, jusqu'à ce que les alluvions le reportent plus avant dans les eaux.

Au surplus, nous ne sommes pas obligés de fournir une explication du fait. Est-il accidentel? est-il continu? S'il est continu, quelle en est la cause? peu nous importe. Par les témoignages de la géographie et de l'histoire, nous avons la certitude qu'aussi haut remontions-nous dans l'antiquité, nous trouvons à peu près la Basse-Chaldée dans l'état actuel, avec son continent plutôt allongé que restreint.

Il ne nous reste plus qu'à déterminer le nom ancien des fleuves de cette région, et particulièrement celui des deux derniers affluents du Chatt-el-Arab: la Kerka et le Karoun.

CHAPITRE XIV

Le nom ancien des fleuves de la Chaldée et de la Susiane.

Le désaccord des géographes sur les noms des fleuves de la Susiane. — Leurs véritables noms. — Le cours du Choaspès. — L'attribution faite par les Assyriologues aux fleuves de la Susiane des noms Assyriens trouvés dans les inscriptions, n'a rien de certain. — Règles à suivre pour cette attribution. — Résumé et conclusion de la question géographique et géologique.

L'identification du nom des fleuves est peut-être la branche la plus difficile de la science géographique. Les fleuves, aux yeux de l'histoire, n'ont pas l'importance des villes ; ils fixent moins l'attention ; leur cours, pour être connu, a besoin d'être exploré ; c'est un labeur long et fatigant. Aussi n'est-il pas de matière géographique plus controversée et plus obscure que leur nom. Nous allons en avoir la preuve pour les fleuves qui nous occupent ; ils étaient connus cependant, ils étaient reliés à l'histoire de pays, qui ont été des foyers de civilisation, la Chaldée et la Susiane. N'en soyons pas surpris. Aujourd'hui même, prenez trois géographes, pas un ne s'accordera sur le nom des affluents du Tigre. Dussieux, par exemple, appellera Dialah ce que Bouillet appelle Touz et d'autres Schirwan. Ce sont les mêmes désaccords que nous rencontrons chez les géographes anciens et modernes sur les anciens noms de ces rivières.

La Kerka, dont l'orthographe varie, est appelée *Gyndes* par Hérodote (1), Grégoire, Bescherel ; *Choaspès* par Quinte-Curce (2), probablement une fois pour Strabon (3),

---

(1) Hérodote dit du γυνδη, le Gyndes ; « Cyrus ayant campé sur ses bords, un de ses chevaux sacrés y tomba et s'y noya. Le prince irrité, voulant punir le fleuve, fit creuser trois cent soixante canaux par lesquels ses eaux s'écoulèrent ; mais les canaux se remplirent et avec le temps la rivière reprit son cours. Il sort des monts *Matiani* ». (Hérod. liv., 1, V, 53, p. 189).
La Kerka sort en effet des monts Matiani, massif de la Médie, et il est vrai aussi que Cyrus fit servir ses eaux à un magnifique travail d'irrigation, dont les voyageurs constatent encore les traces.
(2) « Le roi fit grand accueil à ce jeune homme qui, le prenant pour guide, se rendit au fleuve *Choaspès*, dont l'eau est si renommée et si délicate à boire. Ce fut-là qu'Abutelès le vint recevoir avec des présents magnifiques.... Étant entré dans Suse, il y trouva des richesses immenses » (Quinte-Curse, liv. V). La qualité de l'eau et l'entrée d'Alexandre à Suse, après la traversée du fleuve, prouvent jusqu'à l'évidence qu'il s'agit de la Kerka.
(3) Strabon veut faire connaître les fleuves traversés par Alexandre pour arriver en Perse ; il s'exprime ainsi : « Au *Choaspès* succède immédiatement le *Copratas*, qui comme le Choaspès, descend des montagnes de l'Uxie, puis vient le *Pasitigris*. (Strabon, traduit par A. Tardieu, t. III, XV, p. 290). — Alexandre ayant traversé la Kerka, le Dizfoul et le Karoun, il est difficile que les trois fleuves cités ici par le géographe grec ne désignent dans leur ordre ces trois fleuves de la Susiane. Toutefois, il y a là une double indication erronée. Strabon fait venir le Choaspès et le Copratas de l'Uxie, tandis qu'ils prennent leur source dans les massifs de la Médie.

Eulœus par Strabon (1), Pline (2), Polyclète (3).
Le Karoun est nommé *Pasitigris* par Strabon (4), Pline (5), Quinte-Curce (6) et tous les géographes modernes.
— *Choaspès* par Polyclète (7) et Strabon (8).

---

(1) « La plupart de ces usages assurément sont sages, mais l'excès des richesses finit par jeter les rois de Perse dans les raffinements de la mollesse. On les vit, par exemple, ne plus consommer d'autre froment que celui d'Assos en Œlide, d'autre vin que le meilleur Chalybonien de Syrie, d'autre eau enfin que celle de l'Eulœus, sous prétexte que l'eau de ce fleuve est plus légère qu'aucune autre, et qu'un cotyle attique rempli d'eau de l'Eulœus pèse une drachme de moins que la même mesure d'autre eau ». (Strabon, *ibid.* p. 296, 23). — Tous les historiens n'attribuent qu'à la Kerka cette qualité de l'eau si recherchée des rois de Perse.

(2) « La Susiane est séparée de l'Elymaïs par le fleuve *Eulœus*. Il naît dans la Médie et passe sous terre un espace peu étendu. Sorti de là et traversant la Mésabatène, il entoure la citadelle de Suse et le temple de Diane, le plus vénéré de ces nations. Le fleuve lui-même est l'objet de cérémonies pompeuses : les rois ne boivent pas d'autre eau et on en transporte pour eux dans leurs voyages ». (Pline, *Hist. nat.*, t. I, liv. VI, n° XXXI, 3 et 4. Edit. Ducrochet, 1848).

(3) « Suivant Polyclète, le Choaspès, l'Eulœus, voire le Tigre tombent dans un même lac, puis en ressortent pour aller se jeter séparément dans la mer ». (Strabon, *loc. cit.*, p. 281, 4). — Polyclète parle évidemment des deux affluents du Chatt-el-Arab, le Choaspès qui est pour lui le Karoun, et la Kerka, qui est l'Eulœus.

(4)... Au Choaspès succède immédiatement le Copratas... puis vient le Pasitigris... Nous avons déjà cité ce passage plus haut.

(5 et 6) Nous citerons les passages de Pline et de Quinte-Curce dans le corps de l'article.

(7) Nous l'avons cité plus haut.

(8) « Suse est située dans l'intérieur des terres sur la rive ultérieure du Choaspès, jusqu'à la hauteur de Zeugma, mais son territoire autrement dit la Suside s'avance jusqu'à la mer, occupant là, depuis le point extrême du littoral de la Perse jusqu'aux bouches du Tigre, une étendue de côtes, qui peut être évaluée à trois mille stades. Le Choaspès vient finir en un point de cette côte, son cours commencé sur le territoire des Uxiens et poursuivi à travers toute la Suside ». (Strabon, *loc. cit.*, XV, p. 281, 4). — La situation de Suse, que Strabon place sur le Choaspès, semblerait indiquer la Kerka. Mais c'est l'erreur de la plupart des géographes, de placer Suse sur le Karoun. La source de ce fleuve en Uxie prouve qu'il s'agit du Karoun

Toutes ces variantes des géographes nous fournissent cinq noms de fleuves appliqués aux cours d'eau de la Susiane, et dont il faut reconstituer l'identité. La chose est difficile. Il n'y a dans cette région que trois grandes rivières, la Kerka, le Karoun et le Diz-Foul, affluent du Karoun. Nous y joindrons le magnifique canal qui faisait communiquer la Kerka avec le Karoun par le Diz-Foul (1), et qui certainement portait un nom connu. Forcément, il y a un cinquième fleuve que nous devrons reporter à une autre contrée. Tous les géographes contemporains, E. Reclus, Vivien de St-Martin, les assyriologues, F. Lenormant, Maspero prétendent que c'est le Gyndes, bien qu'ils ne s'entendent pas sur son identification. Malgré ces autorités considérables, nous espérons faire voir qu'il n'en est rien, que le Gindes appartient à la Susiane, que le fleuve qui lui est étranger est le Choaspès, que nous retrouverons à sa vraie place.

Commençons par les fleuves dont l'identité est la moins contestable.

Et d'abord, quel nom portait le canal qui faisait communiquer les eaux de la Kerka avec celles du Karoun ?

Toutes les recherches faites par les explorateurs, dans ces derniers temps, ne laissent aucun doute ; il s'appelait l'Eulœus, « L'Eulée, dit M. l'amiral Jurien de la Gravière, était un canal artificiel, dont les eaux du Choaspès (lisez le Gyndes ou la Kerka) se sont détournées. Le lit que l'Eulée occupait subsiste encore ; il est marqué par une dépression qui n'a pas moins de deux cent soixante-dix mètres de large et dont la profondeur varie de quatre à six. Ce fossé desséché fut autrefois l'Ulaï (2) du prophète

---

Du reste Strabon n'a pu avoir en vue que le Karoun ou la Kerka. Ce ne peut être la Kerka, puisqu'il vient de la désigner sous le nom d'Eulœus. Il reste donc que ce soit le Karoun, auquel il attribue le nom de Choaspès.

(1) Voir notre carte.
(2) Le chapitre VIII des prophéties de Daniel commence ainsi :

Daniel. Le vieux voyageur Benjamin de Tudèle le vit, en 1173, partager la ville de Shoush en deux quartiers reliés par un pont ».

« Seul, écrit M. Dieulafoy, l'Oulaï n'a pas de correspondant parmi les fleuves modernes ; car on ne saurait identifier la rivière célèbre dont les eaux baignaient les murs de Suse à un ruisseau, le Chaour, qui sourde au Nord du tombeau de Daniel et longe le versant méridional du Memnonium. L'Oulaï, aujourd'hui comblé, mais apparent sur son ancien parcours, était une dérivation artificielle de la Kerka. Il se jetait dans le Copratès, en amont du confluent de cette rivière et du Pasitigris. »

Nous sommes donc certains de l'erreur de Strabon et de Pline, qui donnent ce nom à la Kerka. L'erreur s'explique par le fait que l'Eulée était une décharge de ce fleuve et comme une autre Kerka communiquant avec le Karoun, pour faire remonter jusqu'à Suse les vaisseaux du golfe Persique. La Kerka, fleuve considérable, mais essentiellement torrentueux, n'est pas navigable, et ne peut donner accès aux navires qui voudraient le remonter.

Puisque Strabon appelle *Copratas* le Dizfoul, nous ne voyons pas de raison de lui refuser ce nom. Jusqu'à présent aucun indice ne nous fait craindre une erreur.

Que le Karoun soit le *Pasitigris*, il n'y a pas non plus à en douter.

Il est vrai que Strabon et Polyclète le désignent sous le nom de Choaspès. Mais quelle créance mérite Polyclète, qui n'a laissé aucun écrit, qui serait resté inconnu sans les quelques citations qu'en fait Strabon ?

Quant à la compétence de ce dernier, elle ne nous paraît

---

1. *Anno tertio regni Baltassar regis, visio apparuit mihi. Ego Daniel post id quod videram in principio.*
2. *Vidi in visione mea, cum essem in Susis castro, quod est in Elam regione, vidi autem in visione esse me super portam Ulai.* — Daniel se voit en vision près de la porte de Suse qui s'appelle Ulaï, et qui évidemment tirait son nom du fleuve Eulée.

pas à la hauteur de la réputation que les modernes lui ont faite. Assez dédaigné du moyen âge, il passe à tort aujourd'hui, selon nous, pour une autorité irréfragable. Ses ouvrages sont précieux, à cause des nombreux détails qu'ils renferment, mais on ne doit les consulter qu'avec précaution et après un sérieux contrôle. Ici, son témoignage s'annule de lui-même, puisqu'il désigne le Karoun à la fois sous le nom de Choaspès et de Pasitigris. En revanche nous avons les affirmations de Pline et de Quinte-Curce.

Pline donnait le nom de *Pasitigris* au Chatt-el-Arab et au Karoun. Au livre VI, il nous dit « que Suse est à deux cent cinquante mille pas du golfe Persique ; la flotte d'Alexandre y remonta par le Pasitigris, en passant par un bourg appelé Aphlé et situé sur le lac de Chaldée. De ce bourg à Suse, il y a une navigation de soixante-cinq mille cinq cents pas (1) ».

Au fond, c'est aussi l'opinion de Néarque, qui croit entrer dans le Pasitigris, en prenant le Copratas et ensuite l'Eulée. Strabon lui-même ne peut s'en défendre, et parlant des fleuves traversés par Alexandre pour se rendre en Perse, il appelle Pasitigris le Karoun. Enfin Quinte-Curce, après avoir décrit le séjour d'Alexandre à Suse, où il avait comblé de prévenances la mère de Darius, écrit : « Le roi l'ayant laissée extrêmement satisfaite, arriva en quatre jours à la rivière, que ceux du pays appellent *Pasitigris.*

Les témoignages sont trop concordants et trop clairs pour ne pas nous donner une certitude absolue sur la désignation ancienne du Karoun. Il s'appelait le *Pasitigris.* S'embouchant sur le Chatt-el-Arab, il lui donnait également son nom.

(1) Cependant dans un endroit, il semble subir l'autorité de Néarque et croire qu'on remonte à Suse par le Tigre. Décrivant l'itinéraire du littoral à Suse il ajoute... « puis Suse, à laquelle on remonte par le Tigre ».

Passons maintenant au dernier fleuve, à la Kerka.

Hérodote la nomme le *Gyndes,* γυνδη, mais les géographes et les savants modernes rejettent ce nom, ils lui préfèrent le Choaspès.

Sur quelles données s'appuient-ils ? Sur l'autorité de Strabon et de Quinte-Curce.

Pour la Kerka comme pour le Karoun, l'opinion de Strabon est absolument sans valeur. Il nomme la Kerka à la fois Choaspès et Eulœus, et ce même nom de Choaspès, il l'applique principalement au Karoun. Nous devons donc écarter l'assertion de Strabon, d'après lequel encore la Kerka s'appelait plutôt Eulœus.

Reste l'autorité de Quinte-Curce, qui se trouve seule en opposition avec celle d'Hérodote, un témoignage contre un témoignage. Lequel préférer, d'Hérodote, l'historien grec, qui avait fait de nombreux voyages dans tout l'Orient, autant géographe qu'historien, qui avait écrit avant la conquête d'Alexandre, à une époque où la géographie et l'histoire assyriennes étaient exemptes de toutes les fausses notions qu'y introduisirent plus tard les écrivains grecs et romains ; qui est appelé le père de l'histoire, aussi bien à cause de son ancienneté que de son exactitude : ou de Quinte-Curce, postérieur peut-être de sept à huit siècles à Hérodote, écrivain élégant et plein d'attrait, mais dont l'ouvrage est un roman plutôt qu'un récit véridique de la vie d'Alexandre. Ajoutez que Quinte-Curce, comme un historien qui n'a pas à y prendre bien garde, jette ce nom géographique dans son récit, sans s'y arrêter. Hérodote, au contraire, donne une attention spéciale au fleuve. Il en dit la source, elle vient des monts *Matiani*; il en connaît les particularités : Cyrus l'a répandu en d'innombrables canaux. Il y a là un témoignage trop ancien, trop précis, et trop circonstancié pour qu'on puisse le rejeter, nous adhérons pleinement à ceux des géographes modernes, comme Grégoire, et Bescherelle, qui identifient le Gyndes avec la Kerka.

Il ne pourra rester aucun doute, quand nous aurons fixé sûrement la région et le cours du Choaspès.

Pline, de tous les géographes anciens, est celui qui a écrit le plus clairement sur la géographie de la Chaldée et de la Susiane. Il n'en a pas moins commis des erreurs et des confusions. Or l'une d'elles va porter bonheur à notre démonstration.

Il y eut en Assyrie deux Apamées : Apamée nommée d'abord Digma et aujourd'hui Kornah, au confluent du Tigre et de l'Euphrate, puis une autre Apamée sur le Tigre, dans l'île de Mésène formée par ce fleuve, au nord de Séleucie et de Ctésiphon. Pline, identifiant faussement Apamée de la Basse-Chaldée avec Apamée de Mésène, fait logiquement, mais faussement aussi, commencer le Pasitigris ou Chatt-el-Arab à Apamée de Mésène. Sa méprise nous vaut la description du Tigre, à partir de cet endroit jusqu'au golfe Persique, avec la précieuse indication qui va nous faire retrouver le Choaspès.

« Le Tigre auprès d'Apamée, ville de la Mésène, à cent vingt-cinq mille pas au-dessus de Séleucie babylonnienne, se divise en deux bras, dont l'un gagne le midi et Séleucie, arrosant la Mésène, et dont l'autre, tournant au nord, coupe les campagnes de Couches, sur les derrières de la Mésène. Quand ces bras se sont réunis, il prend le nom de Pasitigris, puis il reçoit de la Médie le *Choaspès*, et coulant, comme nous l'avons dit, entre Séleucie et Ctésiphon, il s'épanche dans les lacs de la Chaldée, qu'il remplit d'une étendue de soixante-dix mille pas (1) ».

Il est bien évident que le Choaspès décrit ici n'est pas la Kerka, que Pline du reste appelle Œlœus. C'est un affluent que le Tigre reçoit avant d'entrer dans les prétendus lacs, c'est-à-dire reçoit avant de recueillir la Kerka, puisqu'elle s'embouche dans le Tigre aussitôt la réunion de celui-ci à l'Euphrate. L'endroit précis où le Choaspès

---

(1) Pline, liv. VI, n° XXXI, 3 et 4.

rejoint le Tigre est déterminé ; c'est avant Séleucie et Ctésiphon. Il est le dernier affluent que l'on rencontre avant ces deux villes, en descendant le Tigre. Il était alors la route qui conduisait de Babylone, située à une trentaine de lieues de son embouchure, à Ecbatane et en Médie. C'est encore la même route que suivent les voyageurs qui se rendent de Bagdag dans la capitale de la Perse (1).

Ce grand et beau fleuve, dont une des ramifications prend sa source aux flancs opposés à ceux où la Kerka trouve également la source d'une de ses branches, reçoit différents noms des géographes modernes. Les uns l'appellent le *Touz*, les autres la *Dialeh*, le plus grand nombre le *Schirwan*. M. Lenormant en fait le Gyndes, que M. Maspero identifie au contraire avec le Tornadus, l'affluent méridional qui suit. Nous ne pensons pas, que devant le témoignage si formel de Pline, on puisse encore faire la confusion de substituer le Gyndes au Choaspès et réciproquement. La Kerka est donc vraiment le Gyndes d'Hérodote. Cette constatation achève le travail d'identification que nous avions entrepris des cinq noms donnés par les géographes anciens aux fleuves de la Basse-Chaldée. Il n'y a plus à se tromper sur leur véritable cours. Mais ces dénominations sont des dénominations grecques traduites des noms assyriens. Puisque la langue assyrienne est en train de ressusciter, on aimerait aussi d'avoir le nom qu'elle donnait elle-même à ses fleuves. Les inscriptions cunéiformes nous les ont-elles fournies ?

M. E. Reclus nous dit, que dans ces inscriptions, la Babylonie est toujours représentée par les noms de quatre cours d'eau, Tigre, Euphrate, Soumapi, Oukni. M. Maspero et M. J. Menant donnent au contraire ceux-ci : l'Oukni, qui désignerait la Kerka et l'Ulaï, qui serait le Karoun. M. Lenormant fait du *Pallœcopas* l'Oukni et de la Kerka le Hite.

(1) Voir *au Kurdistan, en Mésopotamie et en Perse*, par Henri Binder.

Les Assyriologues sont donc aussi divisés sur l'identité des désignations assyriennes que les géographes sur celles des noms grecs.

Une autre divergence tout aussi complète est la détermination des régions désignées par les Inscriptions. Cette divergence nous prouve que la science a encore bien peu de certitudes dont elle puisse s'autoriser. Aussi dans notre carte, avons-nous négligé de mentionner les prétendues provinces assyriennes. Nous attendrons que les Assyriologues se mettent d'accord.

Revenant aux noms Assyriens des cinq fleuves que nous avons reconstitués plus haut, il nous paraît possible et même facile de les retrouver.

D'abord, il nous sera permis de nous étonner qu'on n'applique pas, comme le fait M. Jurien de la Gravière, l'Ulaï à l'Eulœus (1). Il est difficile de rencontrer entre deux mots de langue différente et dont l'un se trouve être la reproduction de l'autre, une plus grande ressemblance.

Nous attribuerons ensuite à la Kerka le nom de Sourappi et au Karoun celui d'Oukni, en nous appuyant sur la grande inscription de Sargon.

Nous empruntons sa traduction de préférence au P. Delattre (2), qui est postérieure de vingt ans à celle de M. Oppert, et qui, grâce aux progrès de l'Assyriologie, possède plus d'exactitude et de netteté.

« J'ai régné depuis Yatnana (Chypre) qui est au milieu de la mer du soleil couchant, jusqu'au territoire de Mutsuri (Égypte, inclusivement) et de Muski, j'ai exercé la domination sur le vaste pays d'Akharri (Phénicie), sur le pays de Khatti (Syrie) en entier, sur l'ensemble du pays de Guté, sur le pays des Mèdes lointains du territoire de Bikni, jusqu'au pays d'Illibi, de Rasi qui est à la frontière d'Élam du côté du Diglat (Tigre), — sur les tribus l'Ituh, de Rubuh, de Kharilum, de Kaldudu, de Khamranu, d'U-

---

(1) Jurien de la Gravière, *Les campagnes d'Alexandre*, t. IV, p. 164.
(2) Delattre, *Esquisse de géog. assyr.*, p. 36.

bulum, de Rhukha, sur la tribu des Lihtai, aux bords du Surappi et de l'Uknu, — sur les tribus de Gambulu, de Khindaru, de Puqudu, des Archers (?) Suti, du pays de Yathur aussi grand qu'il est, — jusqu'aux villes de Samhuna, de Bal-Dur, de Dur-Tiliti, de Kilimmu, de Pillatu, de Dunnisamas, de Bubi, de Tul-Khumba, au territoire d'Élam, — sur le pays de Kardunias haut et bas, — sur Bit-Amukhani, Bit-Dakhuri, Bit-Silani, Bit-Sahalla, du pays de Kaldi aussi grand qu'il est, — sur le pays de Bit-Yakin, qui est au bord du Nahar-Marratu (golfe Persique), jusqu'au territoire de Dilmun ».

En examinant attentivement ce tableau des provinces soumises à Sargon, on voit que l'énumération procède de l'Ouest, remonte vers le Nord, pour passer à l'Est et finir au Midi de l'Assyrie. Elle comprend d'abord toutes les provinces qui appartiennent au bassin de la mer du couchant ou la Méditerranée. Puis elle groupe autour des sources de l'Euphrate et du Tigre, autour de l'Arménie, tous les pays du Nord. Elle passe ensuite à l'Est et au Midi, commence par énumérer les régions situées à la gauche du Tigre, c'est-à-dire l'Élam, puis celles situées à sa droite, la Babylonie et la Chaldée.

La description du pays d'Elam a lieu d'abord par sa partie occidentale, par le Rasi « qui est à la frontière d'Elam du côté du Diglat » à la suite duquel viennent les tribus de l'Ituh, de Roubuh, de Kharilum, de Kaldudu, de Khamranu, d'Ubulum, de Rukha, des Lithai « aux bords du Surappi et de l'Uknu ». Mais l'Elam occidental ou l'Elymaïde n'a pas d'autres fleuves que la Kerka et le Karoun. Si nous rencontrions plusieurs cours d'eau, il y aurait légitime et sage hésitation ; ici deux fleuves sont désignés et deux fleuves seulement sont rencontrés ; les deux seuls fleuves rencontrés sont nécessairement les deux fleuves désignés. C'est donc avec certitude que nous appliquerons le premier nom cité par l'Inscription au premier fleuve qui s'offre à nous en partant de Ras et le second au Karoun.

L'identification n'est pas contestable ; elle résulte de l'ordre suivi dans la désignation des pays et des deux fleuves, mais ne va-t-elle pas contre notre thèse ? Le Sourappi et l'Oukni ne sont pas assurément les noms reproduits par les désignations grecques du Gyndes et du Pasitigris ; il n'y a aucune similitude. Le Gyndes, le γυνδη, pouvait s'appliquer au Géhon, le Pasi au Phison, mais impossible d'établir un rapprochement entre eux et le Sourappi et l'Oukni.

Or la similitude est nécessaire. Le nom grec n'est pas une transformation, il est une traduction de la dénomination assyrienne. On ne peut douter qu'Hérodote, que les écrivains grecs et romains postérieurs n'aient transporté dans leur langue le nom assyrien et en conservant son orthographe et en conservant la synonymie des sons. La synonymie, dans la formation des mots, n'est pas, comme on le pratique trop souvent au détriment de la vérité linguistique, une règle d'étymologie, parce que souvent des radicaux très différents se changent en des sons identiques, ou bien le même radical revêt des formes tout à fait diverses. Il n'en est pas de même, quand il s'agit d'une traduction, de l'introduction d'un mot dans une langue étrangère ; il y entre avec son orthographe et sa consonnance.

Nous reconnaissons donc que le Gyndes et le Pasitigris ne sont pas la reproduction du Sourappi et de l'Oukni. La conséquence, c'est que la Kerka et le Karoun ont porté deux noms dans l'antiquité, l'un sémitique et chaldéen, l'autre susien.

D'après l'ethnographie biblique, le premier habitant de l'Elam occidental a été le sémite Elam. L'Elymaïde, qui s'étendait jusqu'à l'Eulœus, nous paraît avoir été son domaine. La partie orientale fut attribuée, comme nous l'établirons plus loin, à Chus, l'aîné des fils de Cham. Les deux fleuves, avant aucune désignation, virent s'installer sur leurs bords deux races primitives, parlant deux langues distinctes. Chaque race leur donna un nom ; en Elam il fut sémite : ce furent le Gichon et le Pichon ; à Suse, il fut susien, ce furent le Sourappi et l'Oukni. Bientôt les Susiens, sous Nemrod, se rendirent les maîtres de la Chaldée : la désignation susienne des fleuves devint la désignation administrative et officielle, mais le Gichon et le Pichon restèrent en Chaldée le nom populaire, puis redevinrent le nom dominant, même en Susiane, sous l'empire babylonien. C'est lui que les Grecs, à la destruction de Babylone, trouvèrent usité. Ils le copièrent et l'introduisirent dans leur géographie.

Ce que nous disons n'est pas une pure supposition. Il est certain que les deux fleuves ont porté deux noms, les noms de Sourappi et d'Oukni ; nous venons de le prouver par l'étude de la grande inscription de Khorsabad ; ceux de Gichon et de Pichon, nous en avons fourni la preuve par la désignation que les Grecs leur ont attribuée. Quant à la co-existence de ces deux dénominations, elle a son explication très plausible et à peu près certaine, dans celle que nous venons de produire.

En nous résumant, nous croyons pouvoir affirmer, en vertu de la géographie et de l'histoire :

1° Que le Chatt-el-Arab n'a jamais été un lac, mais le vaste fleuve que nous connaissons, ayant dans son immense largeur des courants plus ou moins profonds, des bas-fonds même à certains endroits, autrefois comme aujourd'hui, et peut-être plus qu'aujourd'hui, bas-fonds formés d'accumulations de limons rendant par places la navigation difficile.

2° Qu'aussi loin que nous remontions dans l'histoire, ce beau et large fleuve a toujours existé, avec un cours plus long peut-être qu'aujourd'hui.

3° Que jamais dans les âges historiques, le golfe Persique ne s'est avancé plus avant que de nos jours vers les plaines de la Chaldée ; que les limons de ces plaines appartiennent à une époque préhistorique ; qu'ils ont été la terre ferme sur laquelle se sont bâties des villes célèbres, se sont élevés des monuments puissants, s'est agitée une antique population, qui a vu sa civilisation engendrer celle de Babylone et de Ninive.

4° Que les dénominations grecques des fleuves de cette région sont le Pasitigris pour le Karoun, l'Eulœus pour l'ancien canal de Suse, le Copratas pour le Dizfoul, le Gyndes pour la Kerka et le Choaspès pour l'affluent du Tigre immédiatement au Nord de Séleucie.

5° Que le Gynder et le Pasitigris, outre ce nom sémitique, ont porté le nom susien de Sourappi et d'Oukni sous lesquels ils sont connus dans les Inscriptions.

Ces conclusions contredisent celles de la science moderne, mais nous espérons y rallier les savants, pour peu qu'ils voudront prêter attention aux preuves dont nous les appuyons.

CHAPITRE XV

4ᵉ PARTICULARITÉ. — LE PAYS D'EDEN JUXTAPOSÉ AU PARADIS.

L'Eden d'Isaïe et d'Ezéchiel n'est pas à Damas. — Situation en Chaldée de Thalassar, capitale de la province d'Eden. — L'histoire d'Assyrie favorable à cette situation. — Position des pays d'Ava et d'Ana cités par Isaïe. — Le Chatt-el-Arab sort de la province d'Eden.

Il y a dans le texte sacré une indication qui suffirait à elle seule, si on parvenait à en fixer l'évidence, pour trancher la question de l'emplacement paradisiaque. On a dit que le Paradis était l'Eden : telle n'est pas l'affirmation du texte ; il déclare au contraire que le Paradis était en dehors de l'Eden, puisque le fleuve paradisiaque sortait de l'Eden pour l'arroser.

Ici nous ne pouvons nous dispenser d'une remarque.

Le mot Eden, en Hébreu, est un nom commun qui a le sens de jardin, de lieu agréable et enchanteur. Nous le rencontrons assez fréquemment dans la Bible. Seulement il s'est converti en nom propre quand il s'est agi de la région avoisinant le Paradis. Celui-ci était arrosé par un fleuve qui sortait du pays d'Eden, le pays agréable par excellence.

Nous avons à rechercher, si nous ne trouverions pas sur le Tigre et l'Euphrate une province d'Eden et dans quelle partie de cette vaste contrée elle se trouvait.

Contrairement aux assertions de M. Renan et de M. Lenormant, la géographie de la Genèse, nous l'avons déjà dit, a été conservée fidèlement par les juifs. Nous retrouvons sous la plume des écrivains sacrés postérieurs les mêmes noms que sous celle de Moïse. Pendant que les autres nations avaient changé les noms géographiques primitifs, les juifs les avaient gardés. De là quelquefois une certaine difficulté de faire concorder la géographie hébraïque avec celles des peuples orientaux.

Ainsi au chapitre XXXVII d'Isaïe, le prophète raconte les menaces adressées à Ezéchias, par Rabsacès, lieutenant de Sennachérib. Pour montrer au roi de Juda qu'il n'échappera pas aux armes des Assyriens, il lui énumère toutes les conquêtes accomplies, tous les peuples subjugués par leurs puissants monarques. « N'allez pas vous laisser décevoir par votre Dieu en qui vous avez mis votre confiance ; ne vous dites pas qu'il ne permettra pas que Jérusalem soit livrée aux mains du roi d'Assyrie. N'avez-vous pas appris ce qu'ils ont fait dans tous les pays qu'ils ont subjugués ? et vous pourriez échapper à leurs coups ! Est-ce que leurs dieux ont sauvé ces nations que mes pères ont vaincues : Gozan et Haran et Reseph, et les fils d'Eden qui habitent en Thalassar. Où sont les rois d'Emath, d'Arphad et de Sépharvaïm, d'Ana et d'Ava ? » (1).

De son côté Ezéchiel, dans ses menaces contre Tyr, énumère les peuples nombreux qui commercent avec elle. « Haran et Chené et Eden font avec vous le négoce, Saba, Assur et Chalmad vous apportent leurs produits (2) ».

Il y avait donc encore au temps d'Isaïe et d'Ezéchiel une région qui portait le nom d'Eden, au moins dans la géographie hébraïque, sinon dans la géographie locale et nationale de la région. Les deux prophètes visaient-ils l'ancien Eden de la Genèse ? Nous ne pouvons l'affirmer avec une entière certitude. Malgré tout, il serait difficile de supposer le contraire. Car enfin Moïse et Isaïe ne sont séparés que par huit siècles. Il est remarquable, que deux cents ans après Isaïe, qui écrivait en Judée, Ezéchiel, qui écrivait en Assyrie, cite également un pays d'Eden. Ce qui ne l'est pas moins, c'est que nous ne rencontrons cette appellation dans aucun monument assyrien. Je sais bien qu'un des noms religieux de Babylone était *Tin-tir-Ki,* lieu de l'arbre de vie, mais il n'a pas de rapport avec celui d'Eden. Quelques assyriologues voudraient trouver dans le nom de *Gandouniasch,* le jardin du Dieu Douniasch, une consonnance et par conséquent un rapprochement avec le Gan-Eden génésiaque. En tout cas, le mot Eden n'y est pas. On doit donc reconnaître que Isaïe et Ezéchiel n'ont pas copié un nom fourni par la géographie nationale de l'époque à laquelle ils écrivaient. Pour eux, le mot Eden appartient donc à une géographie traditionnelle et primitive, absolument comme trois siècles plus tard, les noms de Géhon et de Phison, que nous trouvons sous la plume de l'auteur de l'Ecclésiastique. Nous en concluons avec une grande probabilité que les deux prophètes entendent désigner, non pas un pays d'une appellation récente ou actuelle, mais la province paradisiaque d'Eden, nom qui

---

(1) Isaïe, ch. XXXVII, v. 10-14.
(2) Ezéchiel, ch. XXVII, v. 23.

a disparu dans la géographie des autres peuples de l'Orient.

Est-il possible de déterminer le site de cette province ?

L'opinion la plus accréditée parmi les interprètes, nous pourrions dire l'opinion commune, place l'Eden d'Isaïe et d'Ezéchiel dans la partie septentrionale de la Mésopotamie, sur les deux rives de l'Euphrate, dans la région des villes actuelles d'Aintab et d'Urfa. Nous sommes surpris qu'en son commentaire récent sur Isaïe, le jésuite Knabenbauer, qui avait à sa disposition les documents assyriens dont étaient privés les anciens interprètes, ait adhéré à une opinion, qui n'a pour elle ni l'histoire, ni la géographie, mais une philologie incertaine et fausse. On invoque tout simplement en sa faveur un texte d'Amos, qui annonce à Damas sa destruction ; que Dieu dispersera les habitants de la région remplie d'idoles et trônant dans le lieu de la volupté : *et tenentem sceptrum de domo voluptatis* (1).

Les auteurs ne s'entendent pas pour la traduction de ces deux mots : *de domo voluptatis*. Les Septante et Théodotion traduisent *de domo On* ; Symmaque *de domo iniquitatis* ; Aquila, *de domo inutili*. En hébreu il y a, eden, voluptas, mais eden employé comme nom commun et pas comme nom propre. Il importe peu qu'on le trouve aujourd'hui attribué à un canton et à un village proches du Liban, il ne s'agit ici que de Damas et de ses environs, lieux fort agréables, et on ne voit pas qu'il y ait la moindre corrélation entre ce texte d'Amos et la désignation d'Isaïe et d'Ezéchiel.

Ce qui ressort clairement des textes des deux prophètes, c'est que l'Eden auquel ils font allusion, avait une certaine importance. Il paraît former un état distinct, assez remarqué parmi les divers petits royaume de l'Asie anté-

---

(1) *Et conteram vectem Damasci, et disperdam habitatorem de campo doli et tenentem sceptrum de domo voluptatis*. Amos, cap. I, v. 5.

rieure, pour être cité parmi les conquêtes assyriennes ; ses habitants sont des négociants qui trafiquent avec Tyr.

Il avait une capitale, qui ne s'appelait pas Eden, comme le village du Liban, mais Thalassar, forme hébraïque d'un nom assyrien Elassar. Cette désignation faite par Isaïe de la ville principale du pays d'Eden est importante. Elle va peut-être nous mettre sur la voie d'une découverte certaine. Ne pouvant retrouver directement la région, le résultat serait le même, si nous retrouvions sa capitale.

Sur la situation de Thalassar, on peut émettre trois opinions. Les inscriptions cunéiformes nous font connaître une ville d'Elassar en Assyrie. Elle était construite sur la rive gauche du Tigre, à soixante kilomètres au-dessus de sa jonction avec le Zab inférieur, bien au sud de Ninive, située également sur le Tigre, au delà de l'embouchure du Zab supérieur. C'est aujourd'hui la ville de Kolah-Shergât. Elle était la plus ancienne des villes royales de l'Assyrie. Détruite par les Scythes, elle fût rebâtie après Cyrus (1).

Cette Elassar ne peut être celle du prophète Isaïe. Elle ne fut jamais une conquête assyrienne, puisqu'elle est située dans une région qui a toujours fait partie du domaine des rois de Ninive. Dans la bouche de Rabsacès, cette désignation eût été un non sens.

Il y a dans la Genèse, un récit qui va, je crois, nous amener à la vraie solution. Il est dit au chapitre XIV, qu'Amraphel, roi de Sennaar, Arioch, roi du Pont, Chordolaomor, roi d'Elam et Thadal, roi des nations, dirigèrent une attaque commune contre le pays de Chanaan. Grâce aux inscriptions cunéiformes, on a pu reconstituer l'identité de tous ces rois. Elles nous fournissent le nom d'Erïv-Aku, qui était fils de Kadurmabug. Il y est toujours désigné comme roi de Larsa, et il fit faire de grandes constructions à Ur Magéir. Or. M. Lenormant identifie Erïv-Aku avec l'Arioch de la Genèse. Arioch, d'après les

(1) Voir Maspero, *Hist. anc. des peuples de l'Orient*, 4ᵉ éd., p. 189.

inscriptions assyriennes, ne serait donc pas roi du Pont, comme le traduit fort improbablement la Vulgate, mais roi de Larsa. M. Lenormant poussant plus loin ses identifications, fait Elassar de Larsa. Les Assyriologues s'accordent à accepter l'identité des deux mots. « Nous sommes heureux, écrit M. J. Oppert, de pouvoir accéder à l'importante identification faite par M. Lenormant d'Erīv-Aku avec le nom d'Arioch de la Genèse. M. Lenormant veut identifier Elassar avec Larsa. Nous ne critiquons pas cette identification » (1). Le fait est tellement admis, que M. Maspero, sans même justifier cette appellation, nomme Arioch, roi d'Elassar (2).

Larsa et Elassar sont donc identiques. Or l'histoire de Larsa est l'une des mieux connues de la Basse-Chaldée. Voici l'énumération que fait M. Maspero des villes les plus anciennes de cette région. Ourou (Ur) est, parmi les villes Chaldéennes, celle dont l'influence se fit le plus tôt sentir par tout le pays..... Au sud et plus rapproché encore de la mer (3), se trouvait Eridu, la ville de la déesse Ea, et Bab-Salimête (4), le port méridional de la Chaldée. Au nord, Ourouck, l'Erek de la Genèse, Larsam (ou Thalassar) et Sirtella, aujourd'hui Tello. Ces villes, ajoute l'historien, resserrées dans un espace étroit, formaient l'une des deux grandes divisions du pays, celle qui portait dans le protocole des rois, le nom du pays de Shoumir.

Les deux villes prédominantes furent Ourouk, d'abord, la patrie d'Abraham et Larsa ou Larsam ensuite. Son dieu était Shamash, le dieu soleil, sous Sargina ou Sargon Ier, qu'on fait régner en 3800 avant Jésus-Christ sur la foi d'une inscription que selon nous, on n'a

---

(1) J. Oppert, *Études sumériennes*, p. 1.
(2) Maspero, *Hist. anc. des peuples de l'Orient*, 4e édit., p. 188.
(3) Ici M. Maspero parle dans le sens de son opinion, qui fait remonter le golfe Persique très avant dans le continent. Nous avons réfuté cette opinion dans notre chap. XII.
(4) C'est tout simplement Korna d'aujourd'hui.

pas suffisamment discutée. Le prince d'Agadée soumit toute la Basse-Chaldée à l'exception des deux royaumes de Larsa et d'Apirak. Le royaume de Larsa subsistait encore vers l'an 2200, et Arioch, qui en était le souverain, conservait son indépendance vis-à-vis de l'Elam, maître cependant de la Chaldée. Cette persistance dura de longs siècles, puisque le souvenir de sa destruction restait si vif sous Ezéchias et Isaïe.

Si Larsa et Thalassar sont une seule et même ville, il n'y a plus de doute alors sur la situation du pays d'Eden. Sa capitale était Thalassar. Le royaume de Larsa serait l'Eden de la Genèse et des prophètes Isaïe et Ezéchiel. A Thalassar, nous ne serions pas au Paradis terrestre, nous serions à sa porte. La question est trop neuve, trop intéressante pour ne pas lui apporter toutes les preuves qui la corroborent. Auparavant, nous devons mentionner une dernière opinion sur l'identité de Thalassar.

MM. les abbés Trochon et Bayle, dans leur commentaire si net sur Isaïe, se séparent, comme nous, des commentateurs, et professent que Thalassar est la Thilser de la table de Peutinger, à l'est du Tigre (1).

En effet, quand on jette les yeux sur le segment VIII de la carte qui a pour titre : *a Paralocis schythis usque ad finem Asiœ*, on trouve, un peu plus haut que l'embouchure du Chatt-el-Arab, à quelque distance du Tigre, sur sa rive gauche, une station romaine du nom de Thelser. De là partent deux routes ; l'une se dirige à l'Est vers l'Elam et la Perse pour aboutir à Titana ; l'autre s'élève perpendiculairement vers le Nord, en longeant le Tigre, par les stations de Bituris, Concon, Siher, Bahmar, Vica. Après, c'est la station ad Tigrim, qu'elle traverse, et par Sapham et Sarbane, elle gagne la ville bien connue de Nisib. La route a pour destination de faire communiquer le

---

(1) *La sainte Bible.* — *Les Prophéties d'Isaïe*, introduction par M. l'abbé Trochon, prêtre du diocèse de Coutances, traduction par M. l'abbé Bayle.

golfe Persique et le sud de la Chaldée avec le centre de la Mésopotamie. Son point de départ est Thelser, dans la même région que Larsa, avec cette différence que Larsa est à une douzaine de lieues de la rive gauche de l'Euphrate, et Telser à peu près à la même distance de la rive gauche du Tigre. L'une est en pleine Chaldée, l'autre sur la frontière de l'Elam.

On ne peut nier que Thelser et Thalassar aient une grande similitude de consonnance et d'orthographe. Il n'est pas moins certain que Thelser est différent de Larsa. On ne pourrait les identifier qu'en transportant la voie romaine à l'Ouest du Tigre. La carte s'y oppose, puisqu'elle l'indique sur la rive gauche. Puis il y a la station *ad Tigrim*, où elle traverse le fleuve pour se diriger sur Nisib. La traversée n'existerait pas, si la route avait été à l'Ouest du Tigre, qu'elle n'aurait pas rencontré. Il est donc de toute évidence que ces deux villes, Larsa et Thelser sont distinctes.

Laquelle des deux est la vraie Thalassar ? Si on ne consultait que la philologie, Thalser paraît bien mieux se rapprocher de Thalassar que Larsa. Mais nous savons combien est fréquente l'erreur des synonymies. Au contraire, Larsa est connu, Thelser ne l'est pas. Nulle part les inscriptions cunéiformes ne nous fournissent ce nom; pas de ruines, pas de mention historique, c'est une ville complètement ignorée, tandis que le Thalassar d'Isaïe avait une incontestable notoriété. Comme l'argument historique milite contre l'argument philologique, contrairement à la pratique si trompeuse des philologues, nous donnon la préférence au premier, et nous concluons que Thelser de la carte de Peutinger n'est pas le Thalassar de la Bible; comme les assyriologues, nous identifions celui-ci avec le Larsa de la Chaldée.

Quand les découvertes archéologiques ultérieures donneraient tort à notre préférence, notre thèse sur le site du pays de l'Eden n'en serait pas faussée, il serait à l'ouest au lieu d'être à l'est du Tigre, en admettant que primitivement l'Eden n'embrassât pas toute la Basse-Chaldée. A l'est du Tigre, ce site serait en harmonie complète avec l'opinion orientale, qui fait du Chatt-el-Arab la continuation du Tigre, bien plus que celle de l'Euphrate. A ce point de vue, le fleuve paradisiaque sortirait mieux de l'Eden dont Thelser serait la capitale, que de l'Eden dont Larsa serait la ville principale.

Nous le répétons : que Thalassar biblique soit Larsa ou Thelser, la situation géographique du pays d'Eden reste à peu près la même. A l'une et à l'autre situation s'applique ce qui nous reste à dire, pour achever de prouver que l'Eden primitif doit être placé dans le sud de la Chaldée.

Nos dernières preuves, nous les emprunterons au texte même d'Isaïe. Un examen attentif, aidé des secours de l'Assyriologie, nous fera reconstituer l'identité de tous les lieux géographiques qu'il énonce.

Ce texte renferme, comme nous l'avons dit, les menaces du lieutenant de Sennachérib à Ezéchias. Que veut Absacès ? Effrayer les juifs par le tableau des conquêtes assyriennes. Dans le chapitre XXXVI, il exquisse un commencement du tableau. Il se contente de décrire la série des conquêtes dont ils pouvaient mieux se rendre compte, de celles des pays qui les avoisinent. « Où est le dieu d'Emath et d'Arphad ? où le dieu de Sepharvaïm ? Qui a délivré Samarie de mes coups ? »

Vers l'an 1100, Teglathphalasar Ier conquit la Mésopotamie occidentale et la Syrie jusqu'au delà du mont *Amanus*. Mais ces possessions furent perdues au bout de quelques années et il fallut, pour les recouvrer, les conquêtes de Teglatphalasar II. En 743, celui-ci franchit l'Euphrate pour combattre une ligue d'anciens vassaux, qui s'étaient formée contre lui à l'instigation des gens d'Arphad. Le nom de cette ville, située en Syrie, subsiste encore dans celui de Tell-Erfad donné aux ruines qui se voient à deux lieues environ d'Alep, vers le nord. Le roi d'Amath, sur l'Oronte, au pied de l'Hermont, plusieurs des roitelets de la côte se joignirent à la coalition. Arphad fut prise après trois ans de siège. Emath succomba bientôt après. Une partie de ses habitants fut transportée dans les villes d'*Houllouba* et de *Bertou*, que le roi venait de saccager (1).

Sépharvaïm appartenait au nord de la Babylonie. Nous avons donné plus haut la constitution de la Basse-Chaldée, dont une des plus importantes principautés fut celle d'Eden avec Ourouk pour capitale d'abord, et ensuite Larsa ou Thalassar. La Babylonie ou le nord de la Chaldée constituait le pays d'*Accad*, comme le midi formait celui de Shoumir. Ses villes primitives étaient Népour, à la moitié distance de Ourouk à Babylone ; puis venaient Borsippa, Khisou et Babylone ; enfin au nord de Babylone la double ville de Sippar et d'Agadé. Elles embrassaient, nous le répétons, le pays d'Accad, qui prenait encore le nom de Kardouniash. L'ensemble formé par *Sippar* et *Agadé* portait le nom biblique de *Sépharvaïm*, les deux *Sippar*. Elle fut conquise par Teglathphalasar Ier, trois cents ans avant Isaïe.

Quant à Samarie, l'histoire de sa ruine par les Assyriens est trop connue pour que nous insistions.

Ces premières menaces n'ont pas produit sans doute l'effet qu'en attendait le général assyrien. Il les renouvelle dans le chapitre suivant, en complétant le tableau de la puissance des armes de l'Assyrie.

Aux conquêtes déjà énumérées de la Mésopotamie, de la Syrie et de l'Asie mineure, il ajoute Gozan et Haran et Resef : Gosan, située sur les bords du Gaboras, affluent gauche de l'Euphrate, province où Salmanasar déporta une partie des Israélites ; Haran, dans le nord de la Mésopotamie, d'où Abraham partit pour la terre promise ; Reseph, actuellement Rusaffa, dans la vallée de l'Euphrate, entre

(1) Voir F. Lenormant et Maspero, Histoire.

le fleuve et Palmyre. Tous ces pays renfermaient la multitude des petits états soumis d'abord aux Égyptiens, puis aux souverains d'Assyrie. En 732, Teglathphalasar II convoqua tous les rois, ses vassaux. Vingt-cinq répondirent à son appel.

Les peuples situés entre l'Euphrate et le Tigre, ceux qui habitaient au delà de l'Euphrate, en Syrie et en Asie mineure, n'étaient pas les seuls tributaires de l'empire assyrien.

Au nord et à l'est s'étendaient l'Arménie et la Médie (1). L'Arménie, sous le nom d'Ourarti, était morcelée en un grand nombre d'états. Le plus important situé, sous le nom de Vanna ou de Manna, entre le lac de Van et celui de d'Ouroumieh, avait pour capitale la ville moderne de Van, sur le lac du même nom. Au sud du Manna s'étendait le Persouas, qui confinait à la Médie. La vallée du Tigre, vers les sources du petit Zabre, était séparée de celle-ci par le pays de Namri. Du Tigre moyen trois routes conduisaient en Médie, passant par les contrées de Namri et de Manna. Elles servaient aux caravanes qui apportaient à Ninive les richesses de l'Inde centrale. On comprend tout le prix que les princes assyriens devaient attacher à la possession de ces divers états. Ils ne négligèrent rien pour se les assujétir. Taglathphalasar Ier, vers 1100, s'empara de la région de Khourkié, qui formait la frontière méridionale de l'Ourarti ou de l'Arménie. Ramânninari pénétra huit fois en Médie, envahit deux fois le Manna. Il n'y eut pas une seule année du règne d'Assournazirpal (930-905) qui ne fût marquée par une expédition militaire. La plupart eurent lieu dans les montagnes de l'Arménie et dans la Médie occidentale. Mêmes luttes de son fils Salmanazar IV. Pendant l'éclipse de l'empire assyrien, sous Sardanipal, ces provinces reconquirent leur indépendance. Elles furent de nouveau envahies par Te-

---

(1) Voir la carte de la Susiane.

glathphalasar III (744-727), et conquises par Sargon, le père de Sennachérib (721-704).

A ces luttes et à cette domination sur les provinces du nord et du nord-est, s'ajoutaient celles sur les provinces du sud et du sud-est. Une des parties vives de l'empire assyrien furent la Chaldée et l'Elam. Dès 1270, Tougoultinip entrait à Babylone et la soumettait à son joug. A partir de cette époque, Babylone, malgré quelques alternatives de reprise d'indépendance, fut regardée comme vassale de l'Assyrie. Il fallut que la Chaldée attendît huit siècles pour recouvrer son autonomie.

Taglathphalasar Ier, en 1100, porta ses armes en Chaldée. Deux années durant, il la parcourut en tous sens. Sippar, Babylone, Oupi furent prises. La domination assyrienne s'affaiblit par la suite, mais elle reprit toute sa puissance sous Teglathphalasar III (824-812). Mardoukbalatsouikbi, le plus puissant des princes qui régnaient alors sur la Chaldée, ne put lui résister, malgré l'appui d'Elam. Rammannirari III (812-784) asservit définitivement la Chaldée. Révoltée sous Teglathphalasar III, les Assyriens dévastèrent Bit-Shilâni, Bit-Shâlli et couvrirent le pays de ruines. La conquête de Bit-Iakin et de Bitpue (731) reculèrent jusqu'à la mer la limite de l'empire. La vaillance de Mardoukbaliddina (Mérodach-Baladan) n'y fit rien. Sargon le sépare de son allié, le roi d'Elam, Soutrouknakhounta, les bat tous deux, le poursuit dans sa principauté de Bit-Iakin, le met en fuite et se fait proclamer roi de Chaldée à Babylone.

En présence de la domination de l'Assyrie sur les vastes régions que nous venons de décrire, serait-il possible qu'Absacès se contentât, pour dépeindre la puissance de ses souverains, de ne citer que les conquêtes du Nord de la Mésopotamie et de la Syrie ? Nous avons peine à le croire. Du reste, il a déjà indiqué la conquête du Nord de la Chaldée, celle de Sepharvaïm. Combien n'est-il pas naturel qu'il ait fait allusion à la lutte si longue soutenue par les pères de Sennachérib, *patres mei*, c'est-à-dire Sargon, son père, et Teglathphalasar III, son aïeul, contre la Chaldée méridionale et l'Elam. Il y eut chez l'ennemi un déploiement de courage, d'habileté et de ténacité qui n'ont rendu que plus glorieuses les victoires assyriennes. Nous ne pouvons admettre que la conquête si laborieuse de Bit-Iakin, dernier boulevard de la nationalité chaldéenne, ne se soit pas présentée à la pensée d'Absacès et qu'il ne l'ait pas donnée comme une des preuves les plus frappantes de la puissance des Assyriens. Or ce Bit-Iakin est justement le pays de Larsa et par conséquent le pays d'Eden.

Il n'aura pas pu davantage séparer la lutte de l'Elam de celle de la Chaldée. Ces deux peuples n'ont cessé de se prêter un mutuel appui contre l'ennemi commun. La résistance de l'un a toujours amené celle de l'autre et le résultat pour les deux peuples s'est confondu dans une mutuelle défaite et une commune sujétion. Combien n'a-t-il pas fallu de puissance, aux armes assyriennes, pour abattre cet Elam, qui si souvent dans le cours des siècles avait été dominateur et n'avait jamais perdu son indépendance? Aussi croyons-nous que l'Ava d'Isaïe désigne le pays élamite ou susien d'Awas, dont nous parlerons longuement dans le chapitre XIX, où nous le donnerons comme l'Hévilah du récit génésiaque.

Pour compléter nos identifications, nous appliquerons à la Médie et à l'Arménie le même raisonnement que nous avons employé pour l'Elam et la Chaldée. Les guerres incessantes contre ces vastes et puissants états et leur domination relevaient trop le prestige des armes des rois d'Assyrie pour qu'elles aient été oubliées d'Absacès. Nous ferons donc de Vanna ou de Manna, provinces d'Arménie limitrophes de la Médie, l'Ana du XXXVII° chapitre d'Isaïe.

Cette dernière identification ne fût-elle pas acceptée, qu'elle n'infirmerait pas celle que nous avons donnée de Larsa, ni les raisons historiques qui nous amènent à placer en Basse-Chaldée le pays d'Eden relaté par le prophète. Que nous ne retrouvions pas sa mention, dans les inscriptions cunéiformes, rien d'étonnant. D'abord c'est peut-être une désignation qui n'a jamais appartenu qu'à la géographie hébraïque et à la langue primitive; peut-être aussi ce nom sémitique a-t-il été remplacé par un nom couschite, à l'invasion de Nemrod; enfin les révolutions politiques ont été si nombreuses en Chaldée, qu'elles ont forcément amené bien des changements de dénominations géographiques.

Une fois déterminée la situation du pays d'Eden, il nous reste à montrer qu'elle s'accorde parfaitement avec celle du Paradis terrestre sur le Chatt-el-Arab et répond exactement à la particularité du récit de Moïse qui juxtapose la région d'Eden et le Paradis, en faisant venir de la première le fleuve qui sillonnait la seconde.

En effet l'Euphrate, le Tigre et la Kerka se réunissent environ à vint-cinq lieues de Larsa pour ne former qu'un fleuve, qui sort vraiment d'Eden, si on fait de Larsa le Thelassar de la Bible, et encore mieux si on identifie Thalassar avec Thelser. Car dans ce cas, le Tigre coulerait surtout dans l'Eden. Or, selon une opinion déjà signalée, le Chatt-el-Arab est principalement la continuation et comme le prolongement du Tigre, dans lequel se jetteraient les autres fleuves.

La place que nous assignons au Paradis sur le Chatt-el-Arab répond donc parfaitement aux indications de la Genèse. Le Chatt-el-Arab se forme à la limite de la province d'Eden. Il la quitte pour parcourir la région que nous disons être celle du Paradis; nous sommes en pleine conformité avec la description mosaïque. C'est plus qu'une conformité, c'est une démonstration. Puisque nous avons retrouvé la région d'Eden, le fleuve qui en coule, le Chatt-el-Arab, est forcément le fleuve Paradisiaque, le pays qu'il arrose à sa sortie correspond nécessairement au Paradis de Moïse. La conclusion est rigoureuse. Elle suffirait seule à notre thèse, qui fixe le Paradis en Basse-Chaldée.

Mais nous devons être prudent quand il s'agit d'une conséquence aussi importante. Il ne faudrait pas vouloir tirer une conclusion certaine de prémisses incertaines. Avons-nous réellement retrouvé le pays d'Eden ? Les preuves que nous en avons données élèvent-elles notre thèse jusqu'à la certitude ? La certitude scientifique n'est jamais guère qu'une certitude morale, qui ne saisit pas l'esprit comme une certitude mathématique. Elle résulte de faits certains et de conclusions logiques. Est-il certain qu'Eriv-Aku soit l'Arioch de la Genèse ? que Thalassar soit identique à Larsa ou à Thelser ? Est-il certain que dans son énumération des conquêtes assyriennes, Absacès n'ait pu omettre celles de la Basse-Chaldée ? Si tous ces faits sont certains, notre conclusion l'est également; s'ils ne sont que probables, nous n'avons qu'une conclusion probable.

Supposé du reste que nous ne puissions sûrement localiser le pays d'Eden, la position que nous assignons au Paradis terrestre n'en serait pas ébranlée pour cela. Assurément, si le Paradis était sur le Chatt-el-Arab, la Basse-Chaldée est forcément l'Eden de la Genèse. Mais elle pourrait l'être sans que nous puissions l'établir. Que de noms primitifs ont disparu sans laisser de traces ? C'est merveille vraiment que l'histoire ici, jointe à la philologie, ne soit pas tout à fait silencieuse. La géographie hébraïque a conservé ce caractère d'antiquité qui lui fait remonter ses notions, au delà de l'histoire même, jusqu'au berceau du monde. L'avons-nous bien interprétée dans le cas présent à l'aide des monuments historiques et de la linguistique ? nous le croyons ; nous fussions-nous trompé, que nous aurions le droit de continuer notre marche, de maintenir notre affirmation principale, en l'entourant de toutes les preuves que nous avons déjà données et de toutes celles que nous allons continuer de produire dans le cours de nos recherches.

CHAPITRE XVI

Quatrième et cinquième particularités : le fleuve unique et les quatre courants.

4ᵉ particularité : le Paradis a un fleuve unique qui sort du pays d'Eden ; le Chatt-el-Arab réunit cette condition. — 5ᵉ particularité. Le fleuve unique était formé de quatre fleuves avant son entrée dans le Paradis. — Application au Chatt-el-Arab. — Concordance de la tradition locale. — Déformations et richesses anciennes du pays arrosé par le Chatt-el-Arab.

Nous l'avons déjà fait remarquer : une étude critique sur la situation du Paradis doit avoir pour point de départ la narration de Moïse. Elle est scrupuleusement exacte, si on la considère comme inspirée ; elle est encore la base de toute discussion, si on la regarde seulement comme historique et traditionnelle. On ne pourrait, dans ce cas, s'en écarter, qu'en prouvant les erreurs où elle a pu tomber.

On ne peut donc trop préciser ce récit, ni trop faire ressortir ses détails géographiques.

L'un d'eux est l'existence d'un fleuve arrosant le Paradis, et reconnaissable aux traits suivants : il sortait de la province d'Eden, il se partageait en quatre courants. Ceci est entièrement dans le texte et n'a pas besoin de commentaire.

Nous avons appliqué, dans le chapitre précédent, le premier trait au Chatt-el-Arab et nous avons vu qu'il lui convenait parfaitement. Le pays d'Eden était en Basse-Chaldée, sur le Tigre et l'Euphrate, à l'endroit même où ils se réunissent pour former le Chatt-el-Arab. Celui-ci porte donc parfaitement ce caractère du fleuve paradisiaque ; il sort de l'ancienne province d'Eden.

Un autre caractère est de posséder quatre courants.

Nous avons montré également, dans notre chapitre XI, que quatre fleuves viennent se verser dans le Chatt-el-Arab, mais nous ne nous contentons pas de cette indication. Il est une autre question qui doit attirer notre attention. Quel est, d'après le récit mosaïque, l'endroit précis où se forme la division des fleuves ? Ce point n'est pas secondaire ; il a, au contraire, une double importance.

La première est de donner à la topographie du Paradis sa véritable configuration. Procéder par des à peu près, pour la décrire, comme on l'a fait jusqu'à présent, n'est qu'une source d'erreurs. Une fois tracées sûrement, toutes les lignes du site paradisiaque, la disposition géographique actuelle, qui cadrera avec lui, sera sans contestation le lieu du Paradis.

Il importe en outre de connaître l'endroit de la division des fleuves, pour préciser le point central du Paradis, parce qu'il se trouvait à cet endroit même.

Si nous interrogeons les interprètes, Cornelius enseigne qu'on peut admettre la formation des fleuves à l'entrée ou à la sortie du Paradis.

Péreire, dans sa remarquable dissertation sur le Paradis, prétend que la division des fleuves peut se rapporter à la province de l'Eden, et qu'aussitôt sorti de cette province, le fleuve unique se formait en quatre branches. Ou bien, ajoute-t-il, cette division peut se rapporter au Paradis ; le fleuve sortait de l'Eden, entrait dans le Paradis et s'y divisait ; ou enfin la division s'opérait à la sortie du fleuve du Paradis.

Les commentateurs nous autorisent donc à placer les divisions du fleuve avant l'entrée au Paradis terrestre. Nous allons plus loin, nous croyons que le texte biblique n'a que ce sens.

Que dit-il ?

Et fluvius egrediebatur de loco voluptatis ad irrigandum Paradisum, qui inde dividitur in quatuor capita.

Un fleuve sortait de l'Eden, pour arroser le Paradis, et de là se divise en quatre autres branches.

Cette traduction conforme à l'Hébreu, adoptée par la plupart des traducteurs français, laisse le sens indécis; elle ne présente pas la précision que lui donnent les Septante et la Vulgate, qui suit les Septante. Pourquoi en effet, les traducteurs et les interprètes grecs ont-ils mis le *qui* déterminatif là où l'Hébreu ne place que la simple conjonction *et*? Pourquoi ont-ils traduit *qui dividitur*, au lieu de *et dividitur*? N'est-ce pas pour déterminer ce que l'Hébreu laissait vague et indéterminé? Ne serait-ce pas, de nouveau, la preuve que les Septante et leurs contemporains connaissaient parfaitement le lieu du Paradis terrestre? Car enfin, si vous voulez presser le texte grec et latin et ne pas simplement le traduire du coin de l'œil, vous êtes obligé d'adopter la construction et la traduction suivantes: *Fluvius qui inde dividitur in quatuor capita, egrediebatur ex Eden ad irrigandum Paradisum.* « Un fleuve qui, de cet endroit, se divise ou commence à se diviser en quatre fleuves, sortait de l'Eden, pour arroser le Paradis ».

D'après cette traduction, seule admissible, la division des fleuves commence au moment où le fleuve unique sort de l'Eden et entre dans le Paradis. C'est la configuration même du Chatt-el-Arab. Il se forme par la réunion des quatre fleuves déjà indiqués. Son cours ne commence qu'à cette formation.

On nous objectera peut-être que la rencontre du Karoun ne se présente que vingt-quatre lieues plus loin. Nous répondrons qu'en réalité il appartient à la division, ou si on l'aime mieux, à la réunion des fleuves qui constituent le Chatt-el-Arab et cela suffit. Si Moïse n'avait cité que les trois fleuves du commencement, il aurait été inexact, puisque le quatrième est aussi bien qu'eux un affluent du fleuve paradisiaque. S'il avait dit que trois fleuves étaient à sa naissance, mais que le quatrième se trouvait à vingt-quatre lieues de distance, il y eût eu de sa part une exactitude pointilleuse, qu'aucun esprit sensé ne peut réclamer de l'écrivain sacré.

Les divisions de Chatt-el-Arab sont donc bien à la place que leur assigne Moïse, il a donc bien les branches attribuées par la Genèse au fleuve paradisiaque.

De plus, nous avons l'indication certaine de l'emplacement du Paradis. Son point central, c'est-à-dire le lieu d'habitation du premier homme, était à l'endroit précis où s'effectue la division ou la concentration des fleuves ; c'est-à-dire entre l'Euphrate et le Tigre. Il traversait la Kerka et s'étendait tout le long du Chatt-el-Arab, jusqu'à l'embouchure du Karoun, au-delà duquel il allait jusqu'au golfe Persique. Nous dirons plus loin les raisons que nous avons de lui donner cette étendue.

Il est très remarquable que, par la voie du raisonnement et des déductions logiques, nous soyons arrivé à assigner au Paradis terrestre, le même lieu que lui donne la tradition locale.

« Aux avant-dernières nouvelles, dit Mme Dieulafoy, on plaçait ici (à Kornah) le Paradis terrestre. Une rive très basse, inondée par les eaux, quand le fleuve déborde ; des pâturages marécageux, où paissent des vaches couvertes, jusqu'à l'échine, de boue desséchée ; des maisons de terre, cachées sous d'épaisses touffes de palmiers ; des buffles se prélassant dans les canaux d'irrigation ; un tronc d'arbre deux ou trois fois centenaire, mais indigne de représenter l'arbre de la science du bien et du mal, meublent un paysage que ne reconnaîtraient peut-être pas nos premiers ancêtres (1).

Tous les voyageurs sont unanimes à constater le fait de la tradition locale, qui est elle-même une indication très précieuse. Toute tradition dont on ne connaît pas l'origine, a un fond de vérité, qu'il faut savoir reconnaître, après l'avoir dégagée des mille circonstances fausses que

---

(1) Mme Dieulafoy, *la Perse, la Chaldée et la Susiane*, chap. XXVII.

l'imagination, l'ignorance ou l'infatuation des populations y ont introduites. Nous rencontrons là une tradition qui ne peut suffire à engendrer la certitude historique, mais que nous accueillons avec satisfaction, comme le complément et le couronnement des conclusions auxquelles nous sommes arrivé, par la rigoureuse application des règles de la critique historique.

Quant à la description qu'en donne Mme Dieulafoy, elle ne nous effraie pas ; elle confirme, au contraire, notre thèse. Le Paradis n'existe plus à l'état paradisiaque. Aucun cataclysme ne l'a bouleversé, il a été déformé par le jeu régulier des lois de la nature. L'ange a fait la garde à travers tous les siècles, l'épée flamboyante à la main d'abord, puis plus tard, en présidant lui-même au fonctionnement des lois géologiques. Il y a eu des affaissements d'un côté, des atterrissements de l'autre, comme il arrive habituellement sur le cours et surtout à l'embouchure des grands fleuves ; ce qui était un site enchanteur est devenu un marécage vulgaire. Relevez les rives de la rivière, exhaussez un peu les terrains, vous serez en présence d'une des plus séduisantes et des plus magnifiques natures. Le même écrivain nous en fournit la preuve : « Jamais je n'ai contemplé un paysage plus riche que celui des rives du Chatt-el-Arab, au-dessus de Félieh ; des palmiers superbes s'élèvent au-dessus les uns des autres, comme s'ils faisaient assaut de vigueur et d'élégance ; le sol couvert d'une herbe touffue, est coupé de canaux animés par des troupeaux de buffles qui nagent paisiblement, l'extrémité de la tête hors de l'eau (1) ».

Or ce site, aujourd'hui encore enchanteur, appartient à la topographie du Paradis terrestre.

Voulez-vous le parcourir, comme l'a fait l'intrépide voyageuse, dont nous aimons à reproduire les pages élégantes ; voulez-vous descendre le grand et beau cours d'eau qui l'arrosait jusqu'à Mohammered, situé à l'embouchure de

(1) *Item, ibid.* ch. XXX.

l'ancien Phison ? Voici la description du jardin du Keikh de cette ville : « Les bananiers, les palmiers, les orangers sont si épais et si touffus, qu'à travers leurs branches on ne voit pas même le ciel. Il n'y a ni pelouse, ni allée ; une herbe étiolée par la privation d'air ou de lumière tapisse le sol, tandis que au-dessus de la tête et à portée de la main se présentent des oranges de toutes tailles et de toutes qualités, les unes petites et très vertes, les autres énormes et couvertes d'une peau jaune pâle (1). »

On le voit, ce sont de jolis restes d'un passé délicieux, au milieu des déformations et des décompositions de l'âge qui a suivi.

CHAPITRE XVII

Sixième particularité : le Géhon et l'Éthiopie.

Précision intentionnelle de Moïse dans son récit. — Divergences inexplicables sur la région d'Ethiopie arrosée par le Géhon. — L'opinion des anciens sur les diverses Ethiopies. — Ce que la Bible entend par l'Ethiopie. — Les diverses régions éthiopiennes, d'après le livre sacré. — L'anthropologie place des Négritos dans l'Inde, la Perse et la Susiane. — Les études anthropologiques de M. Dieulafoy ne laissent plus aucun doute sur une population primitive de Négritos en Susiane. — Les Négritos de l'armée de Xerxès venaient du Makran et du Béloutchistan.— La Susiane, habitée par des Négritos et arrosée par la Kerka ou le Géhon, était donc un pays éthiopien ou chouschite.

Nous n'avons jamais compris qu'on ait regardé comme impossible la découverte du lieu paradisiaque, quand Moïse emploie tant de précision à le déterminer. S'il s'agissait de terrains bouleversés par le déluge et actuellement méconnaissables, à quoi bon ces minutieux détails ? il les aurait donnés en pure perte. Tout au contraire il met tout

(1) *Item, ibid.*

son soin à fixer le point où il commence, comme nous venons de le voir. Le Paradis est à la réunion des fleuves. Il met tout son soin à faire reconnaître ces fleuves. Personne n'ignore le cours de deux d'entre eux. Il y a l'Euphrate qui n'a pas besoin d'autre indication. Il y a le Tigre, il dira que c'est le Tigre d'Assyrie, pour ne pas le confondre avec des racines similaires qu'on rencontre peut-être en Perse et dans les régions qui avoisinent l'Inde. Les deux autres fleuves sont moins familiers, ils n'ont pas la même célébrité, ils coulent dans des contrées plus éloignées. L'écrivain inspiré les accompagnera du nom de ces contrées. Le Géhon est le fleuve qui arrose l'Ethiopie.

Pourquoi les imaginations se sont-elles si fort montées à l'occasion de ce mot d'Éthiopie ? Car enfin, on avait des certitudes qui devaient éclairer les points obscurs. Quoi qu'on prétende, le Paradis était arrosé par un fleuve unique. Ce fleuve unique avait quatre divisions, qui le touchaient nécessairement. Deux des divisions étaient l'Euphrate et le Tigre d'Assyrie. Jusqu'à présent pas de contestation possible.

Sur le parcours du Tigre et de l'Euphrate, si on cherche bien, on ne trouve qu'un seul fleuve qui en joigne quatre autres, c'est le Chatt-el-Arab. Il y a là encore une évidence géographique indiscutable. Puisque le Tigre et l'Euphrate sont deux des quatre fleuves unis au Chatt-el-Arab, les deux autres sont forcément la Kerka et le Karoun. Forcément aussi ils arrosent un pays d'Hévilah et un pays éthiopien. Quand l'histoire ne le dirait pas, les déductions logiques tirées du récit mosaïque nous forceraient à le reconnaître.

On s'étonne, devant ce raisonnement qui ne se perd pas dans les nuages de la métaphysique transcendentale, mais qui part d'un fait géographique certain, de toutes les divergences auxquelles a donné lieu cette fameuse recherche de l'Ethiopie arrosée par le Géhon.

Faisons nous-même cette recherche scientifique. Elle va nous amener à des développements un peu longs peut-être. Ils sont nécessaires pour trancher définitivement la question. Ils nous montreront une fois de plus combien la science des origines s'éviterait d'échecs, si elle voulait s'aider un peu plus des lumières de la Révélation.

La situation de l'Ethiopie a provoqué autant d'incertitude parmi les écrivains profanes que parmi les exégètes catholiques. Un texte d'Homère a donné lieu à plusieurs opinions. Il signale deux Ethiopies ; l'une orientale, l'autre occidentale. Les uns ont dit avec Strabon que le Nil, traversant l'Ethiopie africaine, Homère appelait occidentale la région éthiopienne placée à la gauche du fleuve, et orientale celle placée sur sa rive droite. L'explication paraît bien simple, trop simple même. D'autres ont soutenu avec beaucoup plus de raison, que les Ethiopiens étaient répandus sur tous les bords de l'Océan indien, cette mer immense qui touche à l'univers entier, la mer enveloppante, *mare involvens*, des géographes et des conteurs orientaux. Les rives de cette mer sont comme coupées en deux par le golfe Persique, qui partageait l'Ethiopie en orientale et en occidentale.

La question du pays éthiopien est donc une des plus intéressantes de l'histoire et de l'ethnographie ; c'est sa solution qui doit aussi terminer la polémique dix-huit fois séculaire sur l'emplacement du paradis terrestre.

Si on avait mieux observé la rédaction hébraïque, on aurait vu que le mot Éthiopie lui est étranger, comme le font remarquer les commentateurs. Cette dénomination n'appartient qu'aux Septante et à la Vulgate, qui l'emploient invariablement pour exprimer le mot hébreu Chusim, les Choussites, Chus ou les fils de Chus. Nous n'avons donc pas à nous en tenir à la traduction, mais au texte original lui-même, d'après lequel nous serons en Éthiopie partout où nous rencontrerons une région de Chusim ou de Chouschites (1).

Mais qu'est-ce que les Chusim, désignés toujours par les Septante et la Vulgate sous le nom d'Éthiopiens ? Ce sont les descendants de Chus, l'un des fils de Cham. Chus fut le père de Saba, de Hévilah, de Sabata, de Regma, de Sabatacha, auquel il faut joindre Nemrod, le plus connu et le plus célèbre d'entre eux.

Que cette race ait peuplé l'Éthiopie africaine, toute la tradition chrétienne le reconnaît ; mais qu'elle n'ait pas eu d'autre berceau et une autre extension que la Nubie, c'est ce que contredisent l'histoire profane et l'histoire sacrée.

Nous avons vu qu'Homère signale deux Éthiopies : *Hi quâ sol cadit et qua nascitur illi.*

La sainte Écriture suppose également plusieurs régions éthiopiennes.

Et d'abord, elle reconnaît une Éthiopie arabique.

Le livre de l'Exode (2) constate que Séphora, l'épouse de Moïse, était Madianite, et le livre des Nombres (3) lui donne en même temps le nom d'Éthiopienne ou de Chouschite.

Comment Séphora était-elle à la fois Madianite et Chouschite ? Dom Calmet répond à cette difficulté en imaginant deux races de madianites : l'une issue d'Abraham et de Céthura, et habitant le bord oriental de la mer Morte ; l'autre issue d'un madian Chouschite, et demeurant sur le bord oriental de la mer Rouge. Il ne nous paraît pas nécessaire d'admettre deux races madianites ; on peut très

---

(1) Les Éthiopiens se nomment eux-mêmes Cussios dans leur propre langue.

(2) Cap. II, 15. « Audivitque Pharao sermonem hunc, et quærebat occidere Moysen : qui fugiens de conspectu ejus, moratus est in terram Madian... 16. Erant autem sacerdoti Madian septem filiæ... 21. Juravit ergo Moyses quod habitaret cum eo, acceptique Sephoram, filiam ejus uxorem ».

(3) Cap. XII. « Locutusque est Maria et Aaron contra Moysen propter uxorem ejus æthiopissam ».

bien supposer qu'un groupe considérable de Chouschites aura envahi les Madianites, se sera mêlé à eux, leur aura même imposé leur nom, aura comme formé un peuple de Madianites Chouschites, habitant surtout le bord septentrional de la mer Rouge : car c'est là principalement que nous les montrent divers passages de la sainte Écriture.

J'ai vu, dit Habacuc, « les tentes des Éthiopiens dressées contre l'iniquité d'Israël, et j'ai vu les pavillons de Madian dans le trouble (1). »

Ce passage nous place évidemment en présence de l'Éthiopie et des Madianites, auxquels appartenait Séphora, l'épouse de Moïse, c'est-à-dire dans l'Arabie Pétrée ou Moyenne.

La sainte Écriture reconnaissait-elle des Chouschites dans l'Arabie Heureuse ou l'Iémen ? Aucun texte ne l'indique clairement. En parlant de la submersion de Pharaon, le Psalmiste s'exprime ainsi : « Vous l'avez donné en nourriture aux peuples de l'Éthiopie (2) ». Il est évident que l'auteur sacré veut parler des cadavres égyptiens rejetés par la mer sur le rivage. A quels Éthiopiens fait-il allusion ? Il y avait le rivage égyptien et nubien et le rivage arabique. Il ne peut être question du rivage égyptien, mais seulement du rivage nubien ou du rivage arabique. Nous devons écarter de nouveau le rivage nubien trop éloigné de l'endroit où les Hébreux ont dû passer la mer Rouge. Il ne peut donc être question que du rivage arabique. Qu'on adopte, sur l'endroit du passage, l'opinion du P. Sicard, que l'on adopte celle opposée de M. Lecointre, le rivage arabique qui a reçu les cadavres égyptiens n'appartient pas à l'Iémen, mais à l'Arabie Pétrée, à cette Arabie madianite déjà signalée dans les textes précédents.

Quant à l'Éthiopie nubienne, il en est rarement ques-

(1) Habacuc, cap. III, 7. « Pro iniquitate vidi tentoria Œthiopiæ, turbabuntur pelles terræ Madian ».
(2) Dedisti eum escam populis æthiopum. Ps. LXXIII.

tion. Le plus souvent le texte sacré désigne l'Égypte, qui, dans ses livres, prend ce nom à toutes les époques où elle a subi la domination nubienne ou éthiopienne.

« Zara l'Ethiopien, lisons-nous au chapitre XXIV du second livre des Paralipomènes, sortit contre eux (les Juifs) avec une armée d'un million d'hommes, de trois cents chars et il s'avança jusqu'à Marescha.... Le Seigneur frappa les Ethiopiens devant Asa et devant Juda, et les Ethiopiens prirent la fuite. Asa et le peuple qui était avec lui, les poursuivirent jusqu'à Gérara, et les Ethiopiens tombèrent sans pouvoir sauver leur vie, car ils furent détruits par Dieu et par leur armée. Asa et son peuple firent un très grand butin ; ils frappèrent toutes les villes des environs de Gérara : car la terreur de Dieu s'était emparée d'elles, et ils pillèrent toutes les villes, dont les dépouilles furent considérables. Ils frappèrent aussi les tentes des troupeaux, et ils emmenèrent une grande quantité de brebis et de chameaux. Puis ils retournèrent à Jérusalem ».

Gérara est bien connue dans la Genèse. C'était une ville des Philistins, au milieu des terres de Juda. Le contexte est tel qu'on sent qu'Asa est attaqué par un voisin : c'est un voisin qu'il poursuit jusque dans sa capitale, dont il pille les villes et dont il enlève les troupeaux. On ne traite pas ainsi des villes nationales qui ont eu le malheur d'être envahies par l'ennemi. Zara n'est donc pas un Ethiopien nubien; il n'est pas non plus un Ethiopien madianite. Car au chapitre suivant, il est dit que les Lybiens s'étaient unis aux Ethiopiens pour attaquer Asa. Cette union était impossible, puisque les deux régions sont séparées par l'Egypte, et que les Lybiens auraient été obligés, pour venir combattre en Palestine, de traverser un pays neutre et puissant. Aussi les Egyptologues s'accordent-ils à voir les Egyptiens dans ce texte des Paralipomènes. Mais alors nous leur ferons remarquer que malgré le silence des monuments, la domination de l'Egypte par les nègres de la

Nubie ne s'exerça pas seulement de 725 à 697, époque où l'Egypte fut gouvernée par une dynastie éthiopienne. Elle existait depuis plusieurs siècles, puisque l'attaque de Zara, en qui Champollion croit reconnaître Osorkhon 1er, eut lieu vers 908. Il ne nous paraît pas douteux que le règne des prêtres thébains sur toute l'Egypte du XIIIe au Xe siècle, n'ait été, de fait, un gouvernement éthiopien, combattu aux Xe et IXe siècles par les XXIIe, XXIIIe et XXIVe dynasties, mais pas assez victorieusement pour que l'Egypte ait perdu son nom d'Ethiopie et pour que l'élément éthiopien ait été détruit, puisque nous le voyons reparaître tout puissant sous la XXIVe dynastie.

Enfin, n'y aurait-il pas pour les Saints-Livres, une Ethiopie chaldéenne ou Assyrienne ? Il existe un texte de Sophonie qui mérite de fixer l'attention des historiens et des géographes.

« Ceux qui demeurent au-delà des fleuves de l'Ethiopie, mes enfants dispersés en ces lieux, en reviendront m'offrir leurs supplications et leurs présents (1).

Mais où eut lieu cette dispersion des enfants de Dieu ? Evidemment ce n'est pas en Abyssinie, mais en Assyrie. Même après le retour de la captivité, où étaient ces masses israélites, qui ne revinrent jamais en Judée ? Nous l'avons dit, elles étaient sur les fleuves de l'Assyrie, de la Susiane et de la Médie. Et du reste Sophonie ne parle pas d'une autre Éthiopie que de celle qu'il mentionne au chapitre précédent, où il dit : « Vous aussi, Ethiopiens, vous passerez par le glaive de ma colère (2) ». Au milieu de quelle énumération se trouve-t-elle ? Au milieu des menaces que le prophète adresse à Gaza, à Ascalon, à Azot, à Accaron, à Moab, à Ammon, à Assur. Est-ce que Babylone ne manque pas dans une pareille énumération ? La Babylonie et les pays adjacents, c'est-à-dire la Susiane où

---

(1) *Ultra flumina Œthiopiæ, inde supplices mihi, filii dis persorum meorum deferent munus mihi.*
(2) *Sed et vos, Œthiopies interfecti gladio meo eritis*, II. 12.

les Israélites étaient déportés, est donc l'Ethiopie dont parle Sophonie ; celle d'Afrique serait ici un non-sens.

Nous avons le droit de conclure qu'il y a bien certainement, aux yeux des auteurs inspirés, une autre Ethiopie que l'Ethiopie abyssinienne, qu'il y a une Ethiopie arabique et probablement une Ethiopie babylonienne. Nous verrons plus loin cette probabilité se changer en une certitude absolue.

Notre thèse ne se trouve pas circonscrite dans les étroites limites où nous l'avons tenue jusqu'à présent. Grâce à l'anthropologie moderne, elle va prendre un développement inattendu. Ce n'est plus à l'ouest seulement que les Ethiopiens vont nous apparaître : c'est dans toutes les régions septentrionales des îles et du continent asiatiques. Dans sa nouvelle étude sur la distribution géographique des *Négritos*, M. de Quatrefages établit péremptoirement que les populations aborigènes des Indes ont été des peuples noirs, des *Négritos*. Nous allons analyser brièvement cette importante étude.

Outre les Australiens, qui sont peut-être des métis ; outre les Tasmaniens, qui constituent à eux seuls une race, les grands archipels de l'extrême Orient nourrissent des populations franchement nègres, formant deux groupes. Tous les deux ont le teint plus ou moins noir et les cheveux improprement dits laineux des véritables nègres. Mais les uns sont souvent grands, bien musclés, parfois athlétiques ; leur crâne est à la fois dolichocéphale et hypsisténocéphale, c'est-à-dire qu'il est relativement allongé d'avant en arrière, comprimé latéralement et très haut. Les autres sont toujours petits de taille, ont des formes arrondies, et leur crâne est brachicéphale ou sous-brachicéphale, c'est-à-dire qu'il est relativement court, élargi et plus élevé. Les premiers sont les Papouas, les seconds les Négritos.

Les *Papouas* sont essentiellement insulaires. Ils occupent principalement la Nouvelle-Guinée et tous les archipels mélanésiens, mais on les rencontre sur bien d'autres points et jusqu'aux extrémités du monde océanien.

L'aire occupée par les *Négritos* est presque aussi étendue que celle des Papouas ; elle est à la fois insulaire et continentale.

Le groupe insulaire se rencontre aux Philippines, à Formose, dans les régions montagneuses des îles Sandal, Xulla, Bourou, Céram, Flores, Solor, Pantor, Lomblock, Ombaz, la péninsule orientale des Célèbes ; ils ont été détruits à Sumatra et à Java ; ils ont laissé des traces dans le petit archipel de Liéau-Kiéou, au Japon, en Mélanésie et même en Nouvelle-Guinée, parmi les *Papouas*. Ce mélange se retrouve dans les îles du détroit de Torrès ; mais au delà s'arrête l'aire d'habitat dévolue aux petits nègres. La limite occidentale est plus facile à préciser. C'est dans le golfe de Bengale et dans les Andaman que nous la trouvons.

Abordons maintenant le continent Asiatique et cherchons-y les traces de ces *Négritos*, dont les colonies insulaires l'enserrent encore de Formose aux îles Adaman.

L'existence sur la terre ferme de véritables nègres, c'est-à-dire d'hommes à teint noir et à cheveux laineux a été niée, assez récemment encore, par quelques géographes éminents. Mais la multitude des faits recueillis par M. de Quatrefages et l'examen anatomique de crânes nombreux ne laissent plus aucun doute à cet égard. Aujourd'hui même les Négritos ne se rencontrent pas seulement au sud de l'Inde, mais aussi et surtout au nord, jusqu'au pied de l'Himalaya ; on les retrouve à l'extrémité orientale de l'Assam, et plus à l'ouest, dans le *Kamaon*. Cette région est au nord-est de Delhi, tout à fait au pied de l'Himalaya et aux sources du Gange. Là habitent les *Doms*, négritos qui sont tous extrêmement noirs, plusieurs ont des cheveux plus ou moins laineux. Plus à l'ouest encore, par conséquent dans le Pendjab qui confine à l'Afghanistan, vivent les Chamang, Chamar au Kalis qui paraissent présenter les mêmes caractères. Les traditions aryennes attestent elles-mêmes que l'Inde entière et les contrées qui s'y rattachent ont appartenu jadis aux *Négritos*, et qu'ils s'étendaient fort loin vers le nord et le nord-est. On est d'accord aujourd'hui pour voir en eux les Rakchassas et autres êtres analogues dont elles parlent. C'est au sud d'Aoud et sur les bords mêmes du Gange que Rama (1) rencontre le premier des démons qu'il doit combattre. Ce n'est pas loin de Delhi qu'a eu lieu le combat de Bhîmasena et d'Hidimba. C'est sur les versants mêmes de l'Himalaya que le roi Outtama est tué par un Jakcha.

Ici une question intéressante est celle de l'origine de ces Nègres. M. de Quatrefages n'hésite pas à les regarder comme aborigènes ou primitifs : « cette conclusion, dit-il, ressort d'un fait général, savoir, que à bien peu près partout, ces malheureux petits nègres sont absolument entourés de populations qui leur sont supérieures, soit en forces physiques, soit en civilisation, et qui semblent s'être donné la tâche de les exterminer. Or, si dans quelques cas rares, et grâce à des circonstances exceptionnelles, une race inférieure peut se glisser sur une terre déjà occupée par des ennemis plus forts qu'elle et s'y maintenir, il est impossible d'admettre que ce fait se soit produit sur une multitude de points en s'accompagnant partout de circonstances identiques. En voyant à peu près toujours les Négritos confinés dans les montagnes et dans l'intérieur des îles dont d'autres races occupent les plaines et les côtes, il est impossible de ne pas les considérer comme ayant été les premiers occupants ».

Les Négritos sont donc la première population qui ait habité l'Inde. Nous les avons laissés sur la frontière occidentale de cette vaste péninsule ; nous allons les suivre dans leur rapprochement plus accentué vers l'ouest, et

---

(1) Qui ne verrait là le Regma, fils de Chus et l'un des pères de la race nègre?

signaler leur présence jusque sur les affluents du Tigre, dans la Perse actuelle.

Hérodote a écrit ce passage bien connu et tout à fait confirmatif de notre thèse. « Les Ethiopiens orientaux servaient avec les Indiens. Ils ressemblent aux autres Ethiopiens et n'en diffèrent que par le langage et la chevelure : les Ethiopiens orientaux ont en effet les cheveux droits, au lieu que ceux de Libye les ont plus crépus que tous les autres hommes (1) ».

Or, se demande M. de Quatrefages, d'où venaient ces noirs à cheveux lisses ? La conquête de l'Inde par Darius, fils d'Hystaspe, répondrait facilement à cette question, en admettant qu'elle s'est étendue aux contrées dans lesquelles se rencontrent aujourd'hui les populations reconnues pour dravidiennes ou nègres. Malheureusement, Hérodote ne nous a transmis aucun détail sur l'extension de cette conquête, et cela même permet de supposer qu'elle s'est bornée aux contrées où Alexandre trouva plus tard les royaumes de Porée et de Taxile, c'est-à-dire à peu près au Pendjab actuel.

Xerxès aurait-il pu tirer de cette contrée les Ethiopiens orientaux dont parle Hérodote ? Oui, à en juger par ce qu'Elphinson dit des *Jautes*, qui représentent à ses yeux les premiers possesseurs du sol. Suivant lui, ils sont petits, noirs et laids. Leurs femmes ne sont pas plus belles. Dans le Pendjab, ils sont regardés comme les premiers habitants de la contrée ; de même que dans l'Inde centrale, les Draviniens sont universellement acceptés pour les prédécesseurs des Aryas. Quant à ce que leurs cheveux sont lisses, nous avons constaté dans le Kamaon l'existence de *négritos assez peu mélangés* pour présenter encore des cheveux à peu près laineux ; nous avons vu qu'à l'ouest de ceux-ci existent aussi des populations analogues. Il n'y a donc rien d'étrange à trouver quelques degrés plus à l'ouest, au pied de la même chaîne de mon-

(1) Hérodote, trad. de Larcher, liv. III, p. 70.

tagnes, des Noirs à cheveux lisses, parce qu'ils auront été plus mêlés aux autres races, et l'on comprend dès lors d'où Xerxès a pu tirer ses Ethiopiens à cheveux droits.

Faisons encore un pas de plus et franchissons l'Indus. Sur la rive occidentale du fleuve, à l'endroit où il commence à s'infléchir vers le sud, se trouve la province de Dâman, qui est comprise entre le Sind ou Indus supérieur, les monts Soliman, les montagnes salées et l'Indus proprement dit : elle est donc entièrement sur la rive droite. L'une de ses subdivisions, le Malhelwand, occupe toute la plaine située le long de son cours. Là vit une population qu'Elphinston regarde comme un mélange de Bélotchis et de Jâts : mais il nous apprend en même temps que les riverains de l'Indus sont « presque noirs de teint, chétifs et maigres ». Nous voyons reproduits en quatre mots la race du Pendjab.

Dans le Béloutchistan se rencontrent les *Béloutchis* et les *Brahouis*. Ces derniers se rattachent à la race dravidienne, sous-division des Négritos ; d'où la conclusion de M. de Quatrefages, que les races noires de l'Inde avaient passé l'Indus.

Mais jusqu'où s'étaient-elles étendues à l'ouest du fleuve? L'éminent savant trouve difficile de répondre à cette question.

Hamilton Smith admet que de véritables Nègres ont existé depuis les temps historiques ou existent encore dans le Lauristan, qui correspond à peu près à l'ancienne Susiane, dans le Mekran, dans la Perse proprement dite et sur les bords de l'Helmund, qui prend sa source dans les montagnes de Caboul et se jette dans le lac Zerrah. Elphinston, de son côté, a dit quelque part, qu'il y a des Nègres sur les bords de ce lac.

Les études anthropologiques de M. de Quatrefages n'ont pas porté plus loin. Nous le regretterions, si au moment où il publiait ses recherches sur les *Négritos*, un orientaliste distingué n'étudiait la question sur place et ne la tranchait par des preuves désormais indiscutables.

« La Susiane, la Perse et l'ancienne Chaldée, écrit M. Dieulafoy, sont habitées aujourd'hui par quatre races distinctes :

« 1° Dans le Turkestan, des peuples dont les caractères ethnographiques moyens se retrouvent dans la race mongolique. Je me servirai de ce mot, faute de meilleur. Bien qu'il ait le défaut de désigner une tribu moderne, il est préférable au qualificatif de Touranien, dont l'acception tous les jours plus large se prête mal à une définition exacte.

« 2° Dans le Fars moderne, vit, à l'état sédentaire, une population très dolichocéphale, blanche de peau, aux yeux bleus, aux cheveux châtains et souvent blonds, ayant la noblesse du port et tous les traits des plus beaux Aryens de l'Europe. Ce sont les descendants des Perses de race pure.

« 3° A Dizfoul, Suse, Konah, Ram-Ormuz en Susiane, à Gourek, Haram, Linga, Bender-Abbas dans le Fars et le Kerman, vivent des Négritos croisés d'Aryens ou d'Arabes, et dans une proportion beaucoup plus faible de Baktyaris.

« On avait déjà signalé des Négritos semblables aux petits nègres des îles de la Sonde ou des Philippines, le long des contreforts de l'Himalaya et au Sud du Mekran et du Beloutchistan. Ma femme et moi découvrîmes des métis négritos dans les villages compris entre Bouchyre et le versant méridional des montagnes de Fars, puis vint la mission de la Susiane, qui releva les mêmes métis, depuis Bender-Abbas jusqu'à Dizfoul, où habitent encore, au nombre de quinze à vingt mille, des négritos dégénérés » (1).

M. Dieulafoy conclut donc « à la découverte en Su-

---

(1) Dieulafoy, *l'Acropole de Suse*, 1re livr., p. 6.

Fig. 1. — Type Négritos. — Défilé de l'armée Susienne.

tte photo-gravure et celle de la page 192 sont empruntées à l'*Acropole de Suse* de M. Dieulafoy, avec le bienveillant assentiment de l'auteur et de son éditeur, M. Hachette.

Trois groupes. En tête, groupe susien de la plaine ; 2ᵉ gr. Susiens de Malamir ; 3ᵉ gr. Ariens du Parsouah.

siane, puis le long des côtes du Kerman et du Fars, d'une nation négritos apparentée aux petits nègres brachycéphales des archipels océaniens ».

Le savant orientaliste étudie ensuite l'origine des Négritos de l'armée de Xerxès, comme l'avait fait M. de Quatrefages, dont il n'accepte pas l'opinion. Les raisons qu'il en donne nous paraissent péremptoires, nous regardons ses conclusions comme certaines.

« On peut assigner aux petits peuples compris dans l'armée de Xerxès leur véritable patrie, et déterminer à plus forte raison la position exacte des vingt-un nomes financiers d'Hérodote et des satrapies ».

Après une discussion de la position de tous ces nomes, il continue :

« Puisque les Péricaniens tenaient les marches septentrionales du nome XVII qui confinait avec la Médie, une simple soustraction indique que les Ethiopiens d'Asie rangés par Hérodote au nombre des tribus du nome XVII, habitaient le sud-est de la même province, c'est-à-dire les côtes du Mekran et du Béloutchistan. Ce renseignement précieux, de tout point conforme aux découvertes ethnographiques de la mission et au classement méthodique des satrapies, nous fait pressentir la déchéance prochaine des anciens maîtres du pays. Décimés et abâtardis par les longues guerres contre l'Assyrie et le contact prolongé des Aryens, les Négritos étaient bien dégénérés dès le milieu du V⁰ siècle avant Jésus-Christ. Ils n'existaient plus à l'état de race pure que dans les chaînes côtières de l'Haraouvatich, loin des Perses, des Mongols et des Sémites. »

« Les découvertes dans les nécropoles parthes du *Memnonium* de crânes négritos, le type si franchement négroïde des Elamites, reproduits sur les bas-reliefs assyriens, les émaux de l'époque des Achéménides exhumés des fouilles de Suse, confirment les renseignements que les écrivains classiques fournissent sur les Ethiopiens du levant. Ces noirs à cheveux plats, qui au temps d'Hérodote et de Strabon existaient à l'état de race pure sur les côtes méridionales de la Perse et du Béloutchistan, ces Khousis « maigres, chétifs, laids, au teint cuivré, presque noir » qui peuplaient encore la Susiane au XI⁰ et même au X⁰ siècle, sont les aïeux des métis négritos, que nous avons rencontrés depuis le détroit d'Ormus jusqu'à Dizfoul ».

Il n'y a donc plus de doute, les Négritos ont peuplé la Susiane. Les Anciens les appelaient les Éthiopiens d'Asie, la Bible les nommait Chouschites. Ces Négritos de la Susiane, M. Dieulafoy, dans sa droiture et son impartialité, les appelle aussi des Chouschites, non pas à cause de l'autorité de la Bible, mais à cause de celle des inscriptions cunéiformes et du témoignage des auteurs anciens, où ce nom se retrouve.

Nous pouvons, pour le moment, nous en tenir là et conclure. Nous savons qu'en face de nous se dressent des catholiques, comme F. Lenormant, des sectaires comme M. Maspero, qui rejetant systématiquement la tradition biblique, veulent faire des Chouschites une race différente de celles des Négritos et des Nègres. Nous allons examiner cette prétention, en montrer l'inanité. Mais leur thèse fut-elle prouvée, que la conclusion qui découle de ce chapitre s'imposerait rigoureusement.

De quoi s'agit-il ? De rechercher quel pays Moïse a voulu désigner, quand il nous donne le Géhon comme arrosant un pays chouschite. Pour la Bible, tout pays étiopien est un pays chouschite. Pour la science, la Susiane habitée par les Négritos, est un pays éthiopien. La Kerka, qui était le fleuve même de Suse et que nous donnons comme étant l'ancien Géhon, arrosait donc un pays qui pour la Bible était chouschite, qui était éthiopien, pour la science et la tradition chrétienne. Que la Bible se soit trompée en appelant chouschite la race noire, soit ; que des savants éminents, comme MM. Lenormant, Maspero et *tutti quanti* se soient donné pour mission de la redresser, nous le voulons bien. Au moins ce qu'ils ne peuvent contester, c'est la solidité de notre conclusion : pour la Bible, la Susiane était une région éthiopiene et chouschite, et cela nous suffit. Nous pouvons alors affirmer que la Kerka est le Géhon désigné par Moïse comme arrosant un pays chouschite.

Il y a plus, nous montrerons plus loin que l'auteur du Pentateuque n'entend pas seulement indiquer un pays habité par des Chouschites, comme l'étaient l'Assyrie ou l'Inde. Il a la prétention de désigner le nom même que portait la contrée : il dit la Koussie, comme nous disons la Susiane, que nous montrerons être son dérivé.

Nous avons là une conclusion importante, qui déjà évidente, ne fera que s'éclairer davantage par tout ce qui nous reste à dire. Cette fameuse Ethiopie tant recherchée est retrouvée. Elle est au cœur de l'Asie Antérieure ; notre site du Paradis possède le caractère le plus important de tous ceux donnés par le récit mosaïque, celui dont l'absence avait dérouté toutes les opinions ; un de ses fleuves coule en Ethiopie.

CHAPITRE XVIII

La Susiane est un pays chouschite.

La région échue à Chus. — Les Chouschites envahissent la Chaldée sous Nemrod. — La distribution des Sémites en Assyrie et en Arabie — des Japhétites en Arménie — des Chamites en Perse et en Susiane. — Les traditions iraniennes confirment ce dernier fait. — Les Chamites de la Susiane et de la Perse sont Choussites. — Preuve linguistique. — Conclusion : certitude de l'identification de la Kerka susienne avec le Géhon.

Pour tous ceux qui sans dédaigner les ressources des sciences naturelles, demandent à la Bible l'origine des races humaines, il est certain que les fils de Chus, appelés Chouschites en hébreu et en parsi, sont les ancêtres de la race noire et éthiopienne (1). Les fils de Chus ou Chouschites sont : Nemrod, Saba, Hévila, Sabata, Regma et Sabatacha.

Pouvons-nous déterminer la région échue à Chus et à ses fils dans le partage commun opéré par les trois enfants de Noé entre leurs descendants ? Si nous le pouvons, nous serons obligés de conclure qu'elle est vraiment le foyer de la population noire, qui a ensuite envahi l'Afrique et le sud de l'Asie.

Commençons par Nemrod, et montrons que sa conquête a fait de l'Assyrie, dans les premiers siècles de l'histoire, un pays chouschite ou éthiopien.

Voici ce qu'en dit la Genèse.

8. Chus engendra Nemrod ; il commença à être puissant sur la terre.

9. Et il était un robuste chasseur devant le Seigneur, et de là est venu le proverbe : comme Nemrod, puissant chasseur devant Jéhovah.

10. Le commencement de son royaume fut Babylone, Arach, Achad et Chalanné, dans la terre de Sennaar.

11. De cette terre sortit Assur : il bâtit Ninive et Rohobolh-ir et Chalé, et Resen, entre Ninive et Chalé ; celle-ci est la grande ville (2).

De là résulta le double royaume de Babylone et de Ninive.

(1) Nous n'avons pas à nous occuper de l'origine de la couleur noire et des différences physiologiques qui existent entre la race blanche et la race noire. Les monogénistes, représentés par Linné, Buffon, Lamark, Cuvier, Geoffroy Saint-Hilaire, Humboldt, Muller, de Quatrefages, affirment avec la Bible, l'unité de la race humaine et donnent les causes scientifiques de ces différences. Les polygénistes nient cette unité d'origine.

(2) Gen. ch. X. Fritz Hommel traduit autrement le verset 11. « Il quitta ce pays pour aller en Assyrie et il bâtit Ninive et aussi Resen entre Ninive et Kalah ; ces quatre cités forment ensemble la grande ville. » Nemrod aurait ainsi conquis l'Assyrie aussi bien que la Babylonie.

Nemrod fut conquérant. Il chassa Assur des bords de l'Euphrate et s'y établit à sa place. Mais avant d'être conquérant, il fut forcément chef de race, comme ses frères, et comme on n'est pas conquérant sans avoir une armée, une bande quelconque, au moins une poignée d'hommes, Nemrod eut ses hommes d'armes, et ces hommes, dont il était le chef, étaient naturellement ses enfants, ceux de ses frères, en un mot, des hommes de sa race. L'invasion qu'il dirigea fut donc une invasion de Chouschites. Ce fait si important, si propre à jeter un grand jour sur tous les passages de la Sainte-Ecriture cités plus haut, peu remarqué par les exégètes catholiques, a fixé l'attention des orientalistes. L'un d'entre eux, M. Halévy, s'exprime ainsi dans la *Revue des Etudes juives* (1) : « Il y a plus, un descendant de Cousch, Nemrod, qui s'était fait une renommée de chasseur intrépide, est parvenu jusqu'en Babylonie, et, après avoir obligé Assur à quitter le pays, s'est emparé de quatre villes et y a établi un royaume chouschite. »

Bergmann, dès 1853, émettait la même conclusion, au milieu d'erreurs manifestes : « Les Hébreux comprenaient, sans les connaître (2), les Indiens, sous le nom général et vague de Kousch, qui était dérivé de celui de Kouth, par lequel les Assurs désignaient originairement le pays des Kousses établis à l'est du Tigre. Comme ce pays formait la limite entre les peuples de race japhétique et ceux de race sémitique, et qu'il était la première contrée limitrophe, appartenant à des peuples de race japhétique, les Hébreux ont désigné par le nom de Kousch tous les peuples à l'est du Tigre ; et cette désignation est devenue chez eux aussi vague et aussi générale comme l'était aux mêmes époques celles de Aïthiopie et de Inde chez les Grecs (3).

(1) Livraison de juillet 1886, p. 6.
(2) C'est la prétention de quelques savants modernes ; avant eux, on ne savait rien ; les historiens et les géographes écrivaient sans connaître.
(3) Les peuples primitifs de la race de Japhet, esquisse ethno-généalogique et historique, par P. G. Bergmann, p. 12.

Quand on réfléchit à l'origine de Nemrod, il n'y plus de doute que la Babylonie ne soit devenue Chouschite sous sa domination et que c'est à elle que les prophètes font allusion, lorsqu'ils nous parlent des pays situés au delà des fleuves de l'Ethiopie : ces fleuves sont l'Euphrate et le Tigre ; c'est aussi la Kerka et le Karoun, c'est-à-dire le Géhon et le Phison.

Nemrod sortait évidemment d'un pays chouschite. Des savants le font venir du sud de l'Arabie, où ils veulent voir le berceau de cette race. Nous réfuterons directement cette opinion, quand, dans le chapitre suivant, nous serons à la recherche du pays d'Hévilah. Nous avons déjà vu que d'après la Bible, le sud de la Perse et de l'Iran était un pays chouschite ou éthiopien. L'histoire à la main, nous allons nous rencontrer avec M. de Quatrefages et M. Dieulafoy, en prouvant que la plus grande partie de cette région a été primitivement peuplée par des descendants de Cham et que ces Chamites étaient les fils de Chus, au moins pour la Susiane, où coulent le Kerka et le Karoun.

Et d'abord la plus grande partie de l'Iran eut pour aborigènes des enfants de Cham.

La dispersion fut un fait providentiel, mais qui s'accomplit par l'autorité des hommes. Noé et ses trois fils, usant de leur pouvoir patriarcal, distribuèrent eux-mêmes à leurs descendants les régions qu'ils devaient peupler. Etudions ce placement avant le désordre qu'y introduisit l'usurpation de Nemrod, et nous verrons les Chamites installés dans la Susiane et l'Iran.

Toute l'Assyrie avait été dévolue à Sem dans l'ordre suivant :

Les treize fils de Jectan reçurent le pays qui s'étend de la Judée, par le nord de la Mésopotamie, jusqu'à la Médie (1). Assur demeura au centre sur l'Euphrate et le Tigre et dans la région située entre les deux fleuves. Elam

(1) Omnes isti filii Jectan. Et facta est habitatio eorum de Nessa pergentibus usque Sephar montem orientalem. Gen., cap. x, 29, 30.

Fig. 2. — Type Négritos. — Armée Susienne.
Registre supérieur, contingent parsouah ; registre inférieur, char du monarque susien et escorte noire.

habita sur la rive gauche du Tigre inférieur (1). L'Elam, l'Elimaïde des Grecs, l'Irak-Adjemi des Arabes, s'étendait jusqu'à la Médie et la Susiane (2). Enfin une seconde série de Sémites « comprend les peuples installés sur les bords de l'Euphrate, en dehors de la Babylonie. Au sud se trouvent les territoires arides des tribus chaldéennes, personnifiées sous le nom d'Arphaxad ; au-dessus confine le territoire mal défini de Laud et au nord-ouest, la nation des Araméens, qui occupe la Syrie moyenne » (3).

Le Tigre et l'Euphrate sont donc occupés entièrement par la race de Sem. Toute la région située à l'ouest de l'Assyrie, c'est-à-dire l'Arabie déserte, appartient à la même famille. A l'exception de Chus, les fils de Cham habitent l'Egypte, le pays de Chanaan et la Phénicie. Le nord de l'Assyrie, l'Arménie, est à Japhet. Mais à qui fut attribuée la contrée située à l'orient de l'Assyrie, c'est-à-dire la Perse actuelle, riche et vaste pays qui dût être bien autrement convoité que l'Arabie avec ses sables et ses déserts ?

Nous demanderons de nouveau la réponse à M. Halévy, que nous citons de préférence, afin qu'on ne nous reproche pas de méconnaître les données de la science contemporaine et de l'exégèse indépendante.

« Parmi les peuples continentaux, nous dit-il, Gomer est le plus occidental et Madaï le plus oriental. Pour ce dernier, aucun doute n'est possible : c'est le nom universellement connu de la Médie ». Voilà donc le nord de la Perse peuplé par les Japhétites. Mais qui en peuplait le midi, la Susiane et tout le pays inférieur, jusqu'à la mer Persique ? » Les noms des deux peuples orientaux, dit M. Halévy, sont d'origine assyrienne (4). Le nom hébreu

---

(1) Reuss, *la Bible... l'Histoire et la Loi*, t. 1er, p. 332. — Halévy, *Revue des Études juives*, liv. de juillet 1886, p. 7.
(2) Halévy, *ibid.* p. 7.
(3) It. *ib. ib.*
(4) M. Halévy, comme tous les anti-noachites, ne reconnaît que

répond à *Elamtu*, pays haut, relativement à la Babylonie, qui est un pays de plaine ; au propre ce nom désigne la partie ouest de la Susiane, limitée par le Tigre et le golfe Persique. Les habitants de ces régions étaient des Sémites et parlaient assyrien. Par extension, l'hébreu comme l'Assyrien *Elamtu*, est appliqué à la Susiane entière, dont la partie orientale, où se trouvait Suse, avait une population qui n'était ni sémitique ni iranienne (1). » Ainsi la Susiane n'avait reçu ni descendants de Japhet ni descendants de Sem. Avait-elle des habitants à ce moment ? Oui, répond M. Halévy : « ils s'appelaient eux-mêmes *Haperti* ou *Aperti*, d'où les Grecs on fait Μαρδοι ou Αμαρδοι (2) ».

On est tout surpris de voir jeté dans une thèse purement biblique, où tout jusqu'à présent avait été parfaitement clair, un inconnu comme cet *Haperti*, que nous retrouvons bien dans les auteurs classiques et les inscriptions assyriennes, mais qui n'est qu'un nom ignoré que l'ethnographe devait au moins essayer d'interpréter.

C'est que pour l'ethnographie anti-biblique, il est des recoins du globe qu'il ne faut traverser qu'en express. Elle est bien indépendante de la Révélation, seulement elle est esclave de ses systèmes préconçus. Puisque, à l'époque qui nous occupe, il n'y avait que trois grandes races sur le globe, les Sémites, les Japhétites et les Chamites ; puisque le midi de la Perse était peuplé, mais non de Sémites et de Japhétites, il semble logique de conclure qu'il l'était de Chamites. Mais alors le système anti-noachique s'écroule : vous avez les trois races groupées en Assyrie ou autour de cette région. Alors encore, l'Iran n'est plus exclusivement le berceau de la race aryenne ; il a eu, au moins dans une partie notable de son territoire, d'autres abori-

---

deux peuples orientaux : les Sémites et les Japhétites : les Chamites sont un peuple africain, ayant leur berceau en Egypte et en Ethiopie.
(1) Halévy, *loco. citat.*, liv. de juillet, p. 12.
(2) *It. ib. ib.*

gènes. Aussi nous ne pouvons nous laisser arrêter par ce clair obscur historique jeté sous nos pas ; nous ne nous y heurterons point et nous avons le droit de demander à laquelle des trois races appartenaient ces Haperti, contemporains d'Elam le Sémite et de Madaïe le Japhétite ; nous avons le droit de conclure que, puisqu'ils n'étaient ni Sémites ni Japhétites, ils étaient forcément Chamites : tout lecteur de bonne foi en conviendra.

À cette déduction forcée que nous fournit le récit mosaïque, vont se joindre le témoignage des traditions et de l'histoire de l'Iran et le témoignage des monuments assyriologiques. Nous traiterons de ces derniers dans notre chapitre XXIII.

Quant aux traditions iraniennes, elles se trouvent en partie consignées dans un livre plein d'intérêt : c'est le *Dictionnaire géographique, historique et littéraire de la Perse et des contrées adjacentes*, publié par M. Barbier de Meynard (1). Nous allons résumer l'ensemble des données qu'il nous fournit sur les origines de ce pays.

Au sud de la Susiane était située la province de Fars (2). Voici ce qui en est dit : « Cette grande et célèbre contrée s'étend du côté de l'Iraq jusqu'à Erradjân, du côté du Herman jusqu'à Sirdjân, du côté de la mer de l'Inde et vers le Sind jusqu'à Mokrân. On fait remonter le nom de Fars à Fars ben Alem (Elam) ben Sam ben Nouch ; mais on n'est pas d'accord sur sa généalogie ; les uns le disent fils de Maçour, fils de Sam, fils de Noé ; d'autres.... le disent fils de Lewi, fils d'Irem, fils de Sam, fils de Noé : d'autres enfin croient que Fars était fils de Thaomus ; ils le considèrent comme un roi vertueux et juste, qui vivait

---

(1) Ce dictionnaire est surtout la reproduction de celui composé par le persan Yaqouot, vers 1218. M. Barbier de Meynard l'a complété par des emprunts faits à d'autres auteurs persans, qui ont écrit du treizième au quinzième siècle de l'ère chrétienne.

(2) Voir pour ce nom géographique et les suivants notre carte de l'Asie Antérieure.

à peu près à l'époque du déluge. Il eut huit fils, dont les noms étaient : Djem, Schiraz, Isthakr, Feça, Djennabeh, Kosker, Kolwada et Quarquiciâ. Chacun d'eux reçut un territoire auquel il laissa son nom.

A l'est des trois provinces précédentes se trouve l'Iran ou l'Iranscher. « Ce nom, dit Abour-Réhan el Kharesmi, désigne l'Iraq, le Fars, le Djebal et le Khoraçan. Les persans le font dériver d'Irfakhschad, fils de Sam, fils de Noé. D'après Vezid ben Asur el Faresse, l'Iraq était assimilé au cœur du monde.... Les enfants d'Iran, fils d'Aswad, fils de Sam, fils de Noé, étaient au nombre de dix... Chacun d'eux reçut en partage le pays de son nom et dont la réunion forme l'Irânschehr. — D'autres disent que Feredoun (Noé) partagea son royaume entre ses trois fils : à Selm ou Scherm il donna le pays des Arabes, et les rois du pays de Roum sont de sa race ; — à Iranschehr, c'est l'Iraq, le Djebal, le Khoraçan et le Fars ; il fut le père de Chosroès. — Thouh, que l'on nomme aussi Thoudj et Thous, eut le pays d'Orient; les rois des Turcs et de la Chine descendent de lui. » La place traditionnelle qu'il occupe entre ses deux frères prouve qu'Iranscher désigne Cham et non Japhet.

Le Khoraçan lui-même a été fondé par un fils de Cham « Dâqual, le généalogiste, dit que Khoraçan et Hestel, tous deux fils d'Halem, fils de Sam, fils de Noé, quittèrent leur pays après la confusion des langues, à Babel, et se rendirent dans la contrée qui porte leur nom respectif, c'est-à-dire qu'Hectel s'établit dans le pays de Hecathilah ou la Transoxiane » et Khoraçan dans le pays dont nous nous occupons.

Le Sind est donné comme une province « limitrophe de l'Inde, du Kerman et du Sedjestan, on croit que Sind et Hind étaient deux frères, fils de Rouquir, fils de Yoctan, fils de Cham, fils de Noé ».

Ibn-el-Kelby dit que Sous, fondateur de la ville du même nom, était fils de Sam, fils de Noé; de même que pour Chiras, une tradition rapporte qu'elle fût fondée par Chiras, fils de Thaomus : mais selon d'autres, la capitale de ce pays, dans les âges reculés, était appelée Fars, du nom d'un fils de Massour, issu de Sam, fils de Noé.

Quant aux fondations de Japhet, les traditions persanes n'en signalent qu'une : « Des écrivains bien renseignés pensent que les Deilémiens sont issus de Kacedj ou Kemaschedj, fils de Japhet, fils de Nouh, et que la plupart de ces montagnes ont reçu le nom de leurs premiers habitants... Quant au Mouquân et à ses montagnes, leur population provient du Thabarestân, et elle est issue du même Kemaschedj, petit-fils de Noé ».

On nous pardonnera la longueur de ces citations ; elles étaient nécessaires pour établir la solidité des traditions par leur nombre et leur unanimité. Qu'on ne nous objecte pas l'incertitude et souvent les contradictions des généalogies indiquées ; cela importe peu ; ce qui importe, c'est leur parfait accord sur les deux premiers anneaux de la chaîne ethnologique ; elles n'hésitent jamais sur ce point. Tous les fondateurs de villes et de provinces, toutes les généalogies viennent de Noé par Sam, à l'exception du fondateur du Thabarestân, qui en descend par Japhet. Or, quand vous avez enlevé la Susiane, le Fars, le Kerman, l'Iran et le Khoraçan, que reste-t-il de la Perse, sinon le nord-ouest de cette région ou l'ancienne Médie. Mais que dit l'histoire ? que dit M. Halévy lui-même ? La même chose que les traditions persanes. A part le Nord-Ouest, la Perse n'était habitée ni par des Sémites, ni par des Japhétites, seulement les traditions ajoutent une affirmation importante ; toutes ces régions étaient habitées par des Chamites. Acceptons, je veux bien, le *Haperti* de M. Halévy ; seulement sous sa plume, ils étaient des inconnus ; désormais les voilà connus ; ils étaient des Chamites.

Qui étaient ces Chamites ? De quel fils de Cham descendaient-ils ?

Nous répondons, au nom de la philologie géographique

de l'Iran, qu'ils descendaient de Chus, qu'ils étaient des Chouschites. Cette présence des Chouschistes, principalement dans la Susiane, ne peut présenter aucun doute.

Le nom actuel de la Susiane est le Khousistan (1), sa capitale est Suse et ces deux noms sont des noms couschites.

Nous devons faire remarquer que le ch hébreu se transforme en *th*, en *c*, en *k*, et même en *s* chez les Grecs, de sorte que le mot Chusim, fils de Chus, subit bien des changements sans qu'on puisse contester l'identité des diverses variantes ? Quant à l'*u*, il fait *ou*, *o* suivant les diverses langues : il n'y a là, en réalité, qu'une légère modification, les voyelles qui se substituent les unes aux autres ayant une véritable synonymie phonétique (2). Sous le bénéfice de ces réserves, nous sommes obligés de reconnaître, au moins en Susiane, un important foyer chouschite.

La Susiane est la dénomination grecque du pays dont Khousistan est la dénomination parsique (3). La désinence sitân ou asitân désigne un lieu ou un pays : le Kousistân signifie donc pays de Chous, aussi bien que la Susiane, dont Suse était la capitale, et qui s'appelle Chous en per-

---

(1) « Le nom, dans les trois manuscrits, est tantôt écrit avec un *ra* et tantôt avec un *za* ; mais, d'après les preuves étymologiques données plus haut, il n'est pas douteux que la forme Khouristan ne soit due uniquement à la négligence des copistes. » Barbier de Meynard, *Dictionnaire géographique de la Perse*, p. 57, note 2.

Rendons également hommage au puissant abbé Rorhbacher, qui, dans son *Histoire universelle de l'Eglise catholique*, a écrit ceci : « La postérité de Chus, qui se traduit ordinairement par Ethiopiens, paraît s'être répandue et dans l'Asie, où on trouve encore le Cushistan ou pays de Cush, et dans l'Arabie, d'où la femme de Moïse est appelée Cuschite ou Ethiopienne et dans l'Ethiopie actuelle. T, 1ᵉʳ, p. 3, édit. Gaume.

(2) Nous développerons longuement cet argument au chapitre XXIII.

(3) Nous démontrons au même chapitre XXIII, que si la dénomination de Khousistan date du moyen âge, la prononciation est traditionnelle et purement persique.

san, aujourd'hui encore. Situé à l'extrême droite, écrit Madame Dieulafoy, un plateau plus élevé domine l'ensemble des tumulus (formés par les ruines de la ville) : Chous, s'écrient les Scharvadas. On était à Suse.... Le tombeau de Daniel se présente au pied et à droite de la haute terrasse désignée dans le pays sous le nom de Kalé Chous (forteresse de Suse).

Il est manifeste ici que le ch du parsi et de l'hébreu, en entrant dans nos langues européennes, s'est converti en une simple s, qui change singulièrement la physionomie du nom et l'on est étonné d'apprendre que Suse si connue est le nom chouschite ou éthiopien par excellence. Elle l'est tellement, que selon le géographe Ibn-el-Kelby cité plus haut, Sous, son fondateur, est fils de Sam, fils de Noé, c'est-à-dire que Chus lui-même aurait fondé Suse.

Suse était bâtie sur la Kerka que nous identifions avec le Géhon (1). Sur le Karoun ou le Phison, à soixante-dix kilomètres environ des ruines de Suse, se trouve la ville encore existante de Chouster, elle aussi essentiellement choussite par son nom. La véritable étymologie en est indiquée par le passage suivant de Hamzah d'Ispahan : « Schoush est la forme arabe donnée au nom de Sous, ville du Khouzistan ».

« Selon Ibn-el-Maquanna, les premières murailles qui furent élevées après le déluge furent celles de Sous et de Touster, mais on ignore quel en est le fondateur ainsi que celui d'Eïla ». Ibn-el-Kelby, au contraire, nous l'avons vu, attribue à Chus lui-même la fondation de Suse.

Voici une indication plus complète encore. Nous l'empruntons à l'article Kous : » c'est le pays nommé ordinairement Khouzistân. Khous est également le nom des

---

(1) Voir *l'Acropole de Suse*, par M. Dieulafoy, p. 5.
D'après le *Nouveau dictionnaire géographique* de Vivien de S. Martin, les Turcs nomment la Kerka Kara-Sou, ce qui revient à dire le Kara chouschite ou éthiopien ; d'autres donnent le Kara-Sou comme un affluent seulement de la Kerka.

habitants de ce pays, d'où l'on a formé le nom de Kouzi, pour ceux qui en sont originaires, comme Suleïman ben el Khouzi. Un quartier d'Ispahân porte le nom de Khouziân, parce que des familles du Khouzistân s'y sont établies. De ce quartier sont originaires Abou'l'Abbas Ahmed ben Haçan el-Khouzi; Admed ben Mohammed abou Nasi el-Emin, qui habitait ce quartier, a été nommé el-Kouzi ».

« La langue vulgaire du pays (Khouzistân) est l'arabe et le persan. Mais il y a aussi un idiome local, la langue khouzienne, qui n'a aucun rapport avec l'hébreu, le syriaque, l'arabe ou le persan. Les habitants sont d'un mauvais caractère, d'une humeur querelleuse et jalouse pour les sujets les plus futiles ! »

Ces habitants ne seraient-ils pas les dignes descendants de Nemrod le jaloux et le querelleur ?

A l'occasion de la langue chousienne, nous devons ajouter un curieux détail : « la langue des anciens perses se composait de cinq dialectes : le pehlewi ; 2º le déri ; 3º le farsi ; 4º le khouzi ; 5º le siriani. Le *pehlewi* était la langue que parlaient les rois dans leur conseil... Le *farsi* était l'idiome des mobed (prêtres du feu) et de leurs accolytes ; il était plus particulièrement en usage dans le Fars. Le *déri* était la langue parlée dans les villes royales telles que Medaïn et usitée parmi les gens de la cour, d'où lui vient son nom.... Le khouzi, ou idiome des habitants du Khouzistân, était parlé par les rois dans leurs réunions intimes et avec leurs familiers, lorsqu'ils se dépouillaient de leurs vêtements royaux pour se baigner, se parfumer... »

Il est peu de régions, qui aient conservé autant de traces philologiques de leur origine que la Susiane : en partant du Tigre et en suivant le cours du Karoun, nous rencontions la montagne de Kus-Guilouy, les localités de Kus-Haviseh, Kus-Ismaïlyet, Kus-Omeyra, avant d'arriver

---

(1) Serait-ce téméraire de donner la même étymologie au Kouhistan de la Perse et au Kohistan du Béloutchistan.

à Awhas ; au delà, toujours sur le même fleuve, Schouster et Susan.

La Kerka a pour affluent vers sa source le Kara-Sou, dans la Médie ; le pays d'Hamadan, qui se divisait en vingt-sept cantons, renfermait ceux de Nimroud et de Kous-chembeh. Dans le Fars, nous rencontrons Khouzân, Kerd-Fena-Khosroud et Khushkisen, au delà de la montagne de Kuh-Kala. Plusieurs districts de l'Iraq-Arab ont reçu cette dénomination : Khosrew-Shah-Firouz, Kosrewscha-Quobad, Kosrew-chat-Hormanz. Dans le Khoraçan nous rencontrons : Khousch, Khouschân, Khosch, Khouzân, Kostanech.

Hors de la Perse moderne, vers l'Inde, nous avons Khosch, nom d'une porte et d'une rue d'Hérat, dans le Kaboul, dont une des villes principales était Koschk. Le Sind renfermait le canton et la ville de Quousdar. C'est cette région que Moïse de Koren, au deuxième livre de son histoire, appelle le pays des *Kouchans*, qui comprenait avec le Raboul, les parties orientales de la Bactriane (1). Enfin sur les rives occidentales de l'Euphrate existait Quous en Nalhef, comme pour indiquer que partout, entre ce fleuve et l'Indus, les Chouschites avaient laissé des traces de leur installation.

Nous n'insisterons pas davantage pour établir que la Susiane fût peuplée par Chus et ses descendants : les preuves historiques et philologiques que nous venons de fournir ont une évidence qui en fait un point d'histoire désormais indiscutable. Et de fait, quelle admirable situation la Susiane fournissait à cet important tronçon de la grande famille humaine, pour atteindre aux régions qui lui étaient assignées ! Elle s'en allait en Occident, en Afrique, par l'Arabie et le golfe Persique ; par son territoire, elle touchait aux Indes, vers lesquelles elle se dirigeait au fur et à mesure de son développement.

---

(1) *Revue germanique, francaise et étrangère*, an. 1861.

On comprend en même temps l'expédition de Nemrod, dont nous avons vu qu'un des cantons de la province d'Hamadan portait le nom. La Susiane confine au Tigre et à l'Euphrate. Le turbulent Chouschite, franchissant les deux fleuves, rejette Assur de l'Euphrate dans la région du Tigre, s'installe à Babylone, étend sa domination de l'Euphrate à l'Egypte, où il donne la main à ceux de sa race, et sans fondations particulières, par le fait de sa prépondérance, voit les siens se mêler aux Sémites dans toute cette région à laquelle ils prêtent leur nom. L'Ethiopie de la Sainte-Ecriture, au temps de Moïse surtout, était donc ces régions des grands fleuves, où Nemrod avait fait prévaloir l'influence des Chouschites ; c'était surtout la Susiane et l'Iran, berceau de sa race, arrosée par la Kerka ou le Géhon, par le Karoun ou le Phison de la Genèse. Quand nous identifions le Géhon avec la Kerka actuelle, nous répondons amplement et péremptoirement à l'exigence du récit génésiaque, qui place le Géhon en Ethiopie. La Susiane était l'Ethiopie par excellence, le berceau des Chouschites, le foyer alimentaire de l'Ethiopie africaine et de l'Ethiopie indienne. Chus avait eu cette région en partage : c'est là qu'il demeurait ; c'est là incontestablement aussi que résidait Nemrod avant ses conquêtes, dans le fameux canton médique de Nimroud, qui a gardé son nom ; c'est là qu'habita également son frère Hévila, comme nous allons le voir.

CHAPITRE XIX

Septième particularité. — Le Phison et le pays d'Hévilah.

Le pays d'Hévilah arrosé par le Phison. — Il y a un Hévilah Arabique, mais sémitique et non chouschite. — L'Hévilah chouschite est en Susiane, d'après la tradition persane et la philologie géographique. — Certitude de l'identité du Karoun avec le Phison.

Le Géhon que nous identifions avec la Kerka arrosait le sud de la Médie et la Susiane. Nous avons de plus le Karoun, autre fleuve de la Susiane, dont nous faisons le Phison de la Genèse. Le trait caractéristique du Phison était d'arroser le pays d'Hévilah. Allons-nous retrouver la région d'Hévilah sur les bords du Karoun et rendre incontestable son identification avec le Phison ?

Si la question du Paradis n'a jamais fait de progrès, c'est qu'elle a été encombrée d'une foule d'erreurs prises pour des axiomes historiques et auxquelles on n'a jamais osé toucher, pas plus qu'on ne touche à la certitude : elle est, on s'incline, et on en vit ou on en meurt. Dans le cas présent, c'était la mort pour une thèse pleine de vie.

Hévilah, disait-on, plus qu'aucune autre, est une région arabique : on n'y retrouve aucun fleuve qui puisse être pris pour le Phison. Tout a été bouleversé depuis ce premier âge du monde : plus rien aujourd'hui n'existe en conformité d'autrefois, l'emplacement du Paradis est introuvable, c'est une recherche à abandonner.

Rien de tout cela n'est vrai. Nous l'avons déjà prouvé, nous allons en achever la démonstration.

L'abbé Darras a écrit que les fils de Chus, Saba, Hévilah, Sabatha, Regma, Sabatacha ont donné naissance aux Chavilœi de Pline et aux Chavilatœi de Strabon, dans l'Arabie Pétrée, à la ville de Saphta et à la colonie des Sabathéens, dans l'Arabie Heureuse et sur le golfe Persique; à la ville de Rémo, sur le même golfe et à celle de Sabedaux, fondée dans la Carmanie, non loin du golfe Persique (1) ».

Nous allons laisser M. Halévy rectifier l'abbé Darras, et nous nous permettrons ensuite de le rectifier lui-même.

« Sabata est actuellement identifié avec Schabwa... capitale de Hadramaout, mais sa mention dans le voisinage de Regma, d'une part, la dissemblance des deux formes, d'autre part, rendent cette identification très douteuse. Encore plus obscur est le nom de Sabtaka. Des deux colonies issues de Regma, on ne rencontre dans les inscriptions que Dedan comme nom propre (2).

Ainsi rien ne justifie les établissements chouschites de Sabatha et de Sabatacha en Arabie. En revanche, d'après M. Halévy lui-même, on identifie avec certitude Saba, Hévilah et Regma.

Nous n'avons aucun besoin de nier l'identification de Saba et de Regma, bien que nous n'y croyions pas. Nous sommes convaincu que les Sabéens de l'Arabie sont des Sémites et non des Chouschites, et qu'ils doivent leur origine à Saba, fils de Jectan, non à Saba, fils de Chus. Comment M. Halévy ne fait-il pas cette distinction? Ne nous dit-il pas lui-même, à l'occasion de l'invasion de Nemrod, « que d'autres, comme les fils de Jectan, se fiant à leur courage et à leur nombre, se rendirent dans le sud lointain ».

Il fait évidemment allusion ici aux deux fils de Jectan, Saba et Ophir, qui, chassés par Nemrod, quittèrent l'Arabie déserte, où ils demeuraient, pour aller se fixer dans l'Arabie Heureuse. Quand il ajoute « qu'ils s'établirent à proximité des Chouschites, qui y existaient déjà », c'est une affirmation purement gratuite et probablement fausse, car

---

(1) *Hist. univ. de l'Egl.*, t. 1, p. 31.
(2) Halévy, *Revue des Etudes Juives*, liv. de juil. 1885, p. 14.

ce fut l'invasion de Nemrod et sa domination sur l'Assyrie et l'Arabie qui introduisirent les Chouschites dans ce dernier pays parmi les Sémites. Aussi Reuss n'admet-il pas que les deux Saba sémite et chouschite se juxtaposèrent en Arabie. Il écrit que Saba, chouschite, paraît avoir été le nom indigène des Abyssiniens proprement dits (1).

Quant à Rama, si fameux dans les poèmes de l'Inde, qui rencontre au sud d'Aoud, sur les bords même du Gange, le premier de ces démons qu'il doit combattre, il pourrait bien être, comme le conjecturent les savants anglais de Calcutta, le Rama ou Regma, fils de Chus, que l'on place aussi à tort en Arabie (2).

Nous l'avons dit : que Saba et Regma appartiennent à l'Arabie ou à d'autres régions, cela importe peu au sujet particulier que nous traitons. Ils ont pu fonder des colonies dans l'Iémen, mais assurément là ne furent pas les établissements principaux des Chouschites, puisque nous les voyons répandus de l'Abyssinie jusqu'aux Indes.

Notre recherche porte sur le pays d'Hévilah. Nous reconnaissons qu'il y a eu en Arabie une contrée de ce nom, mais nous nions formellement qu'elle soit l'Hévilah chouschite, que nous cherchons.

De même que la Genèse nous offre deux Saba, chefs de race, de même elle nous présente deux Hévilah : l'un sémite, l'autre chouschite. La conséquence forcée, c'est qu'il y a eu deux pays d'Hévilah parfaitement distincts.

Un fils de Sem fut Arphaxad, qui habita la Chaldée. Il eut pour fils Salé, qui engendra Héber, d'où sortirent Phaleg et Jectan. Jectan eut treize enfants, parmi lesquels Saba, Ophir et Hévilah. Le pays attribué à ces treize fils de Jectan est celui que la Genèse détermine le plus clairement. Nous avons déjà dit qu'il était compris entre le fleuve Massanites, le Messa de la Bible et la montagne orientale

---

(1) Reuss, *La Bible, l'Hist. sainte et la loi* (Pentateuque et Josué), 1, p. 332.
(2) Voir Rorbacher, *Hist. univ. de l'Église*, t. 1, p. 111.

de Séphar, à l'est de la mer Rouge. Le pays d'Hévilah situé dans cette région est donc l'Hévilah sémitique. C'est de cet Hévilah qu'il est question dans divers passages de l'Écriture. *Percussitque Saül Amalech ab Hevilah* « Saül fit périr Amalech du pays d'Hévilah. Or Amalech, issu d'Ésaü, était un Sémite. C'est encore de l'Hévilah, fils de Jectan, que parle l'Écriture dans ce passage: *Habitavit Ismaël ab Hevilah usque Sur, quæ respicit Œgyptum, introeuntibus Assyrios*. « Ismaël demeura depuis Hévilah jusqu'à Sur, qui est devant l'Égypte en venant à Assur, car cette région est celle-là même attribuée par Moïse aux enfants de Jectan.

Quand l'abbé Darras identifie l'Hévilah chouschite avec les *Chavilœi* de Pline et les Chavilatœi de Strabon, il commet une erreur manifeste. Strabon faisant la description des diverses régions de l'Arabie, déclare que sa partie septentrionale est déterminée par une ligne, qui des bouches du Nil se dirigerait vers Babylone, en traversant les nations que voici : Ναβαταιων τε χαυλοταιων, και Αγραιων, *Nabathœos, Chaulotœos* et *Agrœos*. Je ne suppose pas qu'on veuille faire venir χαυλοταιων de Hévilah. Où donc le savant auteur de l'*Histoire de l'Église* a-t-il pris ce nom d'Hévilah ? Dans le dictionnaire géographique qui accompagne l'ouvrage de Strabon, mais qui est de MM. Dubner et Muller, ses traducteurs. Que disent ces savants ? que les *Chaulotœi* et les *Agrœi* sont des peuples de l'Arabie déserte. Ils ajoutent que ce sont les χαλδασιος et Αγρεις de Denys, que la région de ces peuples est le Chavila des livres saints. Les traducteurs sont dans le vrai. Le pays d'Hévilah, fils de Jectan, appartient à cette partie de l'Arabie, nous l'avons montré plus haut. Ni l'abbé Darras, ni M. Halévy ne peuvent donc identifier le Chaulotœi des historiens grecs et latins avec l'Hévilah chouschite, mais avec l'Hévilah sémitique. Or on ne trouve aucun autre Hévilah en Arabie que celui de l'Arabie déserte.

Force donc est de conclure que l'Hévilah chouschite doit être cherché dans une autre région.

Et en effet, nous le trouvons en Susiane, comme nous y avons déjà trouvé l'Ethiopie.

Nous avons vu que les traditions et la philologie persanes nous ont signalé la haute antiquité de trois villes de la Susiane. D'après Ibnet-Moquann, les premières murailles qui furent élevées après le déluge furent celles de Sous et de *Touster*, mais, ajoute-t-il, on ignore quel en fut le fondateur ainsi que d'Eïlah.

Nous devons évidemment faire Hévilah d'Eïlah, le tréma sur l'i ayant tout simplement remplacé le *v*. Ainsi les trois plus anciennes villes de la Susiane sont Sus, Shouster et Evilah. Nous savons par Ibn-el-Kelbi que Suse fût fondée par Chus lui-même. N'assistons-nous pas au mouvement de la dispersion, comme si nous en étions les spectateurs et les témoins ? Chus, avec tous ses fils ou partie d'entre eux, s'installe en Susiane. Personnellement il fonde Suse, sur la Kerka ; Hévilah, son fils, fonde Hévilah ou Eïla et peut-être Shouster sur le Karoun.

Mais où était situé Hévilah ! Quoique la géographie persane ne l'indique pas, nous pouvons sûrement l'identifier.

Le Karoun arrosait l'une des plus importantes provinces de la Susiane, l'Ahwas. Or cette province d'Ahwas était le pays même de l'Hévilah chouschite. La géographie persane l'écrit Ahwas : dans Isaïe, elle est écrite Ava tout simplement. Nous avons déjà cité (1) ce passage du prophète : *ubi est rex Emath, et rex Arphad et rex urbis Sepharvaïm, Ana et Ava* ? Où sont aujourd'hui les rois d'Emath, d'Arphad, de Sepharvaïm, d'Ana et d'Ava ? » Les interprètes se contentent de dire, d'une manière vague, que ces trois derniers pays sont au delà de l'Euphrate, mais une connaissance plus complète de la géographie persane nous montre qu'Ava est dans la Susiane ; que c'est l'Ahwas des

---

(1) Chap. XVI, p. 176.

géographes persans. Ava est la contraction d'Avila par la chute toute naturelle de la particule *il*. Le pays d'Havilah, fils de Chus, est donc l'Awhas Susien. Eïla en était la capitale primitive, continuée plus tard par le nom d'Ahwas, qui en est devenu la contraction.

El-Hawas, dit Abou-Zeid... est le canton principal du Kouzistan, duquel tous les autres dépendent. On lit dans d'anciens ouvrages que Sabour (Sapor) bâtit deux villes dans le Kouzistan. Il donna à l'une le nom du Dieu tout puissant et à l'autre son propre nom. Il les réunit ensuite sous un nom commun Hormasded-Sabour, c'est-à-dire, donné par Dieu à Sabour. Les Arabes l'appelèrent Soug-el-Ahwas, le marché de Kous, parce que Kous est le nom de ses habitants ». Soug-el-Ahwas signifierait donc les Chouschites d'Havilah.

Le pays d'Havilah a conservé encore d'autres traces philologiques de sa primitive origine.

Plus bas qu'Ahwas, vers les embouchures du Karoun, on rencontre Khus-Aviseh (1), qui n'est évidemment qu'une modification d'Hévilah et où par conséquent nous retrouvons la même dénomination de Chouschites d'Havilah. Il est impossible de rencontrer une identité de noms plus frappante. Aujourd'hui encore il y a Halila sur le bord oriental du golfe Persique, à la frontière de l'ancienne Susiane et du Fars (2).

Il est donc certain que la Susiane renfermait le pays d'Hévilah choussite. Toutes nos identifications sont d'une évidence incontestable, et ce qui frappe, dans notre démonstration, c'est une abondance de preuves, que bien peu de thèses historiques peuvent invoquer en leur faveur.

D'une autre part, le pays d'Ahwas est à cheval sur le

---

(1) Voir la carte qui accompagne l'ouvrage de M. Bender intitulé : *Au Kurdistan, en Mésopotamie et en Perse*.

(2) Il est très curieux de constater qu'il existe encore en Amérique un pays d'Hawa, situé entre la Guyane française et la Guyane hollandaise ; qu'il y a, dans les îles asiatiques, celui d'Haval.

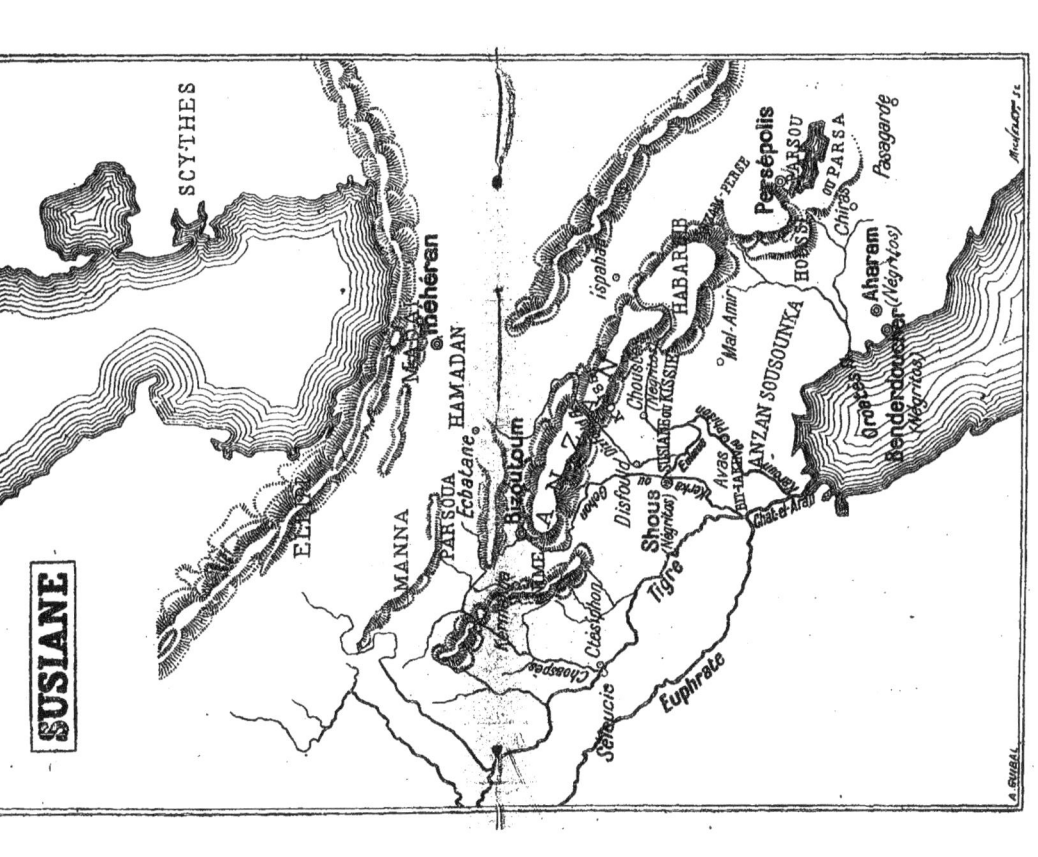

Karoun, qui est vraiment le fleuve de la région, comme la Kerka est le fleuve de Suse. Le Karoun répond entièrement à l'indication mosaïque, qui fait du Phison le fleuve du pays d'Hévilah ; il est donc vraiment le Phison de la Genèse.

Ainsi d'un coup, nous rétablissons la race chouschite dans tous ses domaines ; nous montrons particulièrement son installation en Susiane, où elle a laissé des traces de sa présence, qui subsistent encore ; nous donnons à l'identité des fleuves paradisiaques sa véritable démonstration, en prouvant que la Kerka et le Karoun arrosaient réellement les pays désignés par la Genèse ; nous faisons voir une fois de plus que le père de l'histoire n'est pas Hérodote, mais Moïse, contre lequel s'élèvent en vain les antibibliques. Bon gré, mal gré, ils viennent user leurs efforts contre la puissance scientifique de ce grand homme, qui domine l'histoire de toute la hauteur de sa mission divine.

CHAPITRE XX

Huitième particularité. — Les productions du pays d'Hévilah.

L'or commun autrefois dans les régions assyriennes. — Une lettre de Touskratte à son gendre Aménoleph III. — Ce qu'il faut entendre par bedola'h et scholam. — Rien ne prouve que la Susiane n'ait pu produire l'or et les pierres précieuses du pays d'Hévilah.

L'argument traditionnel et philologique si péremptoire que nous venons d'exposer, est attaqué par les Orientalistes ; ils l'infirment sous prétexte que nous ne nous sommes appuyé que sur une tradition sans autorité, la tradition arabe du moyen âge. De plus, l'assyriologie, à la place de Chouschites, met en Assyrie, en Médie, en Susiane des

Touraniens, antérieurs à toute autre race; enfin contre notre thèse, nous avons au moins le silence de la tradition la plus ancienne et la plus autorisée, celle de l'Avesta.

Nous devons répondre à toutes ces objections. Nous ne le ferons cependant qu'après avoir recherché si nous retrouvons dans l'Hévilah susien tous les produits attribués par Moïse à l'Hévilah de la Genèse. Autrement nous scinderions inutilement son récit et ne fournirions pas sur le pays d'Hévilah toutes les notions qu'il en donne.

L'auteur sacré a écrit :

11. L'un de ces fleuves se nomme le Phison ; il arrose toute la terre d'Hévilah, qui produit de l'or en abondance.

12. Et l'or qui provient de ce pays est très bon. On y trouve encore le bdellium et la pierre d'onyx.

On recueillait donc en Hévilah un or excellent et des pierres précieuses. Ce détail frappe tellement certains érudits et quelques exégètes, que voulant le retrouver à tout prix dans le fleuve qui fut le Géhon, ils n'hésitent pas à faire bouleverser tout l'univers par le déluge, pour l'identifier avec le Phase de la Colchide, où l'or abondant donna lieu à la fameuse expédition des Argonautes, ou bien avec un fleuve quelconque de l'Inde, qu'on dit avoir été si riche en mines d'or. Ces critiques oublient ceci, c'est que les mines s'épuisent, et qu'après quatre mille ans, beaucoup n'ont laissé aucune trace de leur existence. Nous en donnerons pour preuve le Phase lui-même. Qui supposerait aujourd'hui qu'il a autrefois arraché aux montagnes du Caucase de telles quantités d'or que la Colchide a été comme la Californie de ces temps reculés ? Sans l'incident de l'expédition des Argonautes, que l'histoire aurait pu parfaitement oublier, nous le mettrions sur le même rang que le Tigre, l'Euphrate et les fleuves de la Susiane. Aussi n'avons-nous pas le droit de dire que l'or n'a jamais existé sur le cours de ces derniers fleuves et particulièrement en Susiane, sous prétexte que l'histoire n'en parle pas. Au temps de Moïse, il n'y avait rien de plus commun que l'or dans les régions de l'Asie antérieure. Nous en avons des preuves sacrées et profanes.

Le chef du peuple hébreu a écrit au chapitre premier du Deutéronome : « Voici les paroles que Moïse adressa aux enfants d'Israël, quand ils campaient au delà du Jourdain, sur les bords de la mer Rouge, entre Pharan et Tophel, Laban et Haséroth « où l'or est abondant », *ubi auri est plurimum*». Moïse a donc affirmé l'abondance de l'or en pleine Arabie, sur les bords de la mer Rouge.

La Providence n'a pas voulu qu'on pût s'inscrire en faux contre cette affirmation, et voici ce qu'écrivait un contemporain de Moïse, un roi de la Mésopotamie, Touschratte, à son gendre Aménoleph III, roi d'Egypte, de la XVIIIe dynastie, qui régna de 1700 à 1460 avant l'ère chrétienne (1). Aménoleph III avait demandé de l'or à Touschratte. Le roi de la Mésopotamie lui promet d'en demander à un frère qu'il a et qui vit dans un pays où *l'or est aussi abondant que la poussière*, et il lui annonce qu'il lui enverra le précieux métal en Egypte aussitôt qu'il l'aura reçu.

Quel dommage que la brique épistolaire ne nous indique pas le nom de la région ! En tout cas, ce n'est pas l'Arabie, limitrophe de l'Egypte et parfaitement connue de ses rois ; ce n'est pas l'Inde trop éloignée. C'est un pays qui ne peut être distant de la Mésopotamie, peut-être la Colchide, mais aussi et encore mieux la Susiane, plus rapprochée.

On a beaucoup discuté pour savoir ce qu'il fallait entendre par le *bedola'h* et le *scholam*, que la Vulgate traduit par le *bdellium* et le *lapis onychinus*.

L'opinion la plus commune était que le bedola'h, le

---

(1) Moïse vécut de 1705 à 1585 avant J. C.
(2) Nous trouvons ce renseignement sur l'une des trois cents tablettes d'argile découvertes dans la Haute-Egypte, au commencement de l'hiver 1887-1888. Ces trois cents tablettes reproduisent la correspondance adressée à Aménoleph III et Aménoleph IV par les gouverneurs de provinces et les rois tributaires.

bdellium, était la gomme d'un arbuste épineux et on ne précisait pas la nature du scholam.

D'après M. Lenormant le *bedola'h*, le *budil'hu* des textes cunéiformes est l'*escarboucle*, et la pierre *scholam* est le *lapis-lazuli*.

Nous avons vu que le Karoun, dont nous faisons le Phison, prend sa source et coule généralement dans des roches d'un rouge foncé où les métaux ont pu être très abondants. Aujourd'hui encore la Perse récèle dans l'intérieur de ses montagnes de très nombreuses mines d'or inexploitées (1). Le Koraçan, au nord-est de la Susiane, dans les régions où s'établirent de nombreuses colonies de Chouschites, possède actuellement des gisements fort riches de turquoises. On y trouve aussi le lapis-lazuli. Strabon, l'empruntant à Onésicrate, rapporte que la Caramanie, séparée de la Susiane par le Fars, et comme elle sur le golfe Persique, avait un fleuve qui charriait des fragments d'or, qu'il s'y trouve également des mines d'argent fossile et de cuivre et qu'enfin elle possède deux montagnes d'arsenic et de sel. Il s'agit sans doute de ce sel gemme, que l'on rencontrait aux confins de la Susiane et du Fars, « qui était noir, blanc, vert, rouge, jaune, dont on se servait pour faire des plateaux et des soucoupes qu'on exportait au loin (2). « Enfin Pline semble vouloir nous fournir la preuve de l'or roulé par les eaux du Karoun ». Sur le bras septentrional du Tigre, nous dit-il, est la ville de Babytace, à cent trente-cinq mille de Suze. Les habitants seuls de tous les mortels ont l'or en

---

(1) Voir *Dictionnaire* de Larousse, *Diction. géographique* de Vivien de S. Martin. — « Les montagnes qui sont élevées et offrent souvent des vues admirables, des gorges profondes, des effets prodigieux de neige à côté de plaines brûlantes, comme le raconte si bien M. le comte de Gobineau (trois mois en Asie) renferme de riches mines d'or, d'argent, de fer, de cuivre malheureusement encore mal exploitées. *La Perse*, par Ed. Outrez.

(2) *Diction. de la Perse*, art. Deraldjerd.

horreur: ils le ramassent et l'enfouissent pour qu'il ne serve à personne (1) ». Puisque les habitants de Babytace ramassaient l'or et l'enfouissaient, c'est qu'ils en trouvaient ou dans les eaux du fleuve, ou dans les sables et les alluvions du pays, ou sous le coup de la pioche, dans les entrailles du sol.

Aussi notre conclusion est-elle la suivante.

1. Nous n'avons pas à fournir la preuve que la Susiane ait renfermé de l'or et des pierreries. Car les gisements aurifères de cette époque peuvent être épuisés et n'avoir pas laissé de trace. On ne peut, contre cette hypothèse, invoquer le silence de l'histoire. Les historiens ne disent pas tout. La diplomatique et la saine critique enseignent que leur silence sur un fait historique ne prouve rien contre l'existence de ce fait, à moins que le cours naturel de leur récit n'en ait exigé la mention.

2. La nature des roches sur lesquelles coule le Karoun, la richesse minière actuelle de la Perse, l'ancienne richesse minière des pays limitrophes de l'Assyrie, le fait raconté par Pline, que nous venons de rapporter, tout prouve que la Susiane était dans des conditions où rien ne s'oppose à ce qu'elle ait produit l'or et les pierres précieuses dont parle le texte mosaïque. Cette preuve est négative, nous l'avouons, mais elle suffit pour laisser toutes leurs forces aux preuves positives et directes qui font de la Susiane le pays chouschite et le pays d'Hévilah de la Genèse.

---

(1) In septentrionali tigris alveo, oppidum est Babytace. Abest à Susia CXXXV millia passuum. Ibi mortalium solis aurum in odio : contrahunt id defodiuntque, ne cui sit in usu. *Pline*, lib. VI, XXXI, 7. — Les 135 mille font environ 50 lieues kilométriques.

CHAPITRE XXI

LES TOURANIENS.

L'Avesta, source première de l'opinion touranienne. — Les Touraniens en Assyrie. — Les preuves philologiques de M. Oppert. — Leur insuffisance. — Les Touraniens en Médie et en Susiane. — Erreur de M. Oppert. — La langue médique n'est pas altaïque, c'est le Zend même. — M. Oppert a pris le Susien pour le Médique. — La deuxième langue des inscriptions trilingues est le susien. — Conclusion : il n'y a eu de Touranien ni en Assyrie, ni en Médie, ni en Susiane.

Avant d'en revenir à l'etnographie vraie de la Susiane, où nous avons trouvé déjà, par l'histoire, une installation certaine de la race des Négritos, nous sommes obligé de débarrasser la question de certaines affirmations qui l'obstruent, et qui ont été jusqu'à ce jour un obstacle à bien déterminer quelles furent les races primitives de l'Asie antérieure. On est venu jeter dans la discussion les noms de Touraniens et d'Aryens, qu'on voudrait nous représenter, les premiers du moins, comme une famille antérieure à toutes celles de la Bible. On voudrait également, au profit de cette thèse, infirmer la valeur des traditions persanes, par une confusion inadmissible avec les traditions aryennes et arabes. Nous allons commencer par consacrer deux chapitres à la discussion de ces prétentions.

Jusqu'à ces derniers temps, on aurait passé pour étranger aux travaux scientifiques accomplis depuis quarante ans, si on n'avait pas admis l'existence de Touraniens ayant précédé dans l'Asie inférieure et par conséquent en Susiane tous les peuples connus des temps historiques. L'origine première de cette opinion serait un texte des livres Zend, qui reconnaîtrait, comme la Bible, à l'humanité trois ancêtres issus d'une même souche. Les trois grandes familles primordiales auraient eu pour chefs trois frères, qui sont Ceiryma, Tourâ et Arya.

« Ceiryma, nous dit F. Lenormant, correspond au Sem de la Bible dont son nom n'est qu'une variante ; celui d'Arya s'applique à la même famille ethnique que Japhet de la Genèse. Mais à Ham, père d'une race avec laquelle les Iraniens n'avaient plus depuis longtemps de contact direct à l'époque où furent composés les livres sacrés du Mazdéisme, ces livres substituent Tourâ, personnification des peuples turcs, qui n'ont pas de représentants dans le tableau ethnographique du chapitre X de la Genèse, non plus que les Nègres, l'une des races essentielles du système égyptien (1) ».

Admirons les raisons que donne l'historien, pour expliquer que la tradition aryenne a dû repousser Cham et adopter Tourâ. La critique rationaliste doit en éprouver la même fierté que celle qu'elle doit ressentir, quand le même savant nous montre les Finlandais empêchés par le massif de l'Oural d'étendre jusqu'au Pamir le souvenir de l'emplacement du Paradis terrestre. Cham n'a pas été désigné, parce que les Chamites avaient disparu, quand le poëte rédigea son livre. Combien Tourâ fût heureux que son regard pût tomber sur lui ! Mais si Tourâ, à son tour, avait disparu, qui le poëte aurait-il désigné ? Il n'est donc pas un ancien, votre poëte, puisqu'il ne connaît pas les antiques traditions ? Il n'est donc pas non plus un historien bien sérieux et véridique ? Qu'importe pour celui-ci, que les faits et les personnages ne soient pas sous ses yeux ? Il a vu, il sait par les générations qui ont précédé, et cela lui suffit. Il inscrit les faits anciens aussi bien que les contemporains. Les Chamites fussent-ils au fond de l'Afrique, votre Aryas n'en devait pas moins constater leur existence, joindre le nom de Cham à celui de ses autres frères. C'est une ignorance de sa part d'avoir partagé l'humanité en trois races, bien qu'il en existât davan-

---

(1) F. Lenormant, *Histoire anc. de l'Orient*, t. 1, p. 110.

tage. Nous le comprenons, il vous fallait un Tourâ pour vous justifier de vous séparer de la tradition mosaïque. Il vous fallait une race plus ancienne que les enfants de Noé, pour soutenir l'antiquité que vous voulez donner, par les monuments, à l'humanité. Il fallait que la famille noachique rencontrât des races établies, quand elle s'est répandue dans le monde autant, selon vous, pour l'envahir que pour le peupler.

Vous ajoutez : le tableau ethnographique du X° chapitre de la Genèse ne donne pas de représentant aux Turcs. Je n'en vois pas non plus pour les Goths, les Visigoths, les Ostrogoths, les Hérulles, etc. Est-ce à dire que ces peuples sont d'une autre race que de la race Noachique ? Ce sont des rameaux d'une formation postérieure, que Moïse ne mentionne pas, mais que tout le monde sait issus des races primitives dont il donne la souche. Ainsi en est-il des Turcs.

Nulle part on n'a pu justifier l'existence de Touraniens prétendus antérieurs aux races noachiques. Aussi cette fable est-elle en train de disparaître. « Pris dans un sens plus restreint, écrit M. Girard de Rialle, ce mot de Touranien n'est pas meilleur ; car, appliqué uniquement aux peuples ouro-altaïques de Castrèn, il n'a pas de sens clair et défini. Emprunté au poème persan du Chah-Nameh et aux traditions iranniennes, il ne désigne réellement que les adversaires septentrionaux et légendaires des héros de l'Eran et vient d'un mot zend, turva, qui signifie simplement ennemi. Ces ennemis appartenaient sans doute aux races ouralo-altaïques, mais très probablement à des rameaux particuliers de celle-ci, aux rameaux turcs et mongols. En s'en servant, on prend la partie pour le tout, et on commet une extension de sens toujours imprudente (1) ».

Ailleurs, en parlant de la division des races ouralo-altaïques, le même savant ajoute : « Le troisième rameau de

(1) Girard de Rialle, Les peuples de l'Asie et de l'Europe, *Bibl. utile*, III° part. chap. I, p. 64.

la branche altaïque est le rameau turco-tartare..... Originaires de l'Altaï, ils commencèrent à descendre vers le sud à une époque pour ainsi dire préhistorique. Ce sont eux que les traditions éraniennes désignent probablement sous le nom de Turva « ennemi » et leur pays est probablement le fameux Touran, dont il est sans doute fait mention dans l'énumération des provinces soumises à Eutydème, roi grec de la Bactriane (2ᵉ s. av. J. C.) où il est appelé Touroua (1) ».

Nous donnerions une idée incomplète de la question, si nous nous en tenions à ce qui précède. Le principal défenseur du touranisme, à peu près tombé, a été M. Oppert, qui le soutient par un argument spécial : l'existence en Assyrie d'une langue sumérienne ou touranienne, qui a produit les caractères cunéiformes. Citons M. Halévy, l'adversaire de cette opinion, pour en faire connaître l'historique.

« Depuis plus de vingt ans, les Assyriologues admettent que le sud de la Mésopotamie et surtout la Babylonie, auraient été primitivement habités par une population touranienne parlant une langue qui se rattachait au groupe ongro-finnois-turc ; que ces touraniens, nommés accadiens par les uns, sumériens par les autres, auraient inventé le système d'écriture cunéiforme et initié les tribus sémitiques, arrivées après eux dans la même région, aux arts les plus indispensables à la vie civilisée, de sorte que la civilisation assyro-babylonienne proviendrait de la fusion des deux races et de deux génies distincts dans une seule nationalité ; enfin que les Accadiens, identiques aux Chaldéens des auteurs, formant la classe sacerdotale, auraient employé leur idiome touranien dans les conjurations magiques et les rites les plus sacrés de la religion assyro-babylonienne (2) ».

(1) Item, ibid., p. 72.
(2) Halévy, Journal asiatique; juin 1874 : observations sur les prétendus Touraniens de la Babylonie.

M. Halévy oppose ensuite à l'argument de M. Oppert, basé uniquement sur la philologie comparée, la philologie elle-même, puis le silence des monuments du premier empire assyrien, celui des noms géographiques, des auteurs et de la tradition locale.

Pour M. Oppert, il n'y a qu'un argument, l'argument linguistique, et cet argument, M. Halévy n'a pas de compétence pour le discuter. Il ne possède sur ce point qu'une science de seconde main, tandis que lui, M. Oppert, est le grand initiateur de l'Assyriologie. Aussi se glorifie-t-il en ces termes d'être l'auteur du Touranisme : « cet inventeur du Touranisme est précisément M. Jules Oppert ; *meme adsum qui feci* (1) ».

Qui oserait troubler un pareil savant dans un pareil triomphe ? Nous qui sommes bien moins fort que son collègue de l'Institut, nous n'entreprendrons pas une discussion philologique, d'autant plus qu'elle n'est pas nécessaire à notre thèse.

Nous voulons bien admettre que parallèlement à la langue assyrienne sémitique, il y ait eu une langue non sémitique. Qu'elle ait eu un caractère altaïque, soit encore. Mais que le peuple qui la parlait fût un peuple touranien antérieur à la présence des Sémites, voilà ce que ne prouve pas M. Oppert et l'histoire prouve le contraire.

Nous reconnaissons qu'autrefois les linguistes auraient pu introduire la conclusion que nous combattons ; ils ne le peuvent plus aujourd'hui. On admettait autrefois que la division des langues avait pour corrélatif la distinction des races. Des faits nombreux et certains sont venus donner un démenti à cette théorie. Une langue altaïque a pu être parlée en Assyrie par un peuple qui ne fût pas altaïque ou touranien. Ce principe, universellement admis, est, dans le cas présent, la plus belle justification de l'histoire biblique.

(1) J. Oppert, *Études sumériennes*, p. 108.

M. Oppert a écrit que « la science doit être sans scrupule (1) ». Nous comprenons ; il ne veut pas avoir de scrupule qui lui vienne de la Bible, sans en être le contempteur pourtant, mais il respecte ceux qui lui viennent des livres Zend, qui affirment l'existence des Touraniens. Chez lui l'absence de scrupules du côté de la Bible l'empêche de voir la vérité historique, et comme le lui reproche très justement M. Halévy, elle l'amène à produire des hypothèses gratuites, qui ne sont pas sans danger pour le progrès des études historiques sur l'Asie antérieure. Nous avouons, nous, nos scrupules bibliques et nous n'en rougissons pas. Nous nous rappelons l'expédition de Nemrod au commencement de l'histoire, et *nous disons* :

Ou M. Halévy, niant l'existence d'une langue accadienne, est dans le vrai ; c'est qu'alors l'expédition de Nemrod et son empire assyrien n'auront été qu'un passage sans consistance et sans durée.

Ou la langue accadienne n'est pas seulement un système idéographique inventé par les Assyriens eux-mêmes à côté de l'écriture phonétique, mais une langue proprement dite, comme le veut M. Oppert ; dans ce cas elle est une langue chouschite importée par Nemrod, dont la domination aura constitué ce que l'on est convenu d'appeler l'ancien ou le premier empire d'Assyrie.

A ce raisonnement, que répond M. Oppert ?

« L'examen de l'intégralité des valeurs fondamentales du système anarien démontre que parmi les cinq nations qui se sont servies de cette écriture, il en est une qui ne peut l'avoir inventée ». Cette nation est la nation sémite.

« On peut prouver également que ce ne sont pas les Mèdes iraniens, ni les Susiens ni les Arméniens. Ce ne peut être que le peuple qu'on appelait jadis cardonythique, protochaldéen, accadien, mais dont le vrai nom est Sumer. Le nom fait moins à la chose que l'existence du

---

(1) *Etudes sumériennes*, p. 58.

peuple, laquelle n'est mise en doute par personne de compétent (1) ».

Nous sommes toujours en présence du même procédé de discussion. M. Girard de Brialles nous l'a suffisamment attesté, on ne croit plus aux Touraniens, dans le sens du moins d'un peuple primitif qu'auraient rencontré en Asie les races noachiques en s'y installant. Pour M. Oppert, aucun homme compétent ne peut le nier. La preuve, c'est que si par impossible, M. Halévy avait pu le faire, « il n'aurait pas eu besoin de recourir à des arguments théologiques, philosophiques, juridiques, mythologiques, historiques, préhistoriques, géographiques, ethnologiques, paléographiques, archéologiques et artistiques (2) ».

N'en déplaise à l'intraitable savant, sans rechercher à quelle catégorie de sciences appartiendra notre argument, voici notre réponse.

Vous prouvez que les Sémites n'ont pas inventé l'écriture cunéiforme. Vous dites, puisque vous seul êtes compétent, que votre preuve est bonne. Nous y accédons.

Vous affirmez, sans aucune preuve cette fois, que ni le Médique, ni le Susien, reconnus par vous comme des idiomes essentiellement altaïques (3), n'ont pu également créer

---

(1) J. Oppert, *Etudes sumériennes*, p. 48.
(2) Item, *ibid.*, p. 86.
(3) « Les Couschites du peuple de Nemrod, les Elamites de la race de Sem, les Uxiens, les Cissiens (Hussi) de la souche aryenne habitaient la Susiane, à côté des Susiens (Susinak), des Amardi (Habardip). Les rois qui prirent Babylone, en l'an 2283 avant J. C., nous ont laissé des textes que dans ces derniers temps on a expliqués. Le langage de ces inscriptions est tellement voisin de la langue médique, que quelques érudits ont même voulu donner à tort le nom d'Elamite à la seconde espèce des textes trilingues de la Perse.

« Or la langue susienne et l'idiome des Mèdes appartiennent tous deux à un groupe linguistique aujourd'hui éteint et qui dans toutes les parties du langage, rappelle bien plus que le sumérien même et surtout dans le verbe, l'aryanisme des langues altaïques. Ce n'est pas dans le médique qu'on pourrait chercher un système oculaire dissimulant la langue perse des Achéménides et le Susien, qui s'ex-

cette écriture. Nous ne le croyons plus. Puisqu'elles sont des langues plus altaïques même que votre prétendu Touranien d'Assyrie, on ne voit pas comment elles n'auraient pu, et mieux encore, faire ce qu'a fait le Touranien. Mais passons, car ce sont des nuances, que nous, profanes, nous ne pouvons saisir ; nous ne sommes pas du métier.

Vous ajoutez « que ce ne peut être que le peuple qu'on appelait jadis casdocythique, protochaldéen, accadien, mais dont le vrai nom est Sumer. Ici nous n'y voyons plus, et nous revendiquons un brin de compétence.

Vous pourriez peut-être avoir raison, si la conclusion était forcée ; si excluant sûrement et sans contestation possible quatre des cinq peuples qui employaient les cunéiformes, il fallait fatalement que le cinquième en fût l'inventeur ; cette conséquence n'est pas nécessaire.

plique par cet idiome, est par hasard tout entier écrit en signes phonétiques.

« On a donc beau nier le sumérisme ou l'accadisme ou le touranisme d'un idiome réputé imaginaire, plus énergique encore, avec une inexorable persistance s'impose le touranisme de textes de Kudurnakanté, Sustruknakunti, Silhat, Undas-Armon, des successeurs et des devanciers des Humbaginas, Humbadaramma, Ummanaldas, Teuneman et Ummanmenam.... Ce sont des idiomes où les syllabes suffixées forment des factitifs, des désidératifs, des réciproques, où les temps se modifient par d'autres syllabes agglutinantes, où il n'y a que des postpositions. En médique et en susien on trouve répétées toutes les marques qui caractérisent les idiomes dits touraniques et ce peuple susien a habité le bassin de l'Euphrate et du Tigre. »

Nous avons à dessein citer ces longs extraits, parce qu'il est impossible d'être plus habile que ne l'est M. Oppert pour forger des armes et s'en faire battre par ses adversaires. Si M. Oppert ne voulait pas se contenter d'être philologue, s'il était de plus ethnographe et historien, il aurait su que tous ces Elamites, ces Uxiens, ces Susinak, ces rois sont une seule et même race, la race négritos ou chouschite. Puisque de son aveu, elle a habité les bassins de l'Euphrate et du Tigre, c'est elle, et non un peuple spécial de Touraniens qui y a importé la langue non sémitique, mais altaïque des anciennes inscriptions. Mais cette conclusion eut été trop simple ; elle n'eut rien créé, elle eut rappelé Nemrod, la Bible, c'était le renversement du piédestal. *Meme adsum qui feci.*

Nous pouvons lui opposer une hypothèse très plausible.

Des langues rattachées les unes aux autres par une partie de leur grammaire et de leur vocabulaire sont des langues sœurs. Cette affinité emporte l'idée d'une origine commune. En cherchant bien, on ne voit guère d'explication des points identiques que l'existence d'une langue-mère dont les autres ne sont que l'altération et la modification. On peut supposer que la langue première de groupes de langues ou de toutes les langues ne se parlait pas seulement, qu'elle s'écrivait aussi, qu'elle avait des signes, des caractères d'écriture. Qui empêcherait d'admettre qu'en s'altérant et engendrant d'autres langues, elle leur ait communiqué néanmoins son système graphique, qui ne serait la création d'aucune des langues sœurs, mais qui serait un héritage qu'elles auraient reçu de la langue mère avec le fond commun qui les unit. Ni la langue sémitique, ni les trois langues altaïques de l'Arménie, de la Médie (1) et de la Susiane n'auraient créé les caractères cunéiformes; ceux-ci leur préexistaient; ils étaient le signe graphique de la langue à laquelle elles ont elles-mêmes emprunté leur naissance.

Nous savons bien qu'avec une pareille hypothèse, de nouveau nous voilà biblique. La Bible dit en effet qu'il n'y eut d'abord qu'une seule langue. Mais nous opposerons à M. Oppert son fameux adage : la science est sans scrupule. Arrière le scrupule anti-biblique, arrière le scrupule du piédestal. Que M. Oppert le veuille ou ne le veuille pas, il est obligé d'admettre notre hypothèse, sinon comme une certitude, nous le voulons bien, du moins comme une possibilité. Que cette hypothèse soit philosophique, philologique, historique ou tout simplement de bon sens, elle

---

(1) Nous montrerons au chapitre suivant que M. Oppert a eu tort de croire à une langue médique altaïque. La médique en réalité n'est pas autre chose que le zend et la médique de M. Oppert n'est pas autre chose que le susien, qu'il n'a su reconnaître nulle part.

suffit à détruire la nécessité de la conséquence qui résulterait de l'impossibilité pour les langues sémitique, arménienne, mède et susienne de créer l'écriture cunéiforme. L'existence de ces signes graphiques en Assyrie n'a aucune portée ethnographique. Les peuples qui les employaient n'ont pas eu besoin de les inventer. Ils les possédaient, du moins ils en pouvaient être possesseurs par voie d'héritage.

Nous nous résumons.

Existe-t-il une double langue assyrienne, l'une sémitique, l'autre non sémitique ou altaïque ? Le plus grand nombre des savants le professe et nous inclinerions vers leur opinion.

La langue non sémitique de l'Assyrie, qui est altaïque ou touranienne, n'est pas autre que la langue susienne importée par la conquête de Nemrod.

L'écriture cunéiforme ne vient pas des Touraniens, qui n'ont jamais existé au sens de M. Oppert, ni des Sémites, ni des Chouschites, ni d'aucune des langues où cette écriture était employée. On peut supposer qu'elle était le système graphique de la langue primitive à laquelle l'ont empruntée les langues orientales, soit qu'il y ait une langue primitive, mère de toutes les langues, soit qu'au moins chaque groupe de langues ait une langue mère d'où elles soient sorties.

La population première de l'Assyrie n'a pas été un peuple touranien ; il n'y a pas l'ombre de donnée scientifique qui l'insinue (1). Il n'existe également aucun fait

(1) Si M. Maspéro voulait écrire autre chose qu'un roman, et n'avancer que des faits scientifiquement certains, il devrait supprimer ce qu'il a dit dans la 4ᵉ édition de son *Histoire ancienne des peuples de l'Orient*, sur les populations primitives de l'Asie antérieure et particulièrement de la Susiane et de la Chaldée.

M. Lenormant, ou plutôt son collaborateur, devra se résigner aussi dans son roman historique, à biffer ce passage, avec beaucoup d'autres : « Le pays de Kousch, qui baigne ce fleuve (l'Oxus), semblerait être ainsi le séjour primitif de la race Couschite, dont le berceau apparaîtrait à côté de celui des Aryas et des Sémites, t. I. ».

scientifique contredisant le récit ethnographique de la Bible, qui place en Assyrie, comme population primitive, les descendants de Sem, bientôt envahis par les Susiens, c'est-à-dire les Negritos ou les Chouschites de Nemrod.

Les Assyriologues ne sont pas plus heureux, quand ils assignent, comme premiers habitants, des Touraniens à la Médie et à la Susiane. Nous allons examiner cette nouvelle prétention, qui ne tiendra pas plus debout que la précédente.

La Genèse fait de Madaï l'un des fils de Japhet et aucun interprète ne doute que Moïse n'ait voulu par là désigner les Mèdes de la Médie. C'est l'opinion de Reuss, de M. Halévy, de tous ceux qui ont commenté le tableau ethnographique de la Genèse.

Les Mèdes, au dire d'Hérodote, se donnaient eux-mêmes le nom d'aryens par excellence ; ils se déclaraient ainsi apparentés à la race indo-européenne, que tous les savants modernes nomment aryenne et que les Livres saints nomment japhétique.

Contre cette opinion s'inscrivent en faux un groupe d'érudits, Lenormant, Norris, Maspero. Comme, au fond, ils sont entraînés dans cette voie par l'autorité de M. Oppert, c'est encore et surtout de son opinion dont nous nous occuperons.

« On sait, nous dit le P. Delatte, que les rois de Perse ont écrit leurs inscriptions dans trois langues et qu'ils disposaient ces textes différents en donnant la place d'honneur à la langue perse et en mettant au troisième rang la traduction assyrienne.

« La place du milieu était réservée aux textes conçus dans une écriture évidemment apparentée à celle des Assyriens, mais qui interprétait un idiome portant quelques-uns des caractères dits des langues altaïques (1) ».

---

(1) Delatte, *Le peuple et l'empire des Mèdes*, p. 1.

Sire Ch. Rawlinson fut le premier à trouver à cette langue un caractère altaïque ou touranien.

Il fut suivi par de Saulcy, par Oppert, qui en 1852, soutint que c'était la langue des Scythes d'Europe ; par Morris, qui la déclare l'idiome parlé, dans l'empire perse, par les tribus pastorales connues sous le nom de *Saces*, de *Mardes*.

Sire Ch. Rawlinson conclut que les Aryens, venant des bords de l'Oxus, se heurtèrent dans ces parages contre les Scythes, peuple d'une civilisation remarquable, dont ils acceptèrent l'influence au point de se transformer radicalement à leur contact.

La conclusion de M. Lenormant est différente. Il suppose les Touraniens primitivement établis en Médie, puis envahis par les Iraniens, et reprenant ensuite la supériorité. M. Maspero adopte cette opinion dans son *Histoire ancienne de l'Orient*.

M. Oppert, qui a changé trois fois d'avis sur la question, professe enfin dans son ouvrage : *Le peuple et la langue des Mèdes* que les Mèdes proprement dits étaient des Touraniens et que leur langue est la langue médique des inscriptions trilingues.

Nous n'analyserons pas toutes les preuves linguistiques qu'il en donne, pas plus que la réfutation qu'en fait le P. Delatte. Ces thèses linguistiques sont un échiquier sur lesquels les partenaires peuvent se combattre indéfiniment sans succomber. Au fond la question n'est que secondairement une question linguistique. Elle est avant tout une question historique : quelle est la seconde des langues des inscriptions trilingues ?

Comme jusqu'à présent tous les monuments se taisent et ne l'indiquent pas, M. Oppert fait appel au bon sens, pour appuyer ses démonstrations philologiques.

« Les inscriptions de Suse, dit-il, militent donc en faveur d'une opinion imposée d'ailleurs par le sens commun.

« La seule nation dont le glorieux passé peut permettre aux rois de Perse d'accorder à son idiome une préséance constante sur celui de Ninive, c'était le peuple Mède. La situation exiguë de la Susiane ne donnait à celle-ci aucun titre justifiant un pareil honneur (1) ».

Il nous semble que le savant assyriologue, pas plus que le P. Delatte, ne posent exactement la question. La préséance accordée à la langue inconnue sur la langue assyrienne n'a qu'une médiocre importance. La solution n'est pas là.

L'empire perse des Achéménides était composé de diverses nations qui ne parlaient pas la même langue. Le but des inscriptions trilingues était justement d'être comprises de ces nations. On peut dire qu'elles se groupaient sous trois langues principales. Quelles étaient ces trois langues ? tel est le véritable état de la question.

C'étaient d'abord la langue persane et la langue assyrienne. Mais la troisième langue, qu'elle était-elle ? Existait-il une langue médique ? Nous n'en savons rien pour le moment. Ce que nous savons c'est qu'il y avait, au cœur même de l'empire, une langue qui n'était ni le perse, ni l'assyrien. La véritable capitale était Suse ; elle était la résidence ordinaire des rois de Perse ; là il y avait une langue spéciale, la langue susienne. Ce n'était pas un peuple sans importance que ce peuple susien, que ni les Assyriens, ni les Mèdes, ni les Perses, n'avaient jamais pu subjuguer ; qui au contraire, primitivement sous Nemrod et pendant de longs siècles ensuite, avait dominé sur la Chaldée et la Mésopotamie ; qui venait, dans la personne du roi d'Anzan, Cyrus, de soumettre la Perse, la Médie et l'Assyrie (2).

---

(1) Oppert, *Le peuple et la langue des Mèdes*, p. 16.
(2) « Chétive province, la Susiane lutte pendant deux siècles contre toutes les forces de Ninive arrivée à l'apogée de sa puissance. Plus tard les Uxiens et les Cosséens ne subirent jamais le joug des Perses, et alors que maîtres de l'Asie occidentale les grands rois se rendaient de Suse à Persépolis ou de Babylone à Ecbatane, ils de-

Est-il probable vraiment que toutes les inscriptions des rois de Perse eussent été faites pour être comprises par l'ensemble des populations de l'empire et que cette satisfaction eût été refusée au peuple de la capitale et des provinces limitrophes ? Est-il admissible que le centre de l'empire n'eût rien compris aux inscriptions des monuments publiques ? Il est évident que si le bon sens dépose en faveur de quelqu'un, c'est en faveur des Susiens.

M. Oppert insistera et nous reprochera d'exclure de l'intelligence des inscriptions une nation plus importante : les Mèdes.

En est-il bien sûr ? Est-il bien sûr que ce qu'il prend pour le médique n'est pas le susien ? Est-il bien sûr qu'il y ait une langue médique à côté d'une langue susienne ? Je sais que l'interrogation déconcerte tous les travaux de sa longue carrière scientifique. Il a déjà méconnu le susien, quand il s'est agi de la langue assyrienne non sémétique, il n'y a vu que du touranien, du scythique, de l'altaïque. Nous avons constaté qu'il s'est trompé dans la circonstance, que cette fameuse langue touranienne ne pouvait être que la langue susiene. Il ne s'est pas moins trompé sur le Médique ; ici encore il a eu le tort de prendre le susien pour le médique.

Il n'y a pas de langue médique, ou plutôt la langue médique existe, seulement elle n'est pas scythique ou touranienne, elle est aryenne, et l'ethnographie biblique va briller ici d'un nouvel éclat.

Dans ses *Etudes iraniennes* imprimées en 1883, M. James Darmsteter établit les propositions suivantes, dont on trouve les preuves dans son ouvrage : *The Zend Avesta*.

Le Zend est la langue de la Médie.

---

vaient acquitter un droit de péage entre les mains des montagnards. L'Elymaïde enfin ne reconnut jamais l'autorité des Arsacides, des Sassanides ou des Arabes, et encore de nos jours les tribus bakhtyaris (heureuses) vivent à peu près indépendantes ». M. Dieulafoy, *l'Acropole de Suse*, ch. II, p. 58.

Il ajoute :

« L'Avesta nous présente la croyance des Mages du temps d'Hérodote, d'Aristote, de Théopompe. D'autre part, les anciens sont unanimes à entendre par mages les prêtres de la Médie. Il suit de là... que l'Avesta est l'œuvre des Mages, que le Zend est la langue de la Médie ancienne, et que l'on aurait le droit de remplacer le nom impropre de langue zende par le nom de langue médique ».

« L'on conçoit à présent l'indépendance des deux langues Zend et Perse. Ce sont les langues des deux grandes civilisations de l'Iran, la Médie et la Perse, si longtemps indépendantes l'une de l'autre (1) ».

Le savant linguiste pose ensuite une question singulièrement intéressante, celle de l'époque à laquelle le Zend s'est éteint. « On ne le sait pas, dit-il, ni même s'il est éteint. Il est possible que tel dialecte moderne de la Perse soit le dernier héritier de la langue sacrée des Zoroastriens..... Au temps de Strabon encore les Mèdes et les Perses se comprenaient, c'est-à-dire que le Zend et le Perse étaient encore aussi proches que possible (2) ».

Ce dernier renseignement tranche évidemment la question des inscriptions trilingues. Strabon est né vers soixante avant Jésus-Christ. Au commencement de l'ère chrétienne, les Mèdes et les Perses, malgré la différence de leur langue, s'entendraient encore. Combien ne devaient-ils pas se comprendre cinq cent cinquante-neuf ans auparavant, à l'époque des conquêtes de Cyrus. Encore un peu dirions-nous que la première langue des inscriptions était le Zend, le Perse et le Zend ne devant guère être à ce moment que les dialectes différents d'une langue commune, ainsi qu'à la même époque, l'attique et l'ionien, l'éolien et le dorien en Grèce. Par là même que la première langue est celle de la Perse, les rois de Perse n'avaient pas à se préoccuper des

---

(1) Jame Darmsteter, *Etudes iraniennes*, t. I, p. 12.
(2) Item, *ibid.*, p. 14.

Mèdes, qui comprenaient et parlaient à peu près le Parsi. Ils ne durent songer qu'aux Susiens et aux Assyriens dont ils firent intervenir les langues dans les inscriptions.

Il est donc démontré que les Assyriologues n'ont aucune preuve pour supposer une population touranienne, comme ayant devancé en Médie et en Susiane les races indiquées par la Bible et l'histoire. C'est la conclusion même de M. Dieulafoy.

« La présence des Noirs autour de Suse, clairement annoncée par les plus vieux poètes grecs, eut été admise depuis longtemps, si l'on n'eût pris l'habitude de cantonner les Ethiopiens en Afrique et au-dessus du tropique. Ce nouvel Etat noir placé au cœur de l'Asie et bien sous la latitude d'Alger, dans la région la plus chaude du globe, était fort mal venu de se jeter au travers des thèmes habituellement construits. On l'avait donc rayé de la carte, au plus grand profit des Touraniens et des Sémites. Et pourtant les habitants du Bas-Elam appartenaient à une race noire très antique, apparentée aux Négritos des Indes, les îles de la Sonde, des Philippines, et aux métis japonais. Engloutis sous les flots toujours plus pressés des Sémites et des Aryens, ils se défendirent avec courage et finirent par se fondre dans les envahisseurs (1) ».

Il n'y a donc pas en Assyrie de Touraniens antérieurs aux Sémites, pas de Touraniens antérieurs aux Mèdes en Médie, pas de Touraniens antérieurs aux Négritos et aux Chouschites en Susiane. La Genèse a résisté à tous les efforts d'une science indépendante vraiment malheureuse. Les Touraniens sont une fiction, pour l'époque du moins et pour les pays où l'Assyriologie nous les fait apparaître dans l'histoire (2).

---

(1) Dieulafoy, *l'Acropole de Suse*, chap. II, p. 58.
(2) C'est à M. Halévy que revient l'honneur d'avoir le premier désigné le susien comme étant la seconde langue des inscriptions trilingues. *Le scrupule de la Bible* lui a donné l'intuition de la vérité. Plus les découvertes scientifiques se multiplieront, plus il aura la

CHAPITRE XXII

Les Aryens et les traditions de la Perse.

La ressemblance des langues indo-européennes ne prouve pas la communauté de race des peuples qui les parlent. — Les Mèdes se sont divisés en deux peuples : les aryens et les indiens ou sanscrits. — Il est peu probable qu'il y ait eu un aryaque primitif. — Le rapprochement du zend et du sanscrit avec l'aryaque ne prouve pas que les Mèdes viennent de la Bactriane. — Autorité très contestable de l'Avesta, — son origine récente, — incertitude de sa géographie et de ses traditions historiques. — Existence d'une tradition persane, en dehors de l'Avesta. — Existence d'une tradition susienne. — Valeur de la tradition arabe.

Évidemment la question aryenne n'a pas pour nous l'importance qu'avait celle des Touraniens. Si nous y touchons, c'est pour mieux établir le peu de valeur des traditions de l'Avesta, faire voir qu'il ne renferme pas toutes les traditions de la Perse, et faire ressortir la force et l'autorité de celles que nous avons prises en dehors de ce livre beaucoup trop vanté.

D'abord on veut que Aryas soit l'ancêtre de toutes les races indo-européennes.

« On le voit par ce qui précède, nous dit M. Lenormant, la grande majorité des peuples classés dans la descendance de Japhet appartiennent à cette grande race, la plus pure du type blanc et la plus noble de toute l'humanité, que l'on connaît sous le nom d'aryenne, et dont la science contemporaine, en se guidant sur les affinités physiologiques et linguistiques, est parvenue à reconsti-

---

satisfaction de voir le *Touranisme*, qu'il a si persévéramment combattu contre M. Oppert, disparaître du champ de la science. Les Touraniens n'étaient pas primitivement en Asie antérieure, cette vérité historique apparaît aujourd'hui claire comme le jour.

tuer l'unité originaire. En Europe, les Grecs et les Romains, les Germains, les Celtes, les Scandinaves et les Slaves, en Asie, les Perses, l'aristocratie des Mèdes (1), les Bactriens et les castes supérieures de l'Inde, telles sont les principales nations de cette race, divisée depuis une très haute antiquité en deux grandes branches, l'une occidentale, l'autre orientale, les Européens, ainsi nommés d'après la partie du monde où ils terminèrent leurs migrations et trouvèrent leur demeure définitive, et les Aryas, comme ils s'intitulaient eux-mêmes. Ces derniers réunis d'abord sous ce nom commun, restèrent longtemps concentrés dans les contrées arrosées par l'Oxus et l'Iaxarte, c'est-à-dire la Bactriane et la Sogdiane, région qui avait été le berceau premier de la race. De là un de leurs rameaux se dirigea vers le midi, franchit l'Hindou-Kousch, et pénétra dans l'Inde, en détruisant ou subjuguant les populations antérieures, de souche thébétaine, kouschite et dravidienne. L'autre s'établit dans le pays qui s'étend entre la mer Caspienne et le Tigre, dans les montagnes de la Médie et de la Perse (2) ».

De cet exposé il ne restera rien, quand nous en aurons discuté les différents points. Mais il était nécessaire de le produire, pour bien préciser l'état de la question.

L'unité scientifique des races indo-européennes, dont Aryas serait l'ancêtre, repose sur deux arguments, un argument linguistique et un argument physiologique.

« Une des grandes conquêtes de la science moderne a été la découverte de la parenté originelle des langues, des religions et des institutions des peuples de l'Europe, à

---

(1) Quel sans gêne scientifique que ces procédés de M. Lenormant. N'osant rompre ni avec la Bible, qui fait venir les Mèdes de Madaï, ni avec la fausse science de M. Oppert, qui en fait des Scythes, il invente une aristocratie médique, qui sera vraiment mède, pendant que le peuple sera altaïque. Tout sera de la sorte concilié. Du reste tout ce passage n'est qu'une série d'affirmations légères, qui ne résistent pas à l'examen, comme nous allons le voir.

(2) Lenormant, *Hist. anc. des peuples de l'Orient*, t. I, p. 301.

l'exception des Turcs, des Magyars, des Finnois et des Basques, avec ceux de l'Asie Mineure, de la Perse et du Nord de l'Inde. La constitution de la famille aryo-européenne est un fait aujourd'hui à l'abri de toute contestation sérieuse.

« Il a été établi que d'une langue aujourd'hui disparue, mais scientifiquement reconstituée (Schleicher et Chavée) sont issues six branches au moins, qui ont donné naissance aux idiomes appelés indo-européens. Cette langue mère porte généralement le nom d'aryaque primitif. En suivant l'ordre géographique de l'Est à l'Ouest, qui correspond assez bien avec l'ordre dans lequel tous ces langages ont subi leurs transformations, nous avons ainsi le rameau hindou, le rameau iranien, le rameau grec, le rameau latin, le rameau celtique, le rameau germanique, le rameau slave (1). »

Le fait de l'existence et de l'unité de la grande famille indo-européenne est vrai pour la Bible, il ne l'est pas pour la science. Quel est en effet son point d'appui linguistique ? C'est la reconstitution de l'*Aryaque* primitif et la similitude des langues. Nous ne croyons pas à la reconstitution de l'Aryaque et la similitude des langues ne prouve pas l'unité des races.

Au XVIIIe siècle, n'avait-on pas reconstitué aussi la langue primitive à l'aide de l'Hébreu ? Aujourd'hui, au contraire, les savants regardent avec raison l'hébreu comme une langue relativement moderne. Ils soutiennent que la langue primitive a dû être une langue très simple, monosyllabique par conséquent, tandis que l'Hébreu appartient au système très savant et très compliqué des langues à flexion.

Le principe de la similitude des langues supposant la similitude des races ne vaut pas mieux. Il est contesté par Chevée lui-même. Chevée, prêtre belge que l'orgueil de

---

(1) Girard de Rialle, *Les peuples de l'Asie et de l'Europe*, 3e part., chap. IV, p. 97.

la science a fait apostat, était venu à l'université de Louvain avec le dessein de prouver un jour l'unité des races humaines par l'identité primitive de toutes les langues. Les lueurs vaporeuses de la linguistique l'ont porté au pôle opposé. Il en est arrivé à professer la pluralité originelle des races par la pluralité originelle des langues. La vérité c'est que la similitude des langues, n'entraîne nullement la similitude des races. « A cette époque, nous dit M. Oppert, je partageais les idées alors répandues dans le monde savant et surtout parmi les représentants de la philologie comparée, à savoir que la langue était toujours le *criterium* de la race, et que les nations étaient toutes ou indo-européennes, ou sémitiques, ou touraniennes. Depuis cette époque, le progrès des études philologiques a montré la fragilité de ces théories, et je suis un des premiers, qui ai soutenu dans les discours prononcés à l'ouverture de mes cours, que la présence d'un seul élément entrait dans la composition ethnographique d'une nation sans préjuger pour cela la question de la race à laquelle le peuple doit appartenir (1) ».

De fait, les principaux travaux de M. Oppert ont eu pour but de démontrer le touranisme ou l'altaïsme des langues parlées en Assyrie, en Médie et en Susiane. Il s'est trompé dans ses conclusions. Il a vu trois langues, là où il n'y en a qu'une, la langue susienne. Cette langue, d'après lui, paraît posséder des caractères altaïques prononcés. Cependant les peuples altaïques, de fait, sont japhétiques et les susiens sont chamites. On peut donc parler la langue d'une race sans lui appartenir.

Un autre peuple reconnu universellement pour Chamite est le peuple égyptien ; toutefois sa langue est apparentée à la langue sémitique, parlée par une race tout à fait différente.

La similitude des langues correspondant à la similitude des races, si elle était un principe certain, aurait pour co-

(1) Oppert, *Le peuple et la langue des Mèdes*, introd. p. 3.

rollaire le principe opposé, qui a jeté dans l'erreur Chevée : c'est que la dissemblance des langues correspond à la dissemblance des races. Le même principe favorable, semble-t-il, à l'ethnographie biblique par la constitution de la famille indo-européenne, lui deviendrait contraire pour les peuples qui parlent des langues altaïques et monosyllabiques. Il les rejetterait en dehors de la famille japhétique, à laquelle ils appartiennent. Au point de vue linguistique, cette grande race s'est répartie en trois groupes, le groupe des peuples qui parlent les langues les plus parfaites, mais les plus complexes, les langues à flexion; le groupe de ceux qui parlent les langues altaïques ou agglutinantes et le groupe de ceux parlant le système probablement primitif des langues monosyllabiques.

Ainsi la linguistique ne démontre pas que les peuples européens appartiennent à la même race et qu'ils soient des Aryas.

La similitude physiologique invoquée par M. Lenormant, ne le prouve pas davantage.

« Sous l'influence de théories germaniques, on avait voulu voir le type de l'Arya dans l'homme grand, blond, aux yeux clairs, à la carnation blanche et molle, au crâne dolichocéphale. Or il se trouve que la majeure partie des peuples de langues aryo-européennes présentent un type tout différent. Les Celtes, dont M. Broca a si savamment et si sûrement rétabli les principaux caractères anthropologiques étaient et sont des hommes de taille moyenne, aux cheveux noirs ou bruns, aux yeux foncés, à carnation brune, au crâne brachycéphale avec un singulier aplatissement occipital; ce type est celui qui prédomine en France; c'est celui de la majorité de la population de l'Allemagne du sud et de l'Autriche, c'est celui des Slaves les plus purs, de ceux qui vivent autour des Carpathes ou qui en sont sortis aux époques historiques, comme les Serbo-Croates. Les Italiotes et les habitants de la péninsule des Balkans y compris la Grèce sont également en majeure partie brachycéphales et bruns..... Il y a là un fait considérable et qui renverse tout à fait la théorie des Aryas grands, blonds et dolichocéphales (1)... »

La conclusion de M. Girard de Rialle, à qui nous avons emprunté cette citation est « que rien de décisif ne peut être dit sur la question, qui reste ouverte aux recherches ultérieures des voyageurs et des anthropologistes ».

Si Aryas n'est pas l'ancêtre des peuples indo-européens, qu'est-il donc ? Comme les Mèdes se donnent pour Aryens, reconnaissent Aryas pour leur ancêtre, que l'Avesta est en réalité le livre sacré des prêtres de la Médie, il semble légitime de conclure qu'Aryas ou les Aryens appartiennent à la famille des Mèdes. Madaï aurait eu deux fils, chefs de races : l'un Aryas, le père des Mèdes et des Perses, l'autre le père de la race sanscrite (2), les peuples de l'Inde n'étant pas des Aryens, mais des Mèdes dans leur nom générique.

De là s'écroule l'affirmation tapageuse de tant d'assyriologues, en particulier de MM. Lenormant et Maspéro, dans leur *histoire ancienne de l'Orient*, qui placent en Bactriane le berceau des peuples indo-européens. D'abord ces peuples n'étaient pas aryens, on ne peut leur assigner le lieu d'origine des Aryens. Puis quand même la philologie prouverait leur commune origine, le lieu de cette origine ne présenterait encore pour la science aucune certitude. Les uns désignent l'Arménie, les autres l'Europe même, d'autres enfin la vallée de l'Oxus, sur les pentes du Pamir.

(1) Girard de Rialle, *Les peuples de l'Asie et de l'Europe*, 3ᵉ partie, chap. IV, p. 104 et suiv.

(2) On reconnaît communément aujourd'hui que les Négritos furent la population primitive de l'Inde, à laquelle ils donnèrent son nom. Nous n'appellerons donc pas indiens les Mèdes de l'Inde, survenus dans ce pays après les Négritos. En l'absence de toute autre donnée historique, nous lui donnons le nom de race sanscrite par opposition à l'autre race médique que nous appelons aryenne ou iranienne.

« Dans toutes ces hypothèses, écrit M. Girard de Rialle, on est bien embarrassé de choisir celle qui présente le plus de vraisemblance. Toutefois il existe un criterium relativement sûr qui permet d'établir qu'il faut chercher la patrie des Aryas primitifs dans l'Asie centrale, à proximité des régions occupées par les Indiens et les Iraniens, de toutes les langues aryo-européennes, le sanscrit d'abord, le zend ensuite, mais à un moindre degré, sont dans la plupart des cas les idiomes dont les formes s'éloignent le moins des formes organiques du parler commun à toute la race aryenne. Si donc ces deux langues sont les plus rapprochées du type originel, c'est qu'elles ont été exposées à moins d'aventures que les autres, c'est que ceux qui les parlaient au moment où elles se sont constituées étaient demeurés dans un milieu peu différent du milieu primitif. Il semble donc que la contrée où les Iraniens et les Indiens se rencontrent peut être considérée comme voisine de l'antique Arie ; or cette contrée, c'est la réunion des vallées du Haut-Oxus et du massif de l'Hindou-Koh, où aujourd'hui encore des tribus dont l'idiome appartient au groupe iranien, celle des Siah-Poch par exemple, vivent côte à côte avec des populations dont le langage usuel est un dialecte du persan. Mais, nous le répétons, ce n'est qu'une hypothèse, la plus vraisemblable de toutes peut-être, mais encore bien douteuse (1) ».

Cette hypothèse n'est pas seulement douteuse, elle est à peu près sans fondement.

Existe-t-il un Aryaque primitif, auquel on puisse comparer le *Zend* et le *Sanscrit* ? Premier problème très incertain, qu'il s'agirait de démontrer.

Est-il certain que Schleicher et Chavée aient reconstitué l'Aryaque primitif assez pour le comparer aux filiations qu'il a produites et décider celles qui s'en rapprochent le

---

(1) Girard de Rialle, *Les peuples de l'Asie et de l'Europe*, 3e part., ch. IV, p. 103.

plus ? Ces reconstitutions et ces comparaisons sont des tentatives hypothétiques incapables de produire une certitude scientifique.

Puis en admettant ce succès de la philologie, la conséquence qu'on en veut tirer est-elle juste ?

Quelle est la véritable cause de la différence des langues ? C'est la différence du génie des peuples qui les parlent, différences d'idées, de goût, de mœurs, d'organisme physiologique. La phonétique relève surtout de l'organisme, la grammaire, de la manière de concevoir les idées. Supposé qu'il soit vrai que l'Aryaque primitif est reconstitué, que le Sanscrit et le Zend s'en rapprochent davantage, c'est que le génie de ces peuples s'écartait moins des qualités de la race primitive. On comprend ainsi que des races différentes parlent des langues similaires et que des races sœurs parlent des langues divergentes. Il y a souvent une plus grande ressemblance au physique et au moral entre des étrangers qu'entre les membres d'une même famille.

Toutefois, nous ne nions pas que les circonstances extérieures au milieu desquelles se déroule la vie d'une nation n'exerce une influence réelle, quoique secondaire, sur la formation de sa langue, surtout sur le vocabulaire, plus impressionnable, plus variable, qui perd de ses mots tombés en désuétude, qui s'augmente de néologismes au contact de peuples étrangers ou sous l'action de besoins nouveaux et de transformations diverses. A ce point de vue, nous voulons bien admettre que le Sanscrit et le Zend ont pu se trouver plus à l'abri d'influences extérieures, conserver leur idiome plus voisin de l'idiome primitif, dont les rapprochait leur génie propre. Mais ce principe s'applique bien plus parfaitement au système ethnographique de la Bible qu'au système qui place en Bactriane le berceau des Aryas. L'Arménie, après le déluge, fut dévolue à la famille de Japhet, comme l'Assyrie à celle de Sem et la Perse à celle de Cham. C'est là que leurs enfants se multiplièrent pour se rendre ensuite dans les diverses parties du monde.

Dans ce partage du globe, la Médie échut à Madaï. Elle confine à l'Arménie, et n'en est séparée par aucun accident de terrain considérable. La Médie est la suite naturelle du Sud de l'Arménie et les deux pays n'ont guère que des frontières artificielles et de convention ; les Mèdes ne furent donc pas sérieusement séparés du lieu de leur origine.

La Médie a-t-elle suffit à leur développement ? Non assurément. Il arriva ceci. Les Négritos de la Susiane se répandirent dans la Perse et les Indes. Ils en furent les premiers habitants. Parallèlement à leur expansion, on peut supposer que les Mèdes se sont multipliés, d'abord dans les vastes pays de la petite et de la grande Médie, qu'ils ont avec le temps débordé sur la Perse et sur l'Inde, tantôt pacifiquement, se contentant de combler les vides laissés par les Négritos, tantôt violemment et par les armes, jusqu'à ce qu'ils les aient subjugués à peu près partout. C'est probablement à cette expansion naturelle, primitive et lente qu'on doit de ne pouvoir indiquer l'époque précise de leurs envahissements. Selon nous, elle ne fut postérieure que de quelques siècles à la prise de possession de tout le pays par les Négritos.

On voit que les Mèdes, naissant en Arménie, se développant en Médie, prenant leur extension en Perse et dans les Indes, sont dans des conditions meilleures pour la préservation de leurs langues, qu'en Bactriane, où ils ne peuvent venir qu'après avoir franchi le massif de l'Indou-Kousch ; qu'ils ne peuvent abandonner qu'en repassant de nouveau ce massif, qu'en se faisant par la guerre les conquérants des pays qu'ils venaient habiter (1).

(1) Nous lisons dans l'inscription sépulcrale de Nakch-I-Roustan, gravée en caractères cunéiformes sur le tombeau de Darius « .... Darius, roi, dit : Voici les terres que j'ai possédées, autres que la Perse, par la protection d'Ormuzd ; je leur transmettais mes ordres

L'argument philologique qui voudrait donner la Bactriane comme lieu d'origine des Aryens tombe par les considérations que nous avons émises. Cet argument, nous l'avons repris pour notre compte, dans la mesure que nous avons déterminée, il n'a fait que fortifier le système ethnographique biblique, qui place en Médie le berceau des Mèdes et par conséquent des Aryens, l'un des rameaux de cette race.

On ne nous objecte plus alors que la tradition médique elle-même.

« Les Mèdes, nous dit M. Maspéro, avaient conservé vaguement le souvenir de l'époque où, réunis à d'autres nations de même race, ils erraient dans l'Airyanem-Vaedjo, sur les bords de l'Oxus et de l'Iaxarte. Une partie des

et elles me payaient les tributs. Tous les édits émanés de moi y étaient exactement exécutés ; mes lois y étaient observées : la Médie, Elam, la Parthie, l'Arie, la Bactriane, la Sogdiane, la Chorasmée etc. ..... » (Oppert, *Expédit. scient. en Mésopot.*, t. II, p. 165-169).

Cette inscription officielle ne laisse aucun doute que l'Arye était une province administrative du grand empire des Perses, distincte de la Bactriane et de la Sogdiane, dont elle était séparée au nord par l'Indou-Kousch. Devant un témoignage aussi incontestable, qu'a de scientifique la prétention à soutenir que la Bactriane a été l'Arye primitive ? Quand on sait la persistance des traditions géographiques, on est obligé de confesser que si elle avait été l'Arye primitive, elle l'eût encore été au temps de Cyrus et de Darius. La vérité est que l'Arye était située au centre de l'Asie antérieure, entre l'Elam et l'Indus, et que les Aryens ne sont qu'un rameau mède, bien loin de constituer tous les peuples de l'Europe et de l'Asie méridionale.

Si des découvertes historiques et scientifiques ultérieures nous forçaient à faire venir de la Bactriane, dans l'Inde et la Perse, un groupe d'aryens, nous ne verrions aucun inconvénient à admettre, à côté du fait positif et certain que nous venons d'exposer, cet autre fait, qu'une partie des Mèdes de la Médie franchirent l'Indo-Kousch vers la Caspienne, au pays des Mardes, se développèrent en Sogdiane et en Bactriane, d'où ils revinrent plus tard en conquérants aux lieux qui les avaient vus naître. Dans ce cas les Aryens sortiraient de la Bactriane, mais n'en seraient pas originaires. Leur berceau n'en serait pas moins au pays des Mèdes. Toutefois, nous ne croyons pas à cette hypothèse, qu'aucun fait scientifique n'insinue.

tribus qui vivaient à côté d'eux descendit vers le Sud, dans le bassin de l'Indus et de ses affluents. D'autres mirent en culture les oasis fertiles du Maryau et du Hvârasmi. Les Sakes, auxquels les Grecs donnèrent le nom de Scythes, continuèrent à mener dans les steppes la vie nomade de leurs ancêtres. Les Mèdes et les Perses montèrent sur le plateau de l'Iran et tâchèrent de s'y conquérir un territoire suffisant à leurs besoins (1)... »

Puis le Zend-Avesta énumérerait l'ensemble des régions que ces derniers parcoururent pour arriver aux lieux où ils s'installèrent définitivement.

Sur l'interprétation à donner aux lieux géographiques de cette pérégrination, il y a deux opinions. L'une qui regarde comme réelle la géographie de l'Avesta, l'autre qui la regarde comme fabuleuse.

Les Allemands, on le sait, voudraient ramener la science historique à une question de philologie et d'étymologie. A l'inverse de Burnouf, qui avait appuyé sa traduction de l'Avesta sur l'autorité de la tradition, Spiegel n'a voulu s'en rapporter qu'à l'étymologie, la science la plus fertile en erreurs, quand elle ne s'appuie que sur la vraisemblance, et non sur des faits nombreux et certains. Il a donc eu la prétention d'établir l'identité des lieux géographiques des diverses stations perses et médiques.

Il n'ose pas determiner l'endroit même de l'Airyanem-Vâedjo, c'est le seul ; aucun autre ne lui échappe. La Coughdhâ est la Sogdiane, la province de Mourou est la Margiane, le Bakhdhi est la Bactriane, le Nicago est situé entre la Margiane et la Bactriane, l'Harôyou est l'Iran, le Vaêkereta-Douhzaka est le Séïstan actuel, l'Haraqaïti est l'Arachosie, l'Haitoumat demeure incertain, l'Heptahendou est le Pendjab, l'Ourvâ est l'Ourivân des monuments assyriens, l'Apavarctisène d'Isidore, l'Apavortine de

---

(1) Maspéro, *Hist. anc. des peuples de l'Orient*, chap. XI, p. 490.

Pline ; le Khnentâ-Vehr Kanâ est l'Hircanie, Rhaga est Ragès, le Teshakhrâ est Karkh, à l'extrémité nord-ouest du Khorassan ; le Verana est peut-être la Khoréne de Strabon, la Khoarinê d'Isidore, la Choara de Pline.

Pour M. Michel Bréal, au contraire, cette géographie est essentiellement fabuleuse. « Il ne faut pas nous laisser induire en erreur par les Perses, aucun peuple n'a pratiqué l'évhémérisme d'une façon plus complète. Tous les noms sont historiques pour eux ; il n'y en a peut-être pas un seul qui doive l'être pour nous. Dans les prétendus rois de l'ancien Iran, on a reconnu des divinités védiques ; les contrées mentionnées dans les livres Zend, à l'exception de quelques noms facilement reconnaissables, n'ont pas plus de réalité que les personnages. Cette absence de tout renseignement positif est l'un des caractères les plus singuliers de l'Avesta ; on ne trouve même pas le nom du peuple pour lequel il a été composé. Les livres Zend sont une mine inestimable pour la mythologie comparée ; ils ont la plus haute valeur pour la critique, qui étudie les religions, mais la géographie a peu de choses à y prendre et l'historien ne saurait assez s'en défier (1) ».

Admettons la première opinion. Admettons que Spiegel ait vraiment reconstitué la géographie de l'Avesta. Qu'est-ce que cela prouve ? Est-ce que nous sommes obligés d'admettre avec MM. Lenormant et Maspéro, à la suite des allemands Rhode, Lassen et Bünsen que l'Avesta trace l'itinéraire des Aryens, leur lieu de départ et leur lieu d'origine ? Pas le moins du monde.

Nous allons voir de nouveau nos savants aussi brouillés avec la science qu'avec la Révélation.

Dans quel partie de l'Avesta ont-ils la prétention de trouver l'itinéraire des Aryens ? C'est dans le fagard du Vendidad ; le chapitre est intitulé : créations terrestres

---

(1) Journal Asiatique, 1862. *De la géographie de l'Avesta*, par Michel Bréal, p. 497.

d'Ahura-Mazda. Opposition d'Anro-Maynius. Voilà le but du chapitre : l'exposition de la création mazdéenne, non pas les déplacements aryens.

Le texte du moins laisse-t-il supposer quelque chose de ces déplacements ? Nous allons en laisser juge le lecteur. Nos citations seront un peu longues ; mais il ne faut pas laisser perpétuer les erreurs ; il ne faut pas que la certitude reste éternellement à l'état d'opinion, sous le fallacieux prétexte que certains esprits voient dans les textes ce qui ne s'y trouve pas. Il est besoin de mettre les documents sous les yeux du public, pour qu'il les apprécie dans son bon sens et dans sa bonne foi.

1-3. Ahura-Mazda dit à Zarathustra-le-Saint : j'ai créé, ô saint Zarathustra, un lieu de nature agréable, où tout pourtant n'est pas joie. Car si je n'avais pas créé ce lieu de nature agréable où tout n'était pas joie, tout le monde corporel se serait transporté dans l'Airyana-Vaeja.

4. Une terre, lieu d'agrément, qui n'avait point tous les charmes de la fertilité, fut la première création ; il y en eut une seconde, opposée à la première (produite) par l'esprit homicide et essentiellement destructeur.

5-8. J'ai créé le premier et le meilleur des lieux et des séjours, moi qui suis Ahura-Mazda : l'Airyana-Vaeja d'excellente nature. Mais à cette œuvre, Anro-Mainyus le meurtrier, opposa une création hostile : un serpent issu d'un fleuve et l'hiver, œuvre des Devas.

9-12. Il y eut alors dix mois d'hiver et deux d'été. Et ces deux mois sont froids pour les eaux, froids pour la terre, froids pour les plantes. Quand vient le milieu de l'hiver, quand vient le cœur de l'hiver, alors le froid envahit tout, alors surgit une foule de fléaux.

13-16. J'ai créé le second des lieux et des séjours excellents, moi qui suis Ahura-Mazda : Gâu au territoire de Sugdha. Mais à cette œuvre, Anro-Mainyus le meurtrier, opposa une création hostile : des insectes qui détruisent les bœufs et les animaux encore à la mamelle.

17-20. J'ai créé le troisième des lieux, des séjours excellents, moi qui suis Ahura-Mazda : Bakhdhi la belle, aux étendards élevés. Mais à cette œuvre, Anro-Mainyus, le meurtrier, opposa une création hostile : des animaux carnassiers et des insectes rongeurs.

25-28. J'ai créé le cinquième des lieux, des séjours excellents, moi qui suis Ahura-Mazda : Niça situé entre Moûru et Bâkhdhi. Mais Anro-Mainyus, le meurtrier, opposa une création hostile : le péché de doute.

Le récit continue de la sorte, sans aucune particularité, jusqu'à la seizième création, ainsi conçue :

76-80. J'ai créé le seizième des lieux et des séjours excellents, moi qui suis Ahura-Mazda : les régions qui s'élèvent au-dessus des eaux du Ratrha, qui se gouvernent sans chef suprême. Mais à cette œuvre, Anro-Mainyus le meurtrier, opposa une création hostile : l'hiver créé par les Devas et les fléaux qui désolent la terre.

81. Il y a encore d'autres lieux, d'autres terres, des champs fertiles, d'étroites vallées, des collines, des plaines et de brillantes campagnes.

Tel est le fargad 1 du Vendidad.

Évidemment il est étrange, bizarre, faux comme tout ce qui est écrit sur les questions religieuses en dehors de la Révélation. Mais les mêmes savants, qui prennent grand soin de ridiculiser les récits les plus vrais, les plus naturels et les plus certains de la Bible, entendent donner une teinte toute de raison aux récits les plus ridicules des religions païennes. Aussi voici leur interprétation.

Dans le premier fargad de l'Avesta, il ne s'agit que de l'Aryo. Spiegel a déterminé tous les lieux géographiques qui s'y trouvent désignés. Une création successive de ces divers lieux est inadmissible, même dans la pensée de l'auteur mazdéen. Il n'a donc pas eu en vue une création, mais une occupation de ces lieux par les Aryens. Chaque envahissement était comme une création nouvelle que Ahura-Mazda accomplissait en leur faveur. La première conquête fut évidemment dans le voisinage de leur origine, et comme elle eut lieu en Bactriane, la Bactriane est incontestablement le berceau de la race (1).

Le premier défaut de cette interprétation est de vouloir soustraire à l'incohérence et au ridicule le récit de la création mazdéenne. Tel est le sort de tout ce qui est en opposition avec la vérité. Le rationalisme regimbe contre ces impuissances, ces petitesses, ces puérilités d'idées de la pauvre raison humaine, sur laquelle ne tombe plus le rayon de lumière détaché de la raison divine. Il faut bien qu'il en prenne son parti. Les faits parlent plus haut que ses protestations; on doit tout attendre de l'esprit humain abandonné à lui-même.

Aussi le second défaut de l'interprétation que nous combattons, est que sous la plume du rédacteur du Vendidad, il ne s'agit que de descriptions de lieux; jamais de déplacement de race, mais de création; ce mot est répété à satiété, jamais aucun autre ne lui est substitué pour l'interpréter. Si on fait disparaître, par l'idée de déplacement, le ridicule des créations successives des principaux lieux géographiques de l'empire des Sassanides, on conserve le ridicule des créations correspondantes du meurtrier, d'Anro-Maynius.

Comment comprendre qu'à chaque conquête correspondait une création mauvaise, un fléau, non pas transitoire, mais permanent ? On ne peut donner à cette création mauvaise le nom de conquête, on est obligé de lui conserver son sens strict de création. Comme cette création mauvaise est en opposition de la création « des excellents séjours », les deux sens sont corrélatifs. La

---

(1) Même en admettant cette interprétation, la conclusion à laquelle on veut aboutir n'aurait encore rien de certain. Nous avons fait voir, à la page 237, que les Aryens ou Mèdes auraient pu naître en Médie, un rameau traverser l'Indou-Chousch, se développer en Bactriane et revenir plus tard dans l'Asie antérieure, au lieu de son origine.

certitude du sens de l'une entraîne la certitude du sens de l'autre.

La vérité est que l'auteur du Vendidad commence son œuvre par le commencement. Il écrit le livre des rapports de l'homme avec Dieu, des lois et des observances qui viennent d'Ahura-Mazda. Il donne d'abord l'origine de l'homme, qu'il voit tout entier dans l'Aryen, et il tranche de suite la question d'origine du mal, en opposant la création du mal à celle du bien : en un mot, il écrit une page d'origine religieuse, et non d'ethnographie et d'histoire (1).

Ces constatations, qui ressortent si évidemment des textes, nous amènent à préciser l'autorité du *Zend-Avesta* et des diverses traditions de la Perse.

On a voulu donner à ce livre une extension et une autorité exceptionnelles. On peut lui appliquer ce que M. Halévy dit des traditions de la Chaldée. « Quel prodigieux pays que la Babylonie ! Les monuments trouvés en Grèce nous donnent seulement les idées conçues par les Grecs ; l'Egypte, par la voix de ses monuments, permet d'étudier les Egyptiens seuls ; la Phénicie s'obstine à ne nous faire connaître que ce que pensait les Phéniciens... La Babylonie seule nous révèle, à côté de ses propres mystères, ceux des nations de la Haute-Asie, ancêtres communs des Tartares et des Finnois. Tout cela doit paraître fort étrange ».

C'est bien la même chose et plus encore qu'on a fait de l'Avesta. On en a fait l'arme de guerre qui devait ruiner pour jamais l'autorité de la Bible. Là, trouvaient leur ori-

(1) Nous espérons montrer un jour que l'Avesta, de date récente, a été composée pour être opposée à la Bible ; comme plus tard l'Alcoran le fut en opposition de l'Evangile. Le Mazdéisme ne fut pas une tradition, mais une innovation religieuse. Ce fut la revanche des traditions religieuses de l'Orient contre le prosélytisme des Juifs, à la suite de la double captivité d'Israël et de Juda, comme l'Alcoran fut la revanche de l'esprit biblique des Arabes contre le prosélytisme évangélique.

gine les nations les plus célèbres et les plus civilisées. Un mot, un iota, une ombre de renseignement met en admiration tout le chœur des savants. Pendant que la Bible est rejetée à l'arrière plan, que ses documents historiques les plus irréfragables ne sont que des légendes, que ses livres les plus anciens n'appartiennent qu'à une époque récente, le Zend est traduit, commenté de toutes façons, en France, en Allemagne, son antiquité est reculée dans la nuit des temps, son autorité supplée au silence de l'histoire et de la science.

Cependant son étoile commencerait-elle à pâlir ? Une tradition n'a de valeur que par son ancienneté. Plus elle remonte haut, plus elle se rapproche des faits qu'elle rapporte et plus elle mérite créance. Or le Zend-Avesta, contrairement à ce qui en a été dit souvent, est un livre dont la composition serait récente, si nous croyons M. Darmesteter.

« La seconde question, quel est l'âge du Zend ? est moins susceptible d'une réponse précise. J'ai essayé ailleurs de montrer que l'Avesta contient des morceaux écrits après notre ère, et que l'on a pu continuer à écrire le Zend jusqu'au commencement du IVe siècle, époque où le canon a été fermé. D'autre part, le fond des idées exprimées est aussi ancien que les renseignements historiques les plus anciens que nous possédons sur l'histoire religieuse de l'Iran et je crois possible et probable que les parties anciennement rédigées de l'Avesta, les Gathas ou hymnes, aient existé déjà au temps d'Hérodote (1) ».

Hérodote vivait au IVe siècle avant Jésus-Christ. Que les plus anciens morceaux de l'Avesta remontent au IVe siècle avant Jésus-Christ et les plus récents au IVe siècle après, cela ne constitue pas une ancienneté bien extraordinaire, lorsqu'il s'agit de l'origine des choses ; il n'a donc pas l'autorité qui s'attache à une haute antiquité.

---

(1) James Darmesteter, *Études iraniennes*, p. 10.

Quant à la nature du livre, nous l'appellerions volontiers le livre d'une caste bien plus que celui de la Médie et de la Perse. Ses données géographiques sont incertaines et très contestables, ses données historiques à peu près nulles.

Les institutions elles-mêmes ne seraient pas, selon M. Renan, le code des rois Mèdes et des Achéménides, mais « le code d'une secte religieuse très bornée. J'ai peine a croire que ce grand empire perse ait eu une loi aussi stricte ». De fait, l'Avesta diffère en bien des points de ce que les auteurs grecs nous racontent de la religion des Perses et des Mèdes, et c'est une grande imprudence à des historiens tels que MM. Lenormant et Maspéro de donner ses doctrines comme étant le fond commun où se retrouvent les mœurs et la civilisation des peuples indo-européens.

Nous ignorons ainsi dans quelle mesure le Zend Avesta exprime les traditions religieuses des peuples iraniens et nous savons que ses traditions historiques sont pleines d'incertitude et de fables.

La Perse a donc, en dehors de l'Avesta, des traditions historiques et religieuses, qu'il serait anti-scientifique de méconnaître et de dédaigner. Il en est une surtout que ne rapporte pas l'Avesta, qui n'est pas non plus celle de la Perse, et qui néanmoins appartient à son histoire ; nous voulons parler des traditions de la Susiane, des traditions des Négritos ou des Chouschites qui l'habitaient. Cette race, qui avait peuplé la plus grande partie de la Perse et des Indes, est restée vivante en Susiane, indépendante et à peu près pure jusqu'au VIe ou Ve siècle avant Jésus-Christ. Elle a eu ses traditions différentes de celles de la race aryenne, qui l'environnait de tous côtés. Nous devons les retrouver dans ses monuments, dans ses inscriptions et aussi dans ceux de la Perse. Car la Susiane étant devenue partie intégrante de l'empire, les monuments historiques ont dû recueillir le double courant traditionnel des deux nations, le courant susien et le courant aryen.

Puis, depuis le VIIe siècle de l'ère chrétienne, à ce double courant de la tradition susienne et de la tradition aryenne est venu s'en mêler un troisième, celui des traditions arabes ou sémitiques.

Beaucoup d'auteurs arabes du moyen âge nous rapportent un grand nombre de traditions de la Perse. Les savants modernes contestent la valeur de leurs récits, sous prétexte qu'il ne s'agit que de leurs traditions propres et non des vraies traditions persanes.

Il nous semble qu'il y a là une double erreur. Les traditions qu'ils mentionnent sur la Perse, ne fussent-elles que des traditions arabes, mériteraient encore créance. Les Assyriens, si rapprochés de la Susiane et de la Médie, sont des Sémites : la vie des Arabes se confondit perpétuellement avec celles des Assyriens ; Abraham le Chaldéen, était un sémite, voisin de la Susiane, en rapports journaliers avec ce pays, qui sous Nemrod et longtemps après domina la Chaldée. Mieux que personne, ces Sémites durent connaître l'origine de leurs turbulents voisins, dont ils eurent tant à souffrir, les principales lignes de leur histoire nationale et n'eussions-nous que leurs traditions propres sur la Perse, qu'elles ne devraient pas être repoussées.

C'est une seconde erreur de prétendre ne trouver dans les auteurs arabes que des traditions arabes. Écrivains persans, ils ont eu la prétention d'exprimer les traditions persanes. Ils exposent à la fois les deux traditions, et il n'y a pas moyen de les confondre, soit que la distinction ressorte du récit lui-même, soit qu'ils l'indiquent d'une manière formelle. Par exemple, dans le dictionnaire persan de M. Barbier de Meynard, Abouz-Kéhan-el-Kharismi déclare que l'Iran ou l'Iranscher « désigne l'Iraq, le Fars, le Djébal et le Khoraçan. *Les Persans* le font dériver d'Irfakhschard, fils de Sam, fils de Noé ». Ce n'est donc pas une tradition arabe qu'il cite, mais la tradition donnée par les Persans eux-mêmes.

Ce sont si bien les traditions persanes que nous retracent souvent les historiens arabes de la Perse, que nous rencontrons sous leur plume la tradition des trois fils de Noé, avec cette mention. « D'autres disent que Féridoum (Noé) partagea son royaume entre ses trois fils : à Selm ou Scherm, il donna le pays des Arabes et les rois du pays de Roun sont de sa race ; — à Isranschehr, c'est l'Iraq, le Djebel, le Khoraçan et le Pars, il fut le père de Kosroès ; — Tchout, que l'on nomme aussi Thoudj et Thous eut le pays de l'Orient : les rois des Turcs et de la Chine descendent de lui ». Il n'y a d'Arabe que le développement de la postérité de Sem et la filiation de Kosroès.

Les écrits arabes du moyen âge sont donc une source des traditions Persanes et Susiennes plus complètes et plus vraies que le Zend, et quand nous avons emprunté à ces écrits ce que nous avons dit du peuplement, par les Chouschites, de la Susiane et de toute la Perse, sauf la Médie, nous ne nous en sommes pas rapporté simplement à la tradition arabe, malgré sa valeur propre, mais certainement à la tradition susienne et persane.

Ainsi trois courants dans cette tradition : le courant Zend ; c'est le moins pur et le moins exact ; le courant susien et perse, et le courant arabe. On rencontre le premier dans le Zend-Avesta ; le second, d'abord dans tous les monuments Susiens et dans ceux de la Perse des Achéménides, puis, joint au courant arabe, dans les historiens arabes et persans du moyen âge.

CHAPITRE XXIII

Les Chouschites de la Susiane et l'assyriologie.

Les causes du peu d'avancement des études susiennes. — Des noms susiens fournis par l'assyriologie. — Deux inscriptions susiennes. — Comment faut-il prononcer le nom de Susiane. — Le nom de Chousch partout dans les monuments susiens, dans le nom des divinités, dans la lannue.

L'étude attentive du tableau ethnologique de la Bible, la tradition historique et la philologie géographique nous ont fourni la certitude que la Susiane fut un pays chouschite. Nous ne pouvons nous en tenir à cette démonstration. Le silence de l'assyriologie, sur un point qui doit faire l'objet de ses études, serait tellement inexplicable, que ce silence à lui seul servirait à ébranler notre démonstration.

Nous devons commencer par dire que les études susiennes ont été à peu près délaissées jusqu'à la mission de M. Dieulafoy. Les fouilles pratiquées par l'infatigable et le sagace explorateur, ont fait surgir de nombreux, de merveilleux monuments, qui ont fourni aux linguistes des inscriptions multipliées. Cependant leur déchiffrement marche lentement : il n'offre pas toutes les certitudes désirables, par la raison qu'on a regardé la langue susienne comme à peu près inconnue. Les efforts ont surtout porté sur la langue assyrienne, son étude a pris un développement considérable, à la suite des grammaires et des syllabaires découverts dans la bibliothèque de Sardanapale. On n'a pas eu les mêmes ressources pour la langue susienne. « On aura le droit de nous demander, écrit M. Oppert, comment nous avons pu expliquer une langue inconnue, sans traduction aucune, en obtenant un sens aussi acceptable. Mais plus ce sens semble facile au lecteur, plus il a été difficile à dégager. Si nous analysons les inscriptions, on reconnaîtra néanmoins que l'interprétation repose sur les bases les plus sérieuses..... Nous avons, en effet, le Médique, qui nous fournit quelques indices ».

M. Oppert doit être aujourd'hui singulièrement étonné et éprouver une certaine déconvenue. La langue susienne qu'il prétend ignorer, il la connaît mieux qu'il ne le pense ; il la connaît dans la mesure où il connaît le médique, puisque ce qu'il appelle le médique, scythique ou altaïque n'est pas autre chose que le susien. Il a, pour la connaître, toutes les ressources que lui fournissent les inscriptions trilingues. Quand les Assyriologues seront revenus de leur surprise et de leur erreur, ils pourront donner aux études susiennes une vive impulsion.

Toutefois, nous trouvons dans les résultats acquis, si minimes soient-ils, de précieux documents, qui ne nous laissent aucun doute sur le caractère chouschite des anciennes populations de la Susiane.

« La ville de Suse, dit M. Oppert, située sur le fleuve Eulœus (1) (Ulaï de la Bible et des textes cunéiformes) fut déjà, vers la fin du troisième millenium avant Jésus-Christ la capitale d'un royaume puissant et le siège d'une dynastie touranienne (2), qui, en 2283 avant Jésus-Christ, conquit Babylone et régna sur la Chaldée pendant deux cent vingt-quatre ans. Le pays dont elle était la ville principale était nommé Elam par les Sémites, Uvaza ou Khuz par les Aryens et Nime par le peuple de Sumer ; il s'appelait Kussi, les Kosséens.

---

(1) Les travaux de M. Dieulafoy ne laissent aucun doute sur l'Eulœus. Il n'est pas un fleuve, mais un grand et magnifique canal, qui reliait la Kerka ou le Géhon au Copratès et par lui au Karoun ou Phison.

(2) Nous avons montré ce que vaut cette opinion de M. Oppert. Ce père si fécond du Touranisme, n'aura été qu'un père stérile ; il n'aura rien engendré du tout.

« Le nom de la capitale Suse (en Hébreu Susan, en Assyrien Susan, en Susien Susum), le Perse Uvasa, autochthone (en sanscrit Svaga) a été étendu au pays qui s'appelait la Susiane, chez les historiens grecs plus récents (1).

« Dans les textes de Suse, on trouve tous les noms géographiques connus, sauf celui d'Elam. On y lit ceux de Hussi, le Khuz moderne, l'Avaza aryen et les Oxiens des Grecs. Le nom de Kussi rappelle les Kusites. Celui de Neme, le Nemma des Assyriens (2)...

On voit que les monuments susiens sont aussi remplis du nom de Choussi que la linguistique géographique et la tradition persane. Nous reviendrons plus loin sur le nom d'*Uvasa*, comme nous fournissant une précieuse indication, pour fixer l'origine de cette race.

M. Lenormant n'est pas moins explicite que M. Oppert dans l'interprétation des textes susiens.

« Les traditions recueillies par les Grecs parlent aussi de la dualité ethnique des Chaldéens et des Céphènes comme ayant formé originairement la population de ces contrées (le bassin sud de l'Euphrate et du Tigre) et le nom de Céphènes est souvent synonyme de Cousch ; des bords de la Méditerranée à ceux de l'Inde, il s'applique toujours aux mêmes populations. Les textes cunéiformes nous font connaître un peuple de Kasschi répandu dans une partie de la Babylonie et dans le Nord-Ouest du pays d'Elam ; nous lui verrons jouer un grand rôle dans l'histoire de ce pays, à une date reculée. Ce sont les Cosséens de la géographie classique, qui met dans le Nord de la Susiane des Cosséens, dont le nom paraît également un reste de celui de Kousch (3) ».

Dès 1854, en ne consultant que l'histoire, le baron

---

(1) *Les inscriptions en langue susienne, essai d'interprétation, par Jules Oppert, dans le Congrès international des Orientalistes.* Paris, 1873, p. 179.
(2) *Ibid.* p. 183.
(3) *Hist. anc. de l'Orient*, t. IV, p. 57.

d'Ekstein écrivait : « N'étaient les traditions mythiques des Grecs sur les origines de Suse la Memnonienne, sur les grandees routes de commerce fondées par les Ethiopiens de Suse et de Babylone, routes qui traversent la Syrie, aboutissent à Kyzikos, dont le nom est littéralement identique avec le mot de Kouskikas, avec la forme sanscrite du nom de Cousch, que saurions-nous de cet antique dieu des Couschites, de ce beau Memnon, dont la mort est pleurée à la fleur de l'âge (1) ».

M. Dieulafoy vient jeter sur toutes ces notions déjà très précises, la clarté de ses études approfondies, « Hapartip, qui dans les inscriptions achéménides du deuxième système, s'entend de la même contrée que l'Elam des Sémites et l'Ouvaja des Ariens n'est autre que le mot Hapartip ou Habardip découvert sur les briques susiennes et dans les inscriptions rupestres de Malamir.

« Du mot Habardip les Grecs firent Amardes et Mardes. Or les Mardes occupaient, en tant que peuple, le centre du Massif du Zagros, et possédaient sans doute les deux grandes villes dont on trouve les ruines à Sousan et à Chekiaft-Salmon, mais que leurs tribus transhumaient des montagnes de la Susiane jusqu'aux steppes hyrcaniennes, leur patrie originelle (2).

« Les Grecs, qui arrivaient de Sardes, traversaient, dès leur entrée dans les Etats du roi de Suze un pays montagneux habité par des tribus Koussies ou Kachchies de la même famille anthropologique que les Mardes et les Uxiens. Le nom de ces tribus servit d'abord à désigner l'ancien royaume Susien, mais quand l'Etat-major d'Alexandre eut appris la géographie de la Perse, le mot de Kissie tomba

---

(1) Athenœum franc. du 22 avril 1854 ; *Les Ethiopiens de l'Asie*, par le baron d'Ekstein, p. 364.

(2) On voit que M. Dieulafoy est dans le courant de l'opinion à peu près universelle et si fausse, qui place au delà de l'Indou-Kousch le berceau de l'humanité. Nous montrerons plus loin que les Chouschites sont originaires de la Susiane.

en désuétude et fut remplacée par Cossée, qui ne s'appliqua plus dès lors qu'au territoire des Cosséens Koussis, situé à l'extrême nord de l'Ansan-Sousounka.

« La dernière province susienne dont le nom nous soit parvenu est le Nîmê ou Nimma... Il est... à supposer que le Nimma était l'extrémité de la corne Nord-Ouest des monts Zagros, extrémité par laquelle s'établissait le seul contact immédiat de l'Anzan-Sousounka et de la Chaldée.

« Nîmê ou Nimma, Koussi, Hapartip, Houssie seraient donc les noms susiens des provinces frontières qui correspondent respectivement à la Cossée, à l'Elymaïde, à l'Amardie, à l'Uxie des historiens classiques (1)... »

Ce qui ressort de ces diverses dénominations, et devient d'une importance capitale, est le nom même que portait la Susiane avant la conquête d'Alexandre : elle s'appelait la Chouschie où la Kachchies. Or nous allons voir que le nom grec de Susiane n'est que la traduction du nom susien.

Nous commencerons par reproduire deux inscriptions susiennes. Nous y verrons sous toutes leurs formes les dénominations que se donnaient les Susiens eux-mêmes. Notre reproduction donnera le texte susien, latin et français.

1re Inscription.

U Sutruk-Nahunte sak Halludus an'in susinak.
Ego Sutruknachuntes filius Hallundus rēx susius.
Je suis Sutruk-Nakunté, fils d'Halludus, roi susien.

Gik s'unkik anzan susunqua E rienqus tibu.
Dominus regens planitiem susianæ, domum ex latere perfici
Le seigneur qui règne sur la plaine de Susiane, j'ai construit un palais en briques.

Aak his'ean an'in susinak napir-uri-mas ahan.
Et nomen regis Susiani in servitute (deorum) nunquam

---

(1) *L'Acropole de Suse*, chap. 1.

Et je n'ai jamais souillé le nom du roi susien dans le service des dieux.

  Hali probar hus in-halik-umas an'in susinak
Contaminavi monumentum istud sine opprobrio regis Susii
Que ce monument subsiste sans fin (indemne) de la honte

   Napar-uri in lina telakni.
  Servi (deorum) sine fine vivas
  Du roi susien, serviteur des dieux.

2ᵉ INSCRIPTION.

O Kutir nah'hu un te sa ak sucut ru uk na hu un te.
  Ego Kudurnachuntes filius sutruk Nachuntes.
 Je suis Kudur-Nakhunte, fils de Sudruck-Nachunte.
  Gi ik liba ak ha ni ik an'in su se na ak, gi ik
  Dominus potens imperator rex susius, Dominus
 Le seigneur puissant, l'empereur roi susien, le maître,
su un ki ik an-zan Susu un qua Tema an La ga ma remas
  regens planitiem Susianæ templum deo Lagamaro
qui régit la plaine de la Susiane. J'ai démoli l'ancien
(. mi si ir ma na s'ar rah .... ni a ak
  (consecratum) vetus erui ..... dedicavi et
temple du dieu Lagamar J'ai consacré un
  Kusi e an'in Susina ak na pir u ri hut te a ak
 fundavi domum regis Susiorum servi, perfectum est
temple nouveau et j'ai fondé un palais pour le roi Susien,
       [l'esclave des Dieux.]
  .... li kumas li ma nu te la ak ni
   et in eo populus semper vivat.
 Il a été fait et que le peuple y vive toujours (1).

Nous nous permettrons une observation sur la traduction produite par le savant assyriologue.

---

(1) Nous avons emprunté le texte des inscriptions et leur traduction à M. Oppert: *Les inscriptions en langue susienne, dans les mémoires du Congrès des Orientalistes de Paris*, t. II.

Il traduit Susinak, Susinaak par l'adjectif Susius et Susuun, Susuunqua par le substantif Susiane. A notre avis, le contraire serait la vraie traduction. On ne peut en effet faire venir Susiane de Susunqua, tandis qu'il dérive très naturellement de Susinaak, par la chute de la syllabe finale et la transposition de l'a.

De plus, Susuunqua, selon nous, n'est pas même l'adjectif Susius, il exprime le nom de la ville de Suse. On ne disait pas la plaine de la Susiane, mais la plaine de Suse. « Cela est si vrai, dit M. Dieulafoy, qu'Esdras distingue les Elamites des Sunachiens, c'est-à-dire les habitants des terres hautes, des habitants des plateaux de la Suside, et que dans la géographie de Strabon, l'Elymaïde doit s'entendre du Loristan, tandis que la Suside correspond à la région des plaines qui environnent la capitale (1). »

L'opinion que nous émettons sur le sens strict de Susinaak nous paraît être celle de M. Maspéro : « le nom national, écrit-il, était Shoushinak, d'où Susiane ».

Le même savant, avec le commun des Assyriologues, n'orthographie pas ce mot, non plus, de la même façon que M. Oppert. Celui-ci emploie l's simple, M. Maspéro écrit sh, Shoushinak. Suse, dit-il encore, est désigné par Shoushen ou Shoushoun, dans les textes susiens, Shoushan dans les textes assyriens (2) ».

Cette différence est essentielle ; à elle seule, si les Assyriologues orthographient bien, elle confirme toute notre thèse.

Quel son faut-il donner à l's Susien. Les Grecs l'ont rendu par leur s et M. Oppert s'en tient à cette consonnance. M. Maspéro y joint un h, ce qui change le son de l's et lui donne celui de sh, pour le prononcer du son guttural et dur de k. Le son dur est employé par les Arabes dans

(1) Dieulafoy, *L'Acropole de Suse*, ch. 1, p. 42.
(2) Maspéro, *Histoire ancienne des peuples de l'Orient*, chap. IV, p. 159, note.

le nom de Kousistan, qu'ils ont substitué au nom grec de Susian.

Si nous avons le droit d'adopter la phonétique arabe, nous devons écrire et prononcer Chousiane, Kousiane, où nous retrouvons le nom même de Chus; la Kousiane signifierait le pays de Kus. Si au contraire nous devons nous en tenir à la prononciation de l's simple, la Susiane, comme beaucoup d'autres noms géographiques, ne nous présente aucun sens connu.

Est-il possible de faire concorder l'orthographe grecque avec la phonétique arabe ? Nous le croyons.

La connaissance d'une langue morte n'entraîne pas par elle-même la connaissance des sons de cette langue. La langue romaine est la mère des langues de l'Europe méridionale, de notre langue française en particulier. Cependant on discute encore sur la véritable prononciation latine. La langue susienne est à peine connue. Le fût-elle davantage que nous ne saurions pas pour cela tous les sons de ses articulations. La science des sons n'est pas intuitive, elle est forcément traditionnelle.

Quelle était donc la prononciation grecque ? Car il y a deux manières de transporter dans une langue vivante les mots de langues étrangères. Il y a la méthode des langues orientales, d'écrire les noms étrangers comme ils se prononcent, et la méthode des peuples occidentaux, de négliger le son pour ne considérer que leur structure grammaticale. Dans le premier cas, vous avez le son sans l'orthographe; dans le second vous avez l'orthographe sans le son. Cette dernière méthode a un inconvénient considérable. L'articulation n'indique pas le son, et cependant l'usage exige qu'elle soit prononcée d'après la phonétique de la langue à laquelle elle appartient. Aujourd'hui la mode étant aux emprunts faits aux langues étrangères, pour parler notre langue française, ainsi que nous l'avons déjà fait remarquer, il faut, sous peine d'être taxés d'ignorance, savoir lire et prononcer la plupart des langues européennes.

Cette méthode était celle de la Grèce. N'adoptant pas la méthode des langues orientales, elle n'écrivait pas les noms étrangers d'après leur valeur phonétique, mais d'après leurs signes orthographiques. Elle rendit donc l's susien par l's grec ou le σ. Mais quelle en était la prononciation? c'est le point qu'il faudrait établir. On ne peut arguer de l'orthographe grecque de la Susiane à la vraie prononciation. Nous ne sommes pas plus autorisés à lire Susiane qu'à prononcer Sakespéare, parce que nous l'écrivons ainsi; le *sh* anglais n'existant pas en français comme articulation propre. Il peut se faire que les Grecs, en écrivant Susiane, prononçassent Kousiane, de même qu'en écrivant Shakespeare nous prononçons Chekspire.

L'orthographe grecque de Susiane laisse donc indécise la véritable prononciation du mot.

Nous ne sommes pas pour cela sans renseignements; nous avons la prononciation aryenne, qui nous est connue par la manière dont ils écrivaient Susinaak. D'après M. Oppert lui-même, les Aryens donnaient à la Susiane le nom d'Uvasah ou Kus (1). Pour le moment, nous ne voulons retenir que le nom de Kus, parce que cette appellation, de la part des Aryens, tranche la question. Ceux-ci ne sont pas les habitants primitifs de la Susiane, mais ils en ont toujours été les voisins comme nous l'avons vu, et par leur lieu d'origine et par leur lieu de développement, et parce qu'ils ont été, au début de l'histoire, les conquérants de la plupart des peuples Chouschites de la Perse et de l'Inde. Dans ces conditions, ils sont les témoins irrécusables de la prononciation susienne; ils n'ont pu écrire et prononcer Kus ce que les susiens prononçaient Sus. Ou leur témoignage est incontestable, ou il n'y a plus de certitude historique.

(1) Oppert, *Les inscriptions en langue susienne dans les mémoires du Congrès des orientalistes de Paris*, t. II, p. 179.

Nous avons de plus la tradition persane elle-même. On nous objecte que la dénomination de Kousistan est arabe et date du moyen âge. Nous le reconnaissons, mais manque-t-elle pour cela d'être traditionnelle dans son premier et principal radical ? Quand les Arabes ont conquis la Perse, au milieu du VII° siècle de l'ère chrétienne, quelle prononciation ont-ils trouvée dans la Susiane ? Auraient-ils trouvé la prononciation Sus dans la bouche du peuple conquis, et lui auraient-ils substitué la prononciation et l'orthographe Kus. Quel eût été le motif d'une pareille substitution ? On comprend un changement de nom, on comprend un changement d'orthographe pour mieux la mettre en harmonie avec le son, on ne comprend pas un changement de son exprimé par un changement d'orthographe. Nous répétons ce que nous avons dit plus haut ; la nation arabe n'a pas anéanti la tradition persane. Ce serait bien mal se représenter son invasion, que de supposer qu'elle est demeurée étrangère à la langue, à l'histoire, à l'étude des monuments du peuple qu'elle venait de soumettre. Ce n'était pas un peuple barbare envahissant un peuple barbare, c'était un peuple qui avait sa civilisation propre, sa littérature, sa science, et qui s'imposait à une autre nation plus civilisée encore, à une nation qui avait une histoire antique, des monuments merveilleux, un glorieux passé. Tout cela attira forcément son attention, et fut la source, deux ou trois siècles plus tard, d'un développement scientifique et littéraire, qui rendit célèbre, au moyen âge, l'empire persan des Arabes. Quand Hamzah d'Ispahân nous dit que « Schousch est la forme arabe donnée au nom de Suse », l'écrivain arabe n'ignorait donc ni l'orthographe susienne, ni sa phonétique, et on n'expliquera jamais la nouvelle forme, sinon que l's arabe n'ayant pas le même son que l's susien, l'articulation initiale du mot a été changée pour en rendre le son.

Quand encore ils nous affirment, que dans le susien, l's est le synonyme du c et du k, nous n'avons aucune raison de récuser leur témoignage. Nous n'humilierons pas nos assyriologues en disant qu'ils devaient en savoir plus long qu'eux sur ce point, car ils continuaient sur place une vie, une science, une littérature auxquelles nous sommes étrangers par les mœurs, les siècles et la distance.

Au surplus, qu'est-ce que leur affirmation aurait d'étrange ? Rien de plus naturel que l's fût à la fois une sifflante et une gutturale. Nous avons absolument le même fait dans notre langue. Le c a trois sons différents, il est sifflant dans citoyen, guttural dans cabal, en même temps que joint à l'h il forme une articulation et un son spéciaux. A la place du c, l's pourrait très bien jouer ce triple rôle. Il servirait très bien à former les mots de sitoyen, sabale et sharité. Pour avoir ces valeurs, il ne lui manque que l'usage.

Nous avons enfin la tradition locale. Une population antique de la Susiane sont les Négritos. Aujourd'hui une partie des habitants de la région est un métis de Négritos et d'Arabes. Mais il existe encore quelques groupes de Négritos à l'état presque pur. L'un des plus importants s'abrite au milieu des ruines de Suse. C'est un débris de population sur un débris de monuments. Quel nom donnent-ils aux ruines qu'ils habitent ? ils ne les nomment pas Suus, ils disent *Chous*, *Kous*. Il y a là une attestation certaine de la prononciation et de la tradition nationales. Car les Négritos ont été la population primitive de la Susiane, la population autochthone, comme nous le montrerons plus loin.

Nous pouvons donc écrire et prononcer Kousiane, ce pays des Négritos. Le Kousisme a tout imprégné dans cette région.

Un fait bien remarquable, que nous fournit encore l'assyriologie, se trouve dans le nom des divinités susiennes. « Au sommet de la hiérarchie divine, nous dit M. Maspéro, trônaient, ce semble, un dieu et une déesse suprêmes nommés à Suse Shousinka et Nakhounté... Ce Shousinka, est un nom chouschite ; la divinité ne serait-elle pas Chus lui-même, le chef de la race ? Ce qui n'est pas moins remarquable, ce sont les divinités secondaires. « Viennent ensuite six dieux de premier ordre, répartis en deux triades, et dont le plus connu Oumman est peut-être le Memnon grec ». Or Chus eut six enfants, qu'on peut également diviser en deux triades : la première formée de ceux de ses fils qui peuplèrent l'Asie antérieure : Nemrod, Hevila et Regma ; la seconde composée de ceux qui peuplèrent la Nubie et l'Afrique : Saba, Sabatta et Sabataka.

Il est communément admis, contre l'opinion de M. Oppert, même par ceux qui reconnaissent l'existence des Touraniens, que la dynastie susienne, qui conquit Babylone en 2283, n'était pas touranienne, mais chouschite. M. Oppert lui-même lui a donné le nom de dynastie Kudurille, du nom de ses rois Kudurnakhounta, Kurdormabug, Kurdulaumor, la première syllabe s'écrivant Kudur ou Kador.

Enfin il n'est pas jusqu'à la langue susienne où ce mot de Chus ne soit entré, pour achever d'attester l'existence de sa descendance en Susiane. On y trouve le mot de *Kus*, jusqu'à. Dans la deuxième inscription que nous avons citée, Kudurnachunte déclare avoir bâti le temple du dieu *Lagamar*. Quel mot emploie-t-il ? *Kusi*, il a fondé. N'est-il pas digne d'attention, que le mot fondé, fondateur, soit identique à celui de Chus, le grand fondateur des civilisations persane, indienne et égypto-nubienne ? Ne pouvons-nous pas encore être surpris de rencontrer dans cette inscription l'expression de *Suunkik, regens*, gouvernant ?

La Susiane est donc bien le pays de Chus et des Chouschites. Tout le démontre : les inductions bibliques qui placent Cham dans cette région ; la tradition historique, qui fait remonter à ce fils de Noé par Chus, la généalogie de la plupart des provinces de la Perse ; l'anthropologie, qui y voit une population de Négritos ; l'Assyriologie, qui nous fait lire partout sur les monuments le nom de Chous ; la philologie qui nous montre ce nom répandu dans la langue susienne, dans les lieux géographiques et constituant le radical de la Susiane, le nom même de la région.

Jamais certitude historique n'a reposé sur des preuves plus nombreuses et plus probantes. Elles mettent désormais ce point hors de contestation, c'est qu'à l'Est de l'Assyrie, nous rencontrons un pays essentiellement Chouschite.

CHAPITRE XXIV

Les Chouschites de la Nubie et l'Égyptologie.

Nom chouschite de la Nubie — Tous les monuments et toute l'histoire de l'Egypte donnent à ces populations le nom de chouschites.

Notre but serait atteint, si nous ne nous occupions que des populations chouschites de la Susiane. La science nous a trop bien servi pour ne pas nous inspirer l'idée d'aller plus loin, pour nous faire désespérer de ses bons offices dans l'étude complète de cette race.

La tradition nous avait signalé des Chouschites dans l'Asie antérieure ; l'histoire et la science modernes semblaient avoir pris à tâche de les en faire disparaître. Se ravisant depuis quelque temps, elles viennent de nous les faire retrouver avec une certitude qui défie toute contestation.

La même tradition nous les montre également en Afrique. Qu'en pense la science ?

Plus unanimement encore, la présence des Chouschites en Egypte, dans sa partie méridionale, sur le Nil supérieur, n'est l'objet d'aucune contestation de la part des savants.

Il est admis aussi qu'ils ne peuplaient pas l'Egypte, mais la Nubie, qui portait le nom même de Chousche, elle s'appelait le *to-Quonsit*.

Divisée très anciennement en nomes, le plus méridional d'entre eux portait le nom de *to-Quonsit*, comme la Nubie à laquelle il confinait.

Dans la moyenne Egypte, il y avait un nome, celui de l'Iatef inférieur, dont la capitale était Kousit, près de Thèbes.

Kons au Quons, troisième personne de la triade Thébaine, est le dieu principal du temple de Karnac désigné sous la lettre D dans l'ouvrage de M. Mariette: *Karnak, études topographiques et archéologiques* (1).

Sous la VIe dynastie, s'étendait au delà de la première cataracte, presqu'au fond de l'Abyssinie, une contrée qui était à l'Egypte ancienne ce qu'est le Soudan à l'Egypte moderne, c'était ce que l'on appelait dès lors le pays de Cousch ou l'Ethiopie (2).

Quelques expéditions contre les Syriens et contre les Nègres confirmèrent la suzeraineté de Thautmos II sur l'Asie et sur l'Ethiopie. Les tribus de la Nubie sans cesse en armes depuis l'époque d'Athmos 1er, semblèrent enfin se résigner à la perte de leur liberté. Le pays, partagé en nomes, sur le modèle de l'Egypte, fut érigé en une vraie royauté, qui s'agrandit au détriment des peuplades éthiopiennes, et s'étendit de la première cataracte aux montagnes d'Abyssinie. D'abord confié à de grands fonctionnaires, ce gouvernement devint une des charges les plus importantes de l'Etat, et l'usage prévalut à la cour d'y nommer l'héritier de la couronne avec le titre de prince de Cousche. Quelquefois le titre était purement honorifique, le jeune prince demeurait auprès de son père, tandis qu'un chef administrait pour lui, souvent il gouvernait lui-même et faisait l'apprentissage de son métier de roi dans les régions du haut Nil (3).

---

(1) P. 71.
(2) F. Lenormant, *Hist. anc. de l'Orient*, t. II, p. 108.
(3) Maspéro, *Histoire anc. des peuples de l'Orient*, p. 245. C'est l'équivalent du nom de Dauphin porté par les aînés des rois de France.

Voici un ordre royal adressé à l'un des princes de Cousch. Ce document existe en original au musée égyptien de Turin.

« Celui qui tient en respect des centaines de mille..... le roi de la haute et basse Egypte.....

« Ordre royal au fils royal de Coush, basilicogramate de l'armée, intendant du grenier, le capitaine Pinhasi, des auxiliaires étrangers du roi.

« Cet ordre royal t'est porté pour te dire ceci :

« J'envoie Inousa, le majordome, contrôleur royal, le faisant partir pour les affaires du roi, son seigneur. Il part pour les exécuter dans le midi...

Pour les Egyptiens, dit de son côté M. Chabas, les Couschites comprenaient soit l'ensemble des peuplades vivant au sud de l'Egypte, soit au moins un groupe notable de ces populations... Rien, dans les textes, n'autorise à penser qu'ils aient jamais limité l'emploi du nom de Cousch à l'Ethiopie de Meroé. Presque tous les Pharaons ont guerroyé dans cette direction et à propos de la moindre expédition dirigée contre les Nègres d'au delà de la première cataracte, se vantent d'avoir écrasé la *vile Coush* (1).

Nous n'insisterons pas davantage sur une thèse historique qui est de toute évidence. Il n'est pas moins certain que des Chouschites ont habité la Haute-Egypte, qu'il ne l'est qu'ils ont habité la Susiane et l'Asie antérieure.

Nous avons à rechercher maintenant si les Chouschites de l'Asie et ceux de l'Afrique étaient de même race.

(1) Chabas, *Etudes sur l'antiquité historique,* p. 136.

CHAPITRE XXV

Identité des Chouschites d'Asie et des Chouschites d'Afrique.

La communauté de nom entraîne la communauté de races.— L'histoire ne reconnaît qu'une seule famille chouschite. — Les savants sont d'accord pour faire venir d'Asie les Chouschites de la Nubie. — Le nom des divinités de la Nubie est le même que celui des divinités de la Susiane. — Les noms des enfants de Chus se retrouvent dans le nom des villes et des dynasties nubiennes.

Jusqu'à présent la question Chouschite n'a pas été traitée à fond. Peut-être que mieux étudiée, elle aurait amené la solution de la question Nègre.

Nous venons de signaler l'aire habitée par les Chouschites ; ils s'étendaient de l'Inde jusque sur le haut Nil ; il y avait les Chouschites d'Asie et ceux d'Afrique. Formaient-ils deux races ayant une origine commune ou une origine distincte ?

La réponse n'est douteuse, ni au point de vue des principes, ni au point de vue de la tradition et de l'accord des savants, ni au point de vue philologique.

Il n'y aurait plus rien de certain en histoire et en ethnographie, si deux races d'origine différente avaient porté le même nom. Nous ne disons pas que le fait soit rigoureusement impossible. Nous voyons bien, par exemple, dans la descendance immédiate des enfants de Noé, deux Hévilah, chefs de race, n'ayant pas la même origine ; l'un était Sémite et l'autre Chamite. Mais l'histoire en fait la distinction. Tant que cette distinction n'est pas établie par des preuves positives, le principe demeure : le nom est le signe distinctif des individus et des peuples : l'identité du nom entraîne l'identité de la race.

On ne peut nous objecter la différence des lieux habités. Les races primitives n'étaient pas faites pour demeurer rassemblées ; il y a eu de tout temps et aujourd'hui encore, l'esprit colonisateur qui porte à des points extrêmes les tronçons d'un même peuple. Dans le cas présent, nous n'avons même pas à invoquer ces considérations ; il n'y a pas de solution de continuité entre les Chouschites d'Asie et ceux de la Haute Égypte ; les Chouschites de l'Asie se trouvaient certainement répandus dans l'Arabie Pétrée, et selon l'opinion la plus commune, dans l'Arabie méridionale ou l'Iémen.

Aussi la tradition et l'histoire ont-elles été unanimes, dans les temps anciens, à ne faire qu'une seule famille de la race chouschite d'Egypte et d'Asie.

« Nous pouvons les suivre, écrit le baron d'Ekstein, sur la route de la Méditerranée, depuis le delta de l'Egypte jusqu'à Joppé, sur les rivages de la Palestine..... Ce n'est pas tout encore, on est obligé de rapporter à cette race les grandes voies de communication dans l'intérieur de l'Asie et dans une portion de l'intérieur de l'Afrique (1).

Les savants les plus hostiles à l'identification des Chouschites et des nègres se voient forcés néanmoins de faire venir d'Asie les Chouschites de la Nubie.

« Dans le désert et au-delà de la seconde cataracte, selon M. Maspéro, erraient cent tribus aux noms étranges, Shemik, Khasa, Sous, Koas, Agin, Anau, Sabiri, Akiti, Makera, toujours prêtes aux razzias, toujours battues et jamais soumises. Elles appartenaient à une race blanche, la race de Kousch, qui, peu après la conquête Memphite, avait fait son apparition sur les bords de la mer Rouge et avait refoulé les nègres vers la région du Haut-Nil (2) ».

---

(1) *L'Athenœum* du 22 avril 1854 : *Les Ethiopiens de l'Asie*, par le baron d'Ekstein, p. 364.

(2) Les passages que nous citons de M. Maspéro et de M. Lenormant contiennent autant d'erreurs historiques que de mots. Les histoires de ces deux érudits, dont l'un obéit constamment à l'esprit de

Ailleurs il dit encore : « La reine Hatsopsitou lança sur la mer Rouge une escadre de cinq vaisseaux, qu'un voyage heureux mena aux échelles de l'Encens, sur la côte du pays des Aromates, à peu de distance du cap Guadarfui. Les Egyptiens, descendus à terre, dressèrent une tente dans laquelle ils entassèrent leurs pacotilles, pour les échanger contre les produits du pays. Les indigènes appartenaient à la même race que les Chouschites de l'Arabie méridionale et de la Nubie. Ils étaient grands, élancés, d'une couleur qui varie entre le rouge brique et le brun presque noir (1).

Donnons encore ce passage de F. Lenormant :

Lorsque la VIe dynastie dominait en Egypte, la race Hamitique de Kousch n'était pas encore venue s'établir en Afrique, où elle dut pénétrer en franchissant la mer Rouge (2).

« Sans limites bien précises, sans unité d'organisation ou de territoire, l'Ethiopie nourrissait des populations nombreuses diverses d'origine et de race ; c'étaient ici des peuplades de nègres, là des tribus variés de Couschites du sang de Ham, qui étaient venus s'y établir depuis le temps de la VIe dynastie égyptienne, et qui avaient valu au pays son nom (3) ».

Malgré les mauvaises raisons sur lesquelles ils s'appuient, les savants antibibliques sont donc obligés de reconnaître la parenté des Chouschites asiatiques et des Chouschites nubiens. La nier du reste, serait nier l'évidence, qui ressort encore si clairement des identités philologiques.

système, dont l'autre anti-biblique et sectaire, professe à la fois les opinions les plus contraires, sont fréquemment en opposition avec les affirmations des plus grands assyriologues : Champollion, Mariette, de Rougé. Les ouvrages de ces grands savants ne sont pas lus du public, tandis que les histoires de MM. Maspéro et Lenormant sont entre toutes les mains et versent mille erreurs historiques dans l'esprit du public instruit, particulièrement de nos écoles d'enseignement secondaire et supérieur.

(1) Maspéro, *ibid.*
(2) Lenormant, *Histoire anc. de l'Orient*, t. II, p. 92.
(3) It. *ibid.* p. 109.

L'un des principaux dieux de la Haute-Egypte était Râ, auquel était associé son fils Shou.

Râ, indigné de l'ingratitude des hommes qu'il avait créés, rassemble le conseil des dieux, qui décidèrent de détruire la race des coupables. La déesse Tafnout, à tête de lionne, descendit parmi eux, les massacra, et baigna ses pieds dans leur sang, plusieurs nuits durant, jusqu'à la ville de Khninsou. Le sang recueilli fut offert à Râ, que cette offrande apaisa. Il jura d'épargner désormais les hommes, mais fatigué ensuite de vivre parmi eux, il s'envola au ciel et remit la royauté à son fils Shou.

Shou fut un dieu principal. Selon M. Mariette, un des temples de Karnak lui était spécialement consacré sous le nom de Kons, qui était la troisième personne de la triade Thébaine (1).

Or, en Susiane, le dieu principal était Shoushinka. Les Nubiens et les Susiens appartenaient donc à la même famille ethnique ; leur culte de famille, ils l'exprimaient dans l'adoration de Choush, l'ancêtre commun.

La Bible reconnaît une race Chouschite, et non plusieurs. Elle donne le nom de ses chefs. Parmi eux figurent Saba, Sabata et Sabataka. Il n'est pas contestable que les Nubiens n'appartinssent à cette famille.

D'après Joseph, la capitale de la Nubie s'appelait Saba. Son nom fut changé par Cambyse, en celui de Méroé, du nom de la sœur de ce prince. La Susiane avait une ville du même nom. « Je transplantai en Elam les habitants de la Commagène, en Syrie, que j'avais atteints de ma main, dans l'obéissance des grands dieux, mes maîtres ; et je les plaçai sur le territoire d'Élam dans la ville de Sakbas (2).

La Nécropole de Sakkarah nous fait connaître le nom d'une pyramide des environs d'Aboukir.

---

(1) Mariette, Karnak, *Études topog. et archéol.* p. 71.
(2) Oppert, *Les inscriptions assy. des Sarg. et les fastes de Ninive* : gr. insc. de Khorstabad, p. 30.

« Le cartouche de Sahura, nous dit M. de Rougé, tracé à la sanguine, est encore visible dans plusieurs blocs de la pyramide, au nord d'Aboukir ; ce roi y fut certainement enseveli et une des nouvelles tombes de Sakkarah nous a rendu le nom de ce monument ; il se nommait Sa-ba ».

Saba appartient à la langue égyptienne et nubienne ; il signifierait apparition de l'âme. Employé au propre, il nous rappelle le nom biblique de Saba ; donné à la capitale d'un pays chouschite, donné à un tombeau de roi, dans un pays chouschite, il prouve que ce pays chouschite appartient à la famille biblique du même nom.

Voilà qui est plus étonnant peut-être. Au VII° siècle avant l'ère chrétienne, l'Egypte fut totalement subjuguée par les Chouschites de la Nubie, qui lui donnèrent sa XXV° dynastie. Quels furent les noms des rois de la dynastie éthiopienne ? Ce furent Schabaka et Schabatoka (1). Huit cents ans après Moïse, deux ou trois mille ans après Chus, nous retrouvons sur le trône de Nubie et d'Egypte, le nom de deux des fils de Chus. Quelle persistance de la tradition ! Quel signe manifeste de l'unité de la grande famille chouschite ! Si la science indépendante avait, dans ses traditions Zend ou védiques, des arguments d'une pareille solidité, quel emploi n'en ferait-elle pas contre l'autorité du livre divin ; nous les retenons à son profit ; en attendant qu'elle infirme leur valeur, nous rangeons parmi les conclusions scientifiques les plus indiscutables la parenté originelle des Chouschites de l'Asie et de la Nubie.

---

(1) Lenormant, *Hist. anc. de l'Orient*, t. II, les Egyptiens, p. 358. — Maspéro, Oppert, etc.

CHAPITRE XXVI

IDENTITÉ DES CHOUSCHITES AVEC LES NÉGRITOS ET LES NÈGRES.

Toute l'antiquité a donné aux Chouschites le nom d'Ethiopiens ou noirs. — L'Egyptologie prouve la solidité de cette tradition. — Raisons pour lesquelles certains savants la combattent. — La Susiane est essentiellement chouschite et on n'y retrouve cependant qu'une race : les Négritos. — Nulle part en Assyrie, en Perse, on ne retrouve des Chouschites formant une race distincte. — Impossibilité pour les savants anti-bibliques de déterminer le type chouschite. — Contradictions des savants sur la couleur des Chouschites de Nubie. — La race chouschite connue de tout temps en Nubie. — De tout temps aussi la Nubie n'a renfermé que des races noires. — Identification forcée des Chouschites et des noirs de Nubie. — Cette identité doit s'étendre à tous les Nègres de l'Afrique. — Ni l'anthropologie ni la science ne s'opposent à cette identification. — Rôle propondérant et faux qu'on a fait jouer à l'anthropologie dans l'origine des races.

Il n'y a qu'une famille Chouschite, depuis les bords de l'Indus jusqu'aux sources du Nil. Cette grande famille a pu se diviser en plusieurs rameaux; elle sort d'un tronc unique ; toutes ses ramifications se rencontrent dans un ancêtre commun. Telle est la démonstration fournie dans les chapitres précédents.

Nous devons faire un pas de plus, nous devons rechercher quelle était cette race.

Nous le répétons, le X° chapitre de la Genèse en donne l'origine. Elle vient de Chus, l'aîné des fils de Cham. Mais par quels types est-elle représentée au sein de l'humanité ? quels peuples a-t-elle formés ? quelles nations en descendent ? Ainsi, quoi qu'en veuillent certains érudits, l'ensemble des savants est d'accord pour admettre que les

Egyptiens proprement dits sont des Chamites (1), aussi bien que les Chananéens ; que les Aryens appartiennent à la race japhétique, et contre ces conclusions ne s'élèvent que les autochthones, c'est-à-dire ceux qui professent la pluralité originelle des races et leur naissance dans le lieu qu'elles habitent. A quel type donc faut-il rapporter la race chouschite, si répandue aux premiers âges de l'histoire ? Fût-elle éteinte dans sa pureté primitive, elle doit avoir, comme toutes les grandes races du commencement, une descendance plus ou moins transformée par des alliances de toutes sortes, que l'histoire et la science reconnaissent néanmoins et signalent.

La tradition biblique continuée par la tradition catholique n'a jamais varié sur ce point. La tradition grecque et classique a été aussi unanime à reconnaître les Chouschites dans les Négritos et les Noirs.

En faveur de cette dernière, nous avons déjà invoqué le témoignage du baron d'Ekstein. Nous rappelons la citation que nous lui avons empruntée :

« N'étaient les traditions mythiques des Grecs sur les origines de Suse, la Mnémonienne, sur les grandes routes de commerce fondées par les Éthiopiens de Suse et de Babylone, routes qui traversent la Syrie, aboutissant à *Kyziskos*, dont le nom est littéralement identique avec le mot de Khouskikas, avec la forme sanscrite du nom de Cousch, que saurions-nous de cet antique dieu des Couschites, de ce beau Memnon,..... dont la mort est pleurée à la fleur de l'âge (2) ».

« Les Grecs eux-mêmes, écrit de son côté M. Dieulafoy, paraissent avoir connu les deux races susiennes. Leurs vieux poètes ne donnent-ils pas pour descendants

---

(1) M. de Rougé a fourni cette démonstration par la linguistique, dans son ouvrage : *Recherches sur les monuments qu'on peut attribuer aux six premières dynasties de Manéthon.*

(2) *Les Éthiopiens de l'Asie*, par le baron d'Ekstein, dans *l'Athenœum* du 22 avril 1854, p. 364.

directs au susien Memnon, au légendaire héros qui périt sous les murs de Troie, un nègre, *Thithon* et une montagnarde blanche *Kissia*? Ne font-ils pas commander à Memnon une armée composée de régiments noirs et de régiments blancs (1) » ?

L'antiquité a donc donné aux Chouschites le nom d'Ethiopiens et les a confondus avec la race Noire.

Quels droits certains savants modernes ont-ils à contester l'autorité de cette tradition ? Elle a pu se tromper! Tout homme qui prend une plume ou qui ouvre la bouche pour parler peut se tromper. Elle a pu se tromper ! personne ne met en doute cette possibilité. S'est-elle trompée, voilà le fait qu'il s'agit d'éclaircir et qu'il faudrait démontrer.

Nous soutenons qu'elle ne s'est pas trompée, et nous le prouvons.

Portons notre attention sur un point particulier très important, sur les Chouschites de la Nubie. Nous nous croyons très forts, parce que l'Egyptologie s'est révélée à nous, et nous a fait connaître bien des choses qu'ignoraient nos devanciers. Nous sommes en possession d'une multitude de monuments égyptiens, qui éclairent le passé d'un jour tout nouveau. Ce sont justement ces monuments sans secrets pour notre époque, qui font la force de la tradition, que nous défendons. Nos contemporains ne savent pas mieux l'histoire de l'Égypte que les Égyptiens eux-mêmes. Toutes ces stèles, tous ces cartouches, tous ces signes hiéroglyphiques, ils les lisaient comme nous, bien plus couramment et bien plus sûrement ; ils ne se contentaient pas de les lire, ils les composaient eux-mêmes, ils en sont les auteurs. Sur leurs temples, sur leurs tombeaux, sur leurs demeures princières, ils écrivaient leur propre histoire ; celle de la Nubie se confondait avec elle. Quand, dans la rédaction de cette histoire, ils ne faisaient des Chouschites et des Nègres qu'un seul et même peuple,

(1) Dieulafoy, *l'Acropole de Suse*, ch. 1.

ils en savaient bien autant que nos savants modernes. Ceux-ci oseraient-ils dire qu'ils se trompaient, qu'ils ont en main des preuves de cette erreur? Jamais tradition historique n'a été plus certaine. Ce sont les Nubiens mêmes qui se donnaient tout ensemble le nom de Chouschites et de Nègres ; ce sont les Égyptiens qui confirmaient cette double dénomination. Aussi M. de Rougé a-t-il pu écrire « que *Khusk* est pour les Égyptiens, comme pour les Hébreux, le nom de la race éthiopienne (1) ».

Oui, vraiment pour les Hébreux, et l'autorité des Hébreux, celle de Moïse surtout, vaut ici celle des Egyptiens. Moïse était encore plus égyptologue que les plus célèbres de nos égyptologues. Tous les monuments dont nous explorons les ruines, il les avait vus dans leur splendide structure. Karnak, Memphis, Thèbes, Abydos étaient debout quand il les connut et les visita. Ces villes, ces monuments, les Hébreux ont contribué à les édifier. Ces inscriptions, ils en ont composé, peint, sculpté un grand nombre. La tradition hébraïque s'est donc inspirée sur place de la tradition égyptienne et elle a la même valeur.

Un groupe de nos savants modernes a changé tout cela. Les Chouschites et les Nègres sont deux races absolument distinctes. Il le faut bien : autrement que deviendraient non pas la science, mais les systèmes ? La race chouschite appartient au tableau généalogique de la Genèse, tandis que la race nègre y est étrangère, il n'y a donc pas de relations entre elles. « L'auteur du tableau ethnographique, si parfaitement renseigné sur les populations couschites du Haut-Nil et de la côte orientale d'Afrique, ne pouvait ignorer qu'elles étaient en contact direct avec les Noirs. Il est encore plus impossible qu'il n'ait pas connu le système de l'ethnographie égyptienne, où les trois grandes races des Rotou, de Amou et des Ta'hennou correspondent si exactement... à ces trois races de Ham,

---

(1) De Rougé, *Recherches* etc., p. 81.

Sehem et Japhet, et que par conséquent ils n'aient pas su si les Nègres formaient une quatrième race sous le nom de Na'hasiou (1) ».

Nous ne devons pas nous arrêter en aussi beau chemin; il nous faut aller jusqu'au bout de la pensée de ces savants.

« L'universalité du déluge n'est pas de foi; nous avons ajouté que dans notre conviction personnelle, le fait du déluge, en s'attachant même aux données de la Bible, devait être restreint, qu'à le bien peser et à le scruter jusqu'au fond, l'ensemble du texte de la Genèse, si l'on n'y prend pas isolément le récit diluvien, mais si l'on y met en parallèle quelques expressions très significatives de la généologie de Quaïnitea, donne l'impression que pour son auteur, une partie des descendants du fils maudit d'Adam avait échappé au cataclysme et était encore représenté par des populations existantes au temps où il écrivait (2) ».

(1) F. Lenormant, *Hist. anc. de l'Orient*, t. 1, p. 304. M. Lenormant si audacieux, si souvent erroné dans ses assertions, est aussi insaisissable, par la manière dont il a composé son ouvrage. Jamais il ne nous indique les sources où il puise, en sorte qu'on ne peut jamais vérifier ses assertions. Est-il bien vrai que la tradition égyptienne donnait le Nègre comme formant une quatrième race, c'est ce que nous n'avons pu contrôler.

(2) Item, *ibid.*, p. 312. — Voici ce que nous répondons à la théorie de la destruction partielle de l'humanité par le déluge, dans notre ouvrage: *Les livres saints et la science*, ch. VI, p. 453.

« Nous disons presque de foi: nous nous expliquons. L'unité de la race humaine en tant qu'elle descend d'un seul couple, Adam et Ève, est de foi catholique, parce qu'elle est définie comme telle par l'Église. Quant à l'unité noachique, l'Église ne l'a pas définie, car cette unité ne touche à aucun dogme et à aucune vérité doctrinale. Elle est un fait simplement historique, qui aurait pu ne pas exister, sans entamer en quoi que ce soit le symbole catholique. Mais nous disons qu'elle est de foi divine, qu'on ne peut la nier, parce qu'elle est formellement enseignée par la sainte Écriture et par la tradition. Tout le récit mosaïque du déluge en fait foi. C'est en vue du châtiment de l'humanité que ce grand événement s'est accompli. Le Nouveau Testament l'enseigne aussi bien que l'Ancien. « Et comme aux jours de Noé, ainsi sera l'avènement du Fils de l'Homme » dit

Voilà donc la pensée fondamentale de la critique rationaliste.

Il y a des faits historiques qui nous paraissent difficiles à expliquer, si on admet le récit génésiaque. Certaines traditions antiques donnent comme anté-diluviens le Miao, les Vraïgas, les Tizocuellezèques, les Quinametins. Une tradition égyptienne, conservée dans le *Timée* de Platon, dit que le midi de l'Egypte ne fut pas atteint par le déluge. Les Enaquim, les Emim, les Raphaïm, les Horim, les Zouzim, les Zomzommim sur lesquel les Hébreux firent la conquête de la Terre promise, ne se relient point à la généalogie des fils de Noé. On doit en dire autant du grand peuple d'Amaleq.

Alors une hypothèse arrangerait toutes les difficultés. Le déluge n'a pas été universel, il a épargné certaines races, la descendance de Caïn par exemple, frappé de la réprobation divine dès le commencement. Les Nègres, tous ces peuples que nous venons de citer seraient sa

S. Mathieu (XXIV, 37) paroles que S. Luc reproduit a peu près dans les mêmes termes : « Et comme il est arrivé aux jours de Noé, ainsi en sera-t-il aussi dans les jours du Fils de l'homme (XVII, 26). Pouvait-on exprimer plus formellement la destruction de tous les hommes par le déluge? Écoutons maintenant S. Pierre. « S'il n'a pas épargné l'ancien monde, mais n'a sauvé que sept personnes avec Noé, prédicateur de la justice, amenant le déluge sur le monde des impies ». (2ᵉ ép. II, 5.) Le premier chef infaillible de l'Église insiste de nouveau sur cette ruine de tous les hommes par le déluge : « Puisque le Christ lui-même est mort une fois pour nos péchés, le juste pour les injustes, afin de nous offrir à Dieu, ayant été mis à mort selon la chair, mais étant ressuscité selon l'esprit, en lequel il vint aussi prêcher les esprits retenus en prison, qui avaient été incrédules autrefois, lorsque aux jours de Noé ils se reposaient sur la patience de Dieu, pendant qu'on bâtissait l'arche dans laquelle peu de personnes, c'est-à-dire huit seulement furent sauvées » (1ᵉʳ ép. III, 8). La sainte Écriture, à moins que les mots n'aient plus de sens, condamne donc expressément l'opinion de M. Schœbel, que M. Lenormant.... croit pouvoir être professée, sous prétexte « que l'Église ne l'a jamais tranchée dogmatiquement d'une manière formelle ». Nous avons assez montré, dans notre chapitre préliminaire, ce que vaut cet argument.

lignée, leur dégénérescence physique et morale serait le signe de malédiction imprimé par le doigt vengeur de Dieu sur la personne de Caïn. Voilà l'invention réputée scientifique qui va mettre en repos la conscience du rationaliste catholique (1).

Pour la critique anti-chrétienne, c'est bien autre chose. L'antiquité de l'homme se perd dans l'innombrable série des siècles. Produit de l'évolution, il est antérieur aux temps historiques. Il a commencé par l'animalité, de là il a passé à l'état sauvage. Toutes les races historiques, partout où elles se sont installées, ont forcément rencontré des peuplades préexistantes qu'elles ont chassées ou absorbées. Les nègres en particulier sont une population première et autohcthone de l'Afrique, sur laquelle sont venues se greffer les populations égyptiennes.

On comprend que notre but ne peut être la réfutation directe de tous ces systèmes. Ils ne méritent pas du reste tant d'honneur. Ce ne sont que des hypothèses, l'une d'elle n'est qu'une hypothèse humiliante, et la science ne peut être une série d'hypothèses. Un homme de génie peut avoir l'intuition de la vérité, il crée alors une hypothèse, mais elle n'apparaît comme la vérité scientifique que du jour où bâtie en l'air, il vient la reprendre en sous-œuvre et lui donner pour soutien et pour assises une succession de faits nombreux, certains et invariables. Tel n'est pas le cas de celles imaginées afin de créer à la race nègre le privilège d'une antiquité ante-diluvienne ou indéfinie. Quant à nous, nous nous tenons sur le terrain solide des faits et des résultats acquis, c'est le seul scientifique.

Les résultats acquis à notre thèse sont que la Susiane

---

(1) Vraiment nous remercions Dieu de la simplicité de notre foi et de passer pour n'avoir pas une raison scientifique. Quelle humiliation pour cette pauvre raison, d'aller déterrer quelque vieille tradition inconnue et plus qu'incertaine, pour l'opposer aux paroles si claires de S. Mathieu, de S. Luc, et à la double déclaration si catégorique de S. Pierre !

est essentiellement chouschite, aussi bien que la Nubie, et que les Chouschites de ces deux régions ont une souche commune. A quelle race du globe devons-nous les rattacher? L'antiquité religieuse et profane en faisait des éthiopiens ; cette preuve, suffisante par elle-même, n'est pas la seule que nous puissions en fournir.

Il n'est pas nécessaire, pour obtenir une solution scientifique en dehors des affirmations de l'histoire, de démontrer l'identité des Chouschites, dans l'aire si vaste qu'ils ont habité de l'Asie antérieure et de la Nubie. Il nous suffit de la constater sur quelques points de cette vaste étendue pour qu'elle s'applique à tous les Couschites de ces régions.

Cette considération nous ramène en Susiane.

Notre travail va être singulièrement facilité par les travaux anthropologiques de M. Dieulafoy, accomplis sur place, et dont l'autorité aussi bien que la certitude ne peuvent être contestées.

A l'heure actuelle, quelles races habitent l'ancienne Susiane si essentiellement chouschite ? Nous citons textuellement le savant assyriologue.

« A Dizfoul, Suse, Konah, Ram-Ormuz en Susiane ; à Gourek, Haaram, Linga, Bender-Abbas dans le Fars et le Kerman, vivent des Négritos croisés d'aryens ou d'arabes et dans une proportion beaucoup plus faible de Bakhtyaris ».

Les Bakhtyaris, d'après le même savant (1), sont une population composée de diverses races mais dont le fond est mongole. Pas plus que les arabes et les aryens, ils ne sont une population chouschite. La Susiane moderne ne conserve donc aucune trace de Chouschites.

Dira-t-on qu'ils ont disparu pour être remplacés par les Négritos ? Jamais une race ne disparaît entièrement d'un pays ; elle y laisse toujours quelque vestige de son an-

---

(1) Dieulafoy, *ibid.*, p. 9.

cienne domination ; l'extermination d'un peuple n'est jamais complète. Les constatations de M. Dieulafoy n'autorisent pas du reste une pareille conclusion.

« Les Négritos possédaient la Susiane dès les temps les plus anciens, de même que l'Asie méridionale et orientale, où on retrouve partout leurs traces, îlots isolés au milieu des peuples conquérants (1).

« Pour le moment je ne retiendrai que deux faits :

« 1° La capitale de la monarchie susienne était sans doute la ville la plus ancienne de la région du Tigre et du Baroun, car seule elle émergeait des alluvions blanches répandues sur tous les pays limitrophes, semblables à ces soulèvements géologiques qui n'ont pas recouverts les étages les plus récents et qui montrent à fleur de sol leur antiquité relative.

« 2° La plaine de Suse était habitée comme l'Inde, l'Indo-Chine, les îles de la Sonde par des Négritos et non par les grands Noirs des côtes de l'Afrique.

« Toutes les présomptions scientifiques sont favorables à une occupation très ancienne des plaines de la Susiane par les Négritos.

« Les tribus mongoliques les trouvèrent maîtres du pays quand elles envahirent la Médie et les monts Zagros (2).

Ces données confirment la doctrine de M. de Quatrefages, que les Négritos sont la population primitive de tous les pays qu'ils ont habités. Il en résulte que les Chouschites, s'ils ne sont pas les Négritos, sont une population conquérante, qui a dû les refouler et se substituer à eux. Mais non ; l'anthropologie ne nous montre que des Négritos, aux époques les plus reculées comme aujourd'hui ; pas la moindre trace de Chouschites dans un pays essentiellement couschite, dont le nom propre est celui

---

(1) *Item, ibid.*, p. 27.
(2) *Item, ibid.*, p. 36.

même de Chousch. En revanche, une race essentiellement éthiopienne, les éthiopiens orientaux si connus des écrivains sacrés et des écrivains grecs. Pour une logique droite et pour une science sans *scrupule* et sans peur de la vérité, quelle peut bien être la conclusion de ce fait étrange, inexplicable, sinon que les négritos ou éthiopiens de l'histoire et de l'anthropologie sont bien certainement les Chouschites de la Genèse et de la linguistique.

La conclusion est d'autant plus rationnelle que les Négritos ne portent pas un nom générique, un nom de race comme toutes les autres races du globe, comme les Aryens, les Sémites, les Mongols ou les Touraniens, mais un nom purement anthropologique, tiré de leur constitution physique, c'est-à-dire de leur couleur et de leur structure. Qui leur a ravi leur nom générique? Ce ne sont pas les écrivains sacrés, ils les ont toujours appelés *Kussim*; ce sont les Grecs; ignorant leur généalogie, ils ont employé le nom si caractéristique que provoquait naturellement leur type physiologique. Le nom générique lui-même avait un inconvénient. La race, aux temps historiques, n'était plus guère constituée à l'état de nation; il y avait deux rameaux très distincts. Le nom générique ne faisait pas connaître cette distinction. Alors s'introduisit le nom anthropologique qui distinguait les rameaux. Les Négritos désignèrent les Couschites orientaux, les Nègres, les Chouschites occidentaux.

Si la critique rationaliste est dans l'impuissance de retrouver en Susiane la race Chouschite à moins de l'identifier avec les Négritos, elle ressent la même impuissance à nous signaler un seul Chouschite dans le reste de l'Asie antérieure, où ils étaient si nombreux, et cette impossibilité la met en contradiction avec ses propres déclarations. « Tout ceci nous démontre que pour l'auteur du document que fournit le chapitre X de la Genèse, Kousk est une grande famille de peuples couvrant une zone méridionale de territoires, depuis le Haut-Nil jusqu'au Bas-Indus à l'Est, famille dont l'unité physique était encore plus accusée dans la haute antiquité que de nos jours, mais n'a pas cependant tout à fait disparu, malgré les migrations, qui depuis ont superposé sur différents points d'autres races à ce *substratum* ethnique (1).

C'est justement cette race, qui « n'a pas tout à fait disparu » que nous vous demandons de nous faire apparaître, en nous indiquant ses traits caractéristiques. Vous nous les dites blancs ; vous avez si peur de la Bible, qui en fait des Chamites, que pour lui échapper, vous en faites un rameau sémitique, des Sémito-Chouschites (2), puis vous vous ravisez ; vous en faites le peuple de Sumer et d'Accad, et, cette fois, vous les convertissez sans doute en Touraniens (3). Décidez-vous, sont-ils des Sémites, sont-ils des Touraniens ? Avouez-le, ils ne sont ni l'un ni l'autre. Nous avons fait voir que la Chaldée n'a jamais possédé de Touraniens, mais seulement des Sémites et des Susiens, et vous même prouvez que les Chouschites de la

---

(1) Lenormant, *Hist. anc. de l'Orient*, t. 1, p. 268.

(2) « Les Kouschites de la Chaldée proprement dite se partagent en deux branches : les Sumers, cantonnés au sud et confinés à l'Océan et les Accad, plus au Nord, et dans le territoire desquels se trouvait Babylone.

« Quelles étaient les relations réciproques de la race kouschite et de la race sémitique de la Chaldée, dans quelle limite peut-on dire que les Kouschites de cette région n'étaient, comme les Kouschites de l'Iémen et de l'Ethiopie qu'une fraction séparée avant les autres de la souche sémitique commune ? C'est ce qu'il est difficile de déterminer dans l'état actuel de nos connaissances. Lenormant, *Hist. an. de l'Orient*, t. IV, ch. 1, § 2.

(3) « Dans le bassin de l'Euphrate et du Tigre, en Babylonie et en Chaldée, aussi haut que nous fassent remonter les monuments et les traditions, nous nous trouvons en présence de deux populations juxtaposées et dans bien des endroits enchevêtrées, d'une part, les Sémito-Kouschites, de l'autre, le peuple de Schoumer et d'Akkad, apparentés aux Touraniens de la Médie et de l'Elam ». *Ibid.*, t. 1, p. 309. Dans le tom. IV, les Chouschites sont le peuple de Sumer et d'Accad, dans le tom. 1, ils ne le sont pas. Pourquoi ce grand pourfendeur de la Bible se met-il si peu d'accord avec lui-même ?

Chaldée n'étaient pas des Sémites, quand vous nous montrez les Sémites incapables d'avoir créé la grande civilisation chaldéenne..... « Ce que nous connaissons des constructions, des sciences, des arts et de l'industrie des Couschites de l'Egypte paraissent être un puissant argument en faveur de l'origine couschite de la culture chaldéenne, culture qui à l'instar de celle de l'Egypte, était en plein épanouissement, tandis que les tribus sémitiques avoisinantes vivaient encore, pour la plupart, à l'état nomade et patriarcale (1) ».

« Dans ma pensée toute la grande civilisation qu'on désigne du nom un peu vague d'assyrienne avec ses arts plastiques, son écriture cunéiforme, ses institutions militaires et sacerdotales n'est pas l'œuvre des Sémites. La puissante faculté de conquête et de centralisation, qui semble avoir été le privilège de l'Assyrie, est précisément ce qui manque le plus à la race sémitique (2) ».

Si les Chouschites de la Chaldée ne sont ni des Touraniens, ni des Sémites, que sont-ils ? Ils sont ce qu'étaient les Susiens, des Négritos, les Négritos conduits par Nemrod, sur les bords du Tigre et de l'Euphrate.

En Perse vous n'êtes pas plus heureux. Dans le grand empire des Achéménides, il n'y a que quatre races : les Aryens, les Mongoles, les Sémites et les Susiens. Impossible encore de nous montrer des Choussites blancs, que vous placez partout et que vous ne rencontrez nulle part.

Au surplus, nous vous déclarons dans l'impossibilité de nous fournir les traits caractéristiques de la race Chouschite, et de nous dire à laquelle des peuples anciens elle est apparentée. Comment pourriez-vous les connaître ? Par l'histoire et par l'anthropologie. L'histoire, vous la répudiez, parce qu'elle affirme absolument le contraire de vos assertions : elle les identifie avec les Noirs ; l'his-

---

(1) It. *ibid.*, t. IV, ch. 11, 32.
(2) Renan, *Hist. génér. des lang. sémit.* p. 69.

toire se taisant, l'anthropologie ne peut rien décider. L'anthropologie caractérise la race, mais à la condition qu'elle la connaisse. A la vue d'un homme, elle peut bien mesurer son crâne, décrire ses traits, dépeindre sa couleur ; elle peut dire que cet homme est apparenté ou ne l'est pas à tel autre homme, mais elle ne peut pas dire que ce sont les marques distinctives de Pierre ou de Paul, si elle ne connaît pas ceux-ci. Vous en êtes là ; quand vous tenez un crâne entre vos mains, vous ne pouvez dire s'il appartient ou n'appartient pas à un Chouschite, parce que vous n'avez pas un type connu, qui puisse vous servir de terme de comparaison. L'histoire seule peut trancher pour les Chouschites la question de race, et l'histoire nous déclare qu'ils appartiennent à une race noire et non blanche, qu'ils sont des éthiopiens.

Ce qui est vrai pour les Chouschites d'Asie ne l'est pas moins pour ceux de la Nubie.

Ici encore les contradictions se multiplient sous la plume de la critique rationaliste. Elle donne aux Chouschites de la Haute-Egypte, toutes les couleurs de l'arc-en-ciel. Ecoutons plutôt M. Maspéro.

« Dans le désert, et au delà de la seconde cataracte, erraient cent tribus aux noms étranges, Shemek, Rhasa, Sous, Koâs, Aquin, Anou, Sabiri, Akiti, Nakisa, toujours prêtes aux razzia, toujours battues et jamais soumises. Elles appartenaient à une race blanche, la race de Koush, qui, peu après la conquête de Memphis, avait fait son apparition sur les bords de la mer Rouge et avait refoulé les Nègres vers les régions du Haut-Nil. Ces peuples nouveaux, issus de la même souche d'où sortirent plus tard les Phéniciens, apportaient avec eux les éléments d'une civilisation à peine inférieure à celle de l'Egypte (1).

---

(1) Maspéro, *Hist. anc. des peuples de l'Orient*, 4ᵉ édit., p. 104.

Avant de réfuter ce joli roman, donnons encore deux autres citations.

« La reine Hahopitou lança sur la mer Rouge une escadre de cinq vaisseaux qu'un voyage heureux mena aux Echelles de l'Encens, sur la côte du pays des Aromates, à peu de distance du cap Guardafui. Les Egyptiens descendus à terre dressèrent une tente, dans laquelle ils entassèrent leurs paccotilles pour les échanger contre les produits des pays. Les indigènes appartenaient à la même race que les Kouschites de l'Arabie méridionale et de la Nubie. Ils étaient grands, élancés, d'une couleur qui varie entre le rouge brique et le brun presque noir (1). »

Tout à l'heure les Chouschites étaient blancs ; ici, ils sont rouges et presque noirs. Nous allons enfin les avoir tout à fait noirs.

« Les Egyptiens ne connaissent pas la source de leur fleuve. Vainement leurs armées victorieuses l'avaient longé pendant des semaines et des mois à la poursuite des tribus noires ou chouschites, toujours elles l'avaient trouvé aussi large, aussi plein, aussi puissant d'allures qu'il était dans leur patrie (2) ».

Ainsi entière contradiction sur les caractères physiologiques des Chouschites d'Afrique : ils sont noirs, ils sont rouges, ils sont blancs. En tout cas, on sait l'époque de leur arrivée. Elle n'eut lieu qu'après la VI⁰ dynastie ; auparavant il n'en est pas question dans les monuments. Alors ils refoulèrent les Nègres vers le Haut-Nil et fondèrent un Etat couschite.

Revenons sur toutes ces assertions.

La race chouschite était-elle inconnue sous les six premières dynasties ?

D'abord, que sait-on de l'histoire des trois premières ? A peu près rien. Pourquoi voudrait-on en connaître da-

---

(1) *It. ib.*, p. 195.
(2) *It. ibid.*, p. 5.

vantage des Chouschites et des Nègres ? La IVe et la Ve dynasties nous présentent le spectacle d'une grande prospérité ; il y eut sans doute des guerres, peut-être même contre les Nègres, mais on n'en voit aucune mention, sinon celle de quelques excursions contre les tribus nomades de l'Asie. Le silence des monuments, sous les quatre premières dynasties, ne prouve donc absolument rien contre l'existence des Chouschites en Nubie à cette époque.

Sous la Ve dynastie, nous avons rapporté plus haut l'inscription concernant l'une des pyramides situées au Nord d'Abousir. Elle portait le nom de Saba, nom retrouvé dans un des tombeaux de la nécropole de Sakkarah. Un autre de ces tombeaux rapporte le nom d'un prêtre An-Xefle-Ka, qui était Sahura sa-baaub, prêtre de la pyramide de Saba de Sahura, roi dont elle était le tombeau (1). Mais Saba, quel que soit son sens grammatical dans la langue égyptienne et nubienne, employé comme nom propre, est essentiellement Choussite. Voilà donc deux inscriptions de l'époque de la Ve dynastie, qui emploient un nom Choussite, nom singulièrement expressif sous une dynastie qui habitait Eléphantine, aux portes de la Nubie. Aussi M. Chabas, si positif, nous dirions si didactique dans ses études égyptiennes, écrit-il que les monuments de l'ancien empire mentionnent le nom de Cousch, quoique assez rarement (2). Ne le mentionnassent-ils qu'une fois, ce serait suffisant pour attester leur existence en Nubie à cette époque.

Sous la VIe dynastie, son second roi, Pépi 1er, prépare une expédition contre la nation d'Herusa. « Il s'occupe d'abord de former une armée de beaucoup de myriades de soldats, écrit M. de Rougé. Il les rassemble de toutes les parties de l'Égypte, et met en outre à contribution l'Ethio-

---

(1) Voir M. de Rougé, *Recherches*.
(2) Chabas, *Études sur l'Antiquité historique*, p. 136.

pie, dont nous apprenons ainsi pour la première fois la soumission à l'Égypte. Il fait venir une multitude de nègres des pays suivants : Areret (1) ? Amam, Uanat, Kaou, Totam. Una fut mis par le roi à la tête de toute cette armée (2). »

Il ajoute,

« Quoi qu'il en soit, voilà nos idées singulièrement agrandies sur la puissance des Pharaons de la VIe dynastie. Au midi leur domination était assez solidement établie sur les tribus éthiopiennes pour en tirer une grande quantité de nègres destinés à leur armée (3). »

Pepi meurt ; il a pour successeur Merenra, son fils. Una jouit également de la confiance du nouveau roi.

« Une autre mission remplie par Una est bien plus intéressante au point de vue de l'histoire. Elle nous fait voir que Mer-en-ra cherchait, à son tour, à tirer parti, pour l'empire égyptien, de la suzeraineté qu'il possédait comme son prédécesseur sur les provinces éthiopiennes. Il en était déjà sans doute dans ce temps, comme dans les époques plus rapprochées de nous, où le commerce du Haut-Nil a toujours été une source de richesses pour ceux qui l'ont exploité.

« Sa Majesté, m'envoya pour creuser quatre bassins dans le midi, pour fabriquer des vaisseaux, *use* et des navires, *sat* dans le petit bassin du pays de Uanat ».

« Voici que le prince des régions d'Areret, d'Uanat, d'Amam et de Maza fournirent le bois pour cela.

« Ce sont quatre nations éthiopiennes dont les noms figurent déjà parmi celles qui fournissent des soldats à l'armée de Pépi (4) ».

Jusqu'à présent nous ne sommes qu'en présence de races nègres, mais voilà l'époque où elles vont être conqui-

---

(1) M. Maspero le nomme Iretit.
(2) De Rougé, *Ibid.*, p. 123.
(3) Item, *Ibid.*, p. 127.
(4) De Rougé. *Recherches*, p. 141, 142.

ses et refoulées par les Chouschites si nous en croyons nos savants. Alors va nous apparaître sans doute une race blanche, puisqu'elle va dominer la Nubie et lui imposer son nom de To-Quonsit. Cet évènement dut s'accomplir dans la période qui s'écoule du règne de Mitokris, dernier roi de la VI° dynastie, à la XI°.

Il faut remarquer d'abord que la prétendue conquête chouschite ne se fit pas seulement sur les Nègres mais sur les Egyptiens également ; suzerains de la Nubie, ils n'auraient pu les laisser succomber sans essayer de venir à leur aide. Quelles pouvaient bien être ces peuplades assez puissantes, assez organisées pour quitter leur pays et venir lutter contre la double puissance égyptienne et nubienne, contre ces armées qui comprenaient « plusieurs fois dix mille hommes ».

Puis ces Chouschites refoulèrent les Nègres vers le Haut-Nil. De fait les guerres contre la Nubie recommencèrent sous la XI° dynastie. Elles sont absolument les mêmes que sous la VI°. Nulle part nous ne rencontrons de races blanches ; partout des nègres et absolument dans les mêmes régions que dans les guerres précédentes.

Entouf IV, l'un des rois de la XI° dynastie, d'après le papyrus d'Abbot, avait battu les nègres. Pourquoi les nègres, s'ils ont été refoulés, si entre eux et les Egyptiens sont venus se placer des Chouschites de race blanche ? Si au contraire ces Chouschites sont simplement des envahisseurs dominant la race envahie, pourquoi ne parler que de celle-ci, qui politiquement a disparu, qui ne porte plus son nom national, mais le nom même des Chouschites ?

La douzième dynastie va conquérir la Nubie.

« Amenemhat 1ᵉʳ avait battu les Ouaouaïtou. » M. Maspéro nomme de ce nom ceux que M. de Rougé nomme *Uauat*.

L'historien continue.

« Son fils Ousirtesen 1ᵉʳ vainquit sept peuples nègres confédérés et porta ses armes jusqu'à Ouadi-Halfa ». Mais Ouadi-Halfa est placé entre la première et la deuxième cataracte, plus rapprochée de cette dernière. Ces sept peuples nègres confédérés habitaient donc entre les deux premières cataractes, région qui devait être celle habitée par les Chouschites, puisqu'ils avaient rejeté les nègres sur le Haut-Nil. Pas du tout ; nous ne rencontrons pas de Chouschites à couleur blanche ; l'armée égyptienne ne se mesure que contre des peuplades nègres ; elle est en plein pays Chouschite, au cœur même de la Nubie, et aucun Chouschite ne se présente à elle ; en revanche des Nègres et toujours des Nègres.

« Ousirtesen III achève les conquêtes commencées par ses prédécesseurs. Après l'annexion du pays de Het, il fixa la frontière de l'empire à Semneh, tout près de la deuxième cataracte. Une inscription élevée en l'an VIII du règne de ce prince constate le fait : « C'est ici la frontière méridionale réglée en l'an VIII sous la sainteté du roi des deux régions Khakeri Ausirtan III, vérificateur à toujours et à jamais, afin que nul nègre ne la franchisse en descendant le courant, si ce n'est pour le transport de bestiaux, bœuf, chèvres, moutons appartenant aux Nègres » (1).

Amenemath III, son successeur, se vante de victoires remportées sur les Nègres éthiopiens, sans qu'il y ait eu de sa part augmentation de territoire.

Ainsi à Semneh, au devant de la deuxième cataracte, des Nègres et au delà de la cataracte, des Nègres encore ; jamais la moindre mention d'un Chouschite de race blanche ; et cependant ce pays était bien Chouschite, c'était la Nubie proprement dite, c'est-à-dire le To-Quonsit ; ce pays toujours rebelle au joug égyptien, paraît lui avoir donné les rois de sa XIII⁰ dynastie. D'après Hérodote, il y avait dix-huit rois éthiopiens bien antérieurs à Sabacon, le fondateur de la XXV⁰. Les noms de la XIII⁰, les Souk-

---

(1) Maspéro, *Hist. anc. des peuples de l'Orient*, p. 105 et suiv. Nous avons emprunté exprès le récit de M. Maspéro, pour qu'on ne nous reproche pas d'interpréter les inscriptions dans l'intérêt de notre thèse.

hoptou entre autres, sont des noms Choussites, appelés éthiopiens par l'historien grec. Ils semblent, comme princes éthiopiens, avoir régné sur une vaste partie de l'Ethiopie, car l'un d'eux, Soukhoptou Kânofirri fit ériger des colosses dans l'île d'Argo, au fond de l'Ethiopie, à peu près à cinquante lieues au sud de Semneh.

Nous pourrions poursuivre de la sorte toute l'histoire de l'Egypte et toutes les fois qu'il s'agit du To-Quonsit, de la Nubie, nous ne voyons jamais apparaître que des nègres. Nous n'en citerons plus qu'un exemple, qui mettra dans tout son jour ce fait historique.

Touthinor III, de la XVIIIe dynastie, guerroya contre l'Ethiopie comme la plupart de ses prédécesseurs. Dans un cartouche, il fait l'énumération de toutes les peuplades auxquelles il eut affaire. Elles sont au nombre de cent quatorze. Parmi elles, s'en trouvait une du nom de Sous ou Chous.

Quelques savants prennent prétexte de cette multitude de peuplades pour conclure que l'Ethiopie contenait des populations de races diverses. Les inscriptions ne le supposent pas et l'histoire ne le demande pas.

L'humanité s'est formée par grandes races. Chacune a formé des races secondaires, et celles-ci ont enfanté la tribu.

On n'a pas assez remarqué combien a été étendue la puissance, chez les premiers hommes, de créer des familles profondément distinctes les unes des autres. Cette puissance s'affaiblit à mesure que le genre humain se multiplie. Ce sont d'abord les grandes races, dont les différences sont tellement profondes, que des anthropologistes ne veulent leur reconnaître aucune parenté. Puis les différences s'affaiblissent, les races secondaires se forment, on reconstitue mieux leur type primitif. Puis les distances se comblent de nouveau : la tribu prend naissance ; on n'en peut plus douter, c'est la même race, mais avec des traits, un caractère, des mœurs, des dialectes qui les séparent des autres groupements. Le premier état social, je ne dirai pas des familles principales, mais de leurs rameaux a été le morcellement en tribus; les grandes civilisations ont seules amené l'unité dans la même nation, sans parvenir à faire disparaître toute trace de la diversité primitive. Notre histoire nationale est pleine de ce premier état des races. On s'étonne des cent quatorze peuplades de l'Ethiopie, notre vieille Gaule en possédait le double avant la domination romaine. Celle-ci n'est pas parvenue à les supprimer, mais à les soumettre à un même régime politique et administratif. Les différences marquées des tribus gauloises, partagées en *pagi*, ont subsisté à travers le moyen âge jusqu'à la Révolution, malgré les mille transformations provinciales accomplies par la vieille France. Aujourd'hui encore, notre impitoyable centralisation, le remaniement des divisions territoriales, la diffusion de l'enseignement combattant l'usage des dialectes ou patois, n'empêchent pas de rencontrer de nombreux vestiges du partage de la race Gauloise en tribus diverses, qui avaient puisé leurs distinctions physiologiques à la fois dans la transmission du sang et dans la nature du sol et des pays habités.

La présence de cent quatorze peuplades en Ethiopie n'a donc rien d'étrange; elle n'est pas un phénomène inconnu et inexpliqué; elle ne suppose pas un mélange de peuples. Aussi le savant M. Chabas, se basant sur les inscriptions, les déclare purement nègres et n'être pas autres sous la XVIIIe dynastie que précédemment. « Thotmès III, dit-il, en plaçant Cousch en tête de la liste des cent quatorze peuples du Sud soumis par ses armes, ne fait pas entendre qu'il ait eu affaire à cent quatorze peuples indépendants des Ethiopiens, mais il énumère sous la rubrique Cousch différents peuples que les Egyptiens comprenaient sous ce nom générique, et dont les noms particuliers, presque tous obscurs, sont habituellement passés sous silence dans les inscriptions moins prolixes (1) ».

---

(1) Chabas, *Etude sur l'antiquité historique*, p. 136.

Ainsi le To-Quonsit n'offre à nos recherches qu'une seule race, la race nègre.

Ce fait, qui ressort évident de tous les documents et de toutes les études, impose forcément sa conclusion.

Ici comme en Susiane et mieux qu'en Susiane, puisqu'il n'y a pas eu mélange de races, nous constatons dans un pays irrécusablement couschite l'existence d'une race unique. Pour la Susiane nous en avons eu la preuve par l'anthropologie, pour le To-Quonsit ou la Nubie, nous l'avons par l'Egyptologie.

Sans l'ombre d'un désaccord, elle nous montre uniquement, exclusivement des Nègres dans le To-Quonsit, là où nous devons avant tout rencontrer des Chouschites. Ou montrez-nous des Chouschites ou reconnaissez que les Chouschites ne sont pas distincts des Nègres. Le dilemme est forcé. A quel titre ces Nègres se seraient-ils donnés et auraient-ils donné à leur pays le nom de Chouschites, s'ils ne l'étaient vraiment ? On ne peut pas dire qu'ils sont venus habiter une région ainsi dénommée avant eux, et dont ils ont gardé la désignation. Car d'après les savants que nous combattons, ils sont la population primitive bien antérieure aux Chouschites. Puisque le To-Quonsit est un pays Chouschite, puisque on ne peut citer aucune race qui l'ait habité avant les Nègres ou simultanément avec eux, ce sont les Nègres qui lui ont donné leur nom d'origine, ils sont Chouschites.

Ni les linguistes, ni les anthropologistes ne peuvent s'élever contre notre conclusion. Il y a un double fait que leur imposent la linguistique et l'anthropologie elles-mêmes : l'existence d'une race Chouschite et l'existence d'une race Négritos et Nègre. Il y a une conséquence qui découle de ces deux faits, qu'impose la logique la plus élémentaire, c'est l'impossibilité absolue d'établir par rien de certain l'existence distincte de ces deux races, c'est la nécessité par conséquent de les identifier, d'en faire une race unique, connue par la linguistique et l'histoire sous le nom de Chouschites, par l'anthropologie sous le nom de Nègres.

Mais cette conclusion, qui s'applique à une partie notable de la race Nègre, aux Négritos de l'Asie, aux Nègres de l'Ethiopie africaine, avons-nous le droit de l'étendre à tous les Nègres de l'Afrique sans exception.

Au nom de la Bible et de la tradition ancienne, nous avons ce droit, puisqu'elles ont toujours attribué à toute la race Noire, à tous les Ethiopiens le nom de Chouschite.

Le pouvons-nous au point de vue scientifique ?

Prenons d'abord l'anthropologie.

Elle s'occupe de l'unité de l'espèce et de l'unité de souche. L'humanité appartient-elle à une même espèce, qui se subdiviserait simplement en plusieurs races. Toutes ces races ayant les propriétés fondamentales et psychologiques de la nature humaine : l'intelligence, le sentiment du juste et de l'injuste, la faculté de la parole, la perfectibilité individuelle et sociale, forment-elles au sein des règnes organiques une espèce unique, supérieure à l'animal et souverainement distincte de lui.

Nous ne touchons pas à cette question générale. Nous ne disons pas que toutes les races humaines appartiennent à une même et unique espèce. Nous produisons seulement l'affirmation particulière de l'unité d'espèce des Négritos et des Nègres.

Impossible à l'anthropologie de donner un démenti à cette affirmation.

Les Négritos et les Nègres de Nubie sont évidemment de même espèce, puisqu'il est indéniable qu'ils sont Chouschites. Or il y a bien moins de différences physiologiques entre les diverses races Nègres qu'entre les Nubiens et les Négritos.

Prenons d'abord les Nègres de Nubie et les Négritos. Nous comparerons ensuite les Nubiens et les autres Nègres.

Les Nubiens sont dolichocéphales ; leur crâne allongé a pour indice 73,4, d'après Broca.

Les Négritos sont brachycéphales, c'est-à-dire que leur crâne est court ; son indice est de 82,51.

Chez les premiers, la taille est élancée ; elle dépasse toujours ce que nous appelons les tailles moyennes.

Ce qui caractérise les seconds, c'est au contraire la petitesse de la taille ; elle est de 1 m. 47 en moyenne, d'après M. Hamy.

Les Nubiens ont la coloration de la peau ordinairement d'un noir mat intense ; mais elle prend quelquefois des tons rougeâtres, jaunâtres et même bleuâtres.

Les Négritos ont un noir de jais et luisant.

Chez les nègres de Nubie, le système pileux est peu développé ; la chevelure noire, courte et laineuse couvre uniformément toute la tête.

Les Négritos possèdent une chevelure noire, crépue et implantée par touffes roulées en spirales.

Il y a donc entre ces deux races des différences profondes dans la structure du crâne, dans la taille, la chevelure et la couleur, qui ne les empêchent pas d'appartenir à la même espèce, que nous pouvons appeler l'espèce chouschite.

Les anthropologistes et les ethnologues font une division générale des Nègres de l'Afrique en Nègres proprement dits et en Cafres ou Ba-tnou.

Le type nègre par excellence est le type Guinéen, dont le nubien est un représentant. Nous venons d'en donner les divers caractères anthropologiques. Comparons les maintenant avec ceux de l'autre division des Nègres, avec les Cafres ou les Ba-tnou.

Ceux-ci sont aussi très dolichocéphales, Leur indice crânien est de 71,89 d'après Fretsch et de 72,54, d'après Broca. Seulement la forme de leur crâne est très étroite et très élevée.

Ils sont, comme les Nègres, de haute taille ; elle mesure, en moyenne, 1 m. 71.

Ils ont, comme eux, la chevelure crépue et laineuse ; seulement leur peau est d'un brun jaune, ses nuances parfois se foncent, tout en conservant un fond clair.

Il est donc incontestable que les différences anthropologiques entre les Nubiens et les autres races nègres de l'Afrique ne sont pas aussi essentielles qu'entre les Nubiens et les Négritos. Malgré ces différences, les Nubiens et les Négritos sont de même espèce. A plus forte raison, rien, dans leur organisation physique, n'empêche-t-il l'identité d'espèce des Nubiens et de toutes races Noires africaines.

L'anthropologie, forcée de reconnaître l'unité d'espèce des Négritos et des Nègres du Haut-Nil, doit bien mieux encore se reconnaître obligée de confesser l'unité d'espèce de toutes les races nègres, l'identité par conséquent de toutes ces races et des Chouschites, qui redeviennent ainsi les Ethiopiens de la tradition catholique et classique.

La linguistique ne peut pas s'opposer davantage à notre conclusion. Elle ne le ferait, qu'en signalant des différences radicales entre les nombreux idiomes des tribus nègres, différences qui entraîneraient celles de ces tribus.

D'abord ces idiomes sont à peine connus ; il serait singulièrement téméraire d'élever des objections scientifiques d'après des connaissances aussi restreintes.

Ce que nous en savons semble du reste militer en faveur de l'unité de la race. M. Antoine Abbadie, rendant compte à la société Asiatique du vocabulaire de l'Afrique centrale par Henri Barthe, s'exprime ainsi :

« Malgré certaines théories modernes, l'idée d'une origine commune de toutes les races est innée dans notre esprit, bien qu'il nous soit aussi difficile de la prouver que de la bannir. Les partisans les plus déclarés de l'origine sporadique et indépendante des nations et des langues se laissent aller néanmoins à chercher des rapports entre les idiomes d'un même continent.

Les langues qui figurent dans le vocabulaire de Henri Barthe sont le Kanuri, le Tedâ, le Hausa, le Fulfulde, le Songai, le Lagone, le Wandala, le Bagrimma et le Mâba.

M. Abbadie ajoute :

« On peut se laisser aller loin sur le terrain des ressemblances. Celles que nous signalons existent, et il serait aisé d'en recueillir assez d'autres pour faire au moins soupçonner quelques liaisons entre les neuf langues traitées par M. Barthe et celles de l'Éthiopie, bien que notre auteur ne soit pas disposé à en admettre la parenté (1) ».

Enfin quand cette parenté existerait, elle n'aurait pas grande importance dans le cas présent. Nous ne reviendrons pas sur ce que nous avons dit de l'impuissance des langues à déterminer dans quel degré les races sont unies ou étrangères les unes aux autres. Que les idiomes de l'Afrique soient apparentés ou qu'ils ne le soient pas, ils n'indiqueront jamais avec certitude ni la communauté ni la diversité d'origine des peuplades nègres.

Nous pouvons donc étendre à tous ces peuples les certitudes que nous avons obtenues pour les Négritos de l'Asie et les Nègres de la Haute-Égypte. Ils sont Choussites au même titre.

On nous trouverait incomplet, si nous n'ajoutions pas immédiatement cette question : que sont les Couschites ? Quelle est leur origine ?

Au point de vue scientifique, l'identité de toutes les races nègres et des Négritos, si elle constitue une espèce unique, n'entraîne pas forcément comme conséquence la communauté ou l'unité de souche. On comprend très bien que, si telle avait été la volonté créatrice, plusieurs

---

(1) *Journal Asiatique, Vocabulaire de l'Afrique centrale* par Henri Barthe ; *Compte rendu de M. Antoine Abbadie*, 1862, t. XIX, p. 29.

races d'une même espèce auraient pu ne pas venir d'un même couple, chaque famille aurait pu avoir son origine propre ; c'est même le système soutenu par quelques anthropologistes. On s'explique leur incertitude par cela même que la conséquence n'est pas rigoureuse et nécessaire de l'unité de l'espèce à l'unité de souche. A leur tour aussi, les savants doivent comprendre que la science ne peut trancher toutes les questions. Quand ils se trouvent en présence d'un fait émanant, non des lois nécessaires de la nature, mais de la libre volonté de Dieu, ce fait ne peut être attesté que par la révélation et par la tradition.

C'est le cas pour celui qui nous occupe.

L'unité de souche des Chouschites et par conséquent de toutes les races Noires nous est affirmée par la tradition biblique et la tradition choussite de la Susiane (1).

Le X⁰ chapitre de la Genèse les fait descendre de Chus, fils aîné de Cham ; il en est de même de la tradition choussite de la Perse. La race nègre se trouve ainsi rattachée à la famille de Noë par le second de ses fils.

Quelle est la valeur scientifique des deux traditions ?

Nous ne nous permettrions pas cette irrévérentieuse question, si nous ne voulions pas faire toutes les concessions possibles à la science indépendante. Pour le moment nous nous plaçons sur le terrain purement scientifique ; nous ne considérons la Bible que comme un livre humain et simplement historique.

Quelle est donc, dans l'état actuel de la science, la valeur de cette tradition biblique fortifiée de la tradition chouschite.

On peut dire que l'histoire est la science la plus universelle. Elle puise ses documents partout, dans la linguistique, dans la géologie, dans l'anthropologie, dans l'archéologie, mais la source la plus abondante de ses informations est la tradition écrite. La tradition écrite fait

---

(1) Voir sur cette dernière tradition, notre ch. XVIII.

autorité, quand, soumise au contrôle de la critique et des autres sciences historiques, rien ne contredit ses affirmations.

Or nous n'avons rien dans les autres sciences qui infirme la donnée biblique de l'origine Chouschite. L'anthropologie elle-même n'y fait pas obstacle.

Si elle traite de l'unité de l'espèce humaine et de l'unité de souche, si quelques savants, tout en reconnaissant l'unité d'espèce de l'humanité, nient l'unité de souche, nous n'entrons pas précisément dans cette question, nous disons tout simplement que les Nègres descendent de Noë, par Chus, sans préjuger si tous les hommes en tirent leur origine.

Toutefois, nous reconnaissons que l'origine noachique touche, de fait, à la question d'unité de l'espèce humaine et d'unité de souche. Nous ne voulons pas paraître nous dérober ; nous dirons donc notre pensée sur l'intervention de l'anthropologie dans cette matière.

On attribue à cette science, sur l'origine des races, un rôle prépondérant qu'elle ne mérite pas.

A quoi jusqu'à présent est-elle parvenue ?

A créer des opinions, mais non une certitude.

Les anthropologistes se divisent en trois camps distincts.

Ceux, qui avec Desmoulins, Bory de S. Vincent et Virey, soutiennent la multiplicité des races-espèces. Ils nient à la fois l'unité de l'espèce et l'unité de souche.

Il y a en second lieu les anthropologistes, qui acceptent comme Geoffroy-St-Hilaire, l'unité d'espèce sans admettre l'unité de souche. Enfin il y a ceux qui avec Flourens, Béclard et autres admettent la double unité de souche et d'espèce.

Où est la vérité dans ces trois opinions ? On doit croire qu'elle n'apparaît pas évidente, puisqu'elle ne rallie pas tous les esprits. Il est indubitable que l'anthropologie n'a pu encore élever la question jusqu'à la certitude ; autrement l'existence des trois opinions serait inexplicable. Toute opinion doit disparaître devant la vérité démontrée. Nous sommes arrivés à la certitude, on ne peut le contester, ou il faut professer qu'il n'existe aucune certitude en histoire et dans les sciences. Nous n'avons donc pas à tenir compte de l'anthropologie, dont une opinion défend nos conclusions, dont les autres les contestent, mais sans autorité, puisqu'elles ne sont que des opinions.

Il y a parmi les savants, à certains moments, de singuliers courants, que l'esprit public est trop porté à subir. Depuis longtemps, pour l'origine des races, on n'a voulu faire appel qu'à l'anthropologie. C'est une erreur. L'anthropologie n'est pas toute la science, elle n'en est qu'une des branches multiples.

Il est une création moderne, la philologie comparée, que les savants ont beaucoup vantée et avec raison, car elle a donné de précieux résultats. Mais l'oubli de cette méthode si heureuse appliquée aux autres sciences a égaré grand nombre d'esprits dans les autres parties des connaissances humaines. S'il y a la science des langues comparées, il doit y avoir aussi la méthode des sciences comparées. Est-ce qu'elles ne s'éclairent pas toutes et ne se prêtent pas un mutuel appui ? Le savant n'a pas le droit de se cantonner dans une branche de la science et de dire : elle est toute la science ; ses conclusions alors ne sont que des conclusions isolées et par conséquent sans grande valeur ; elles ne sont pas les conclusions de la science ; ce terme ne peut s'appliquer qu'aux conclusions fournies par les sciences réunies.

Quand l'histoire, la tradition, la linguistique, l'anthropologie elle-même viennent, comme dans notre thèse, apporter une affirmation incontestable et une véritable certitude, l'anthropologiste est mal venu à s'inscrire en faux contre elles. Comme anthropologiste, il pourra toujours professer les conclusions anthropologiques opposées, car il ne peut pas faire que l'anthropologie démontre ce qu'elle ne démontre pas, mais ce lui est un avertissement que les observations et les études anthropologiques sont sur ce point donné dans une imperfection dont il faut les faire sortir; elle est dans l'erreur, il faut en rechercher la cause, pour ne pas l'y laisser demeurer.

Dans le cas présent, les anthropologistes qui nient l'unité de souche, ont contre eux les conclusions suivantes des sciences comparées : Les Négritos et les Nègres sont des Chouschites, issus de Chus par conséquent, fils de Cham et petit-fils de Noé; ils appartiennent ainsi à la souche commune de toutes les grandes races humaines engendrées par Adam et reconstituées par Noé.

Est-ce l'anthropologie qui s'avouera vaincue, ou sont-ce les sciences comparées ? Le bon sens de tous répond que les sciences comparées possèdent la vérité, que des trois opinions de l'anthropologie, deux doivent disparaître comme entachées d'erreur et condamnées par l'accord unanime des sciences réunies, c'est-à-dire de la science.

Nous en dirons autant de la linguistique. Jusqu'à ces derniers temps, elle s'était accordée à professer la parenté originelle de toutes les langues. Aujourd'hui au contraire une école voudrait faire croire à leur irréductibilité. Puisqu'il n'y a jamais eu de langue commune, il n'y a jamais eu non plus pour l'humanité de souche commune.

Seulement l'histoire et la tradition auront toujours un argument topique pour se défendre contre les savants : c'est leur division. Au XVIII° siècle, la linguistique acceptait la parenté de toutes les langues et leur origine d'une langue commune ; on avait même tenté de la reconstituer. Dans notre siècle, des linguistes ont eu la prétention de restituer l'Aryaque, la mère des langues indo-européennes. De nos jours, pendant que M. Abbadie soutient l'existence de rapports réels entre divers idiomes de l'Afrique, M. Barthe les nie. Enfin plusieurs professent l'impossibilité de ramener les langues principales à un type commun. C'est le désaccord en linguistique comme en anthropologie : il y a des opinions opposées qui se neutralisent réciproquement, il n'y a pas de science. C'est la preuve pour les savants sincèrement en quête de la vérité, ou que des erreurs se trouvent quelque part dans leurs recherches et dans leurs raisonnements, ou que la vérité, sur ce point particulier, ne leur arrivera pas par la philologie, que pour la connaître, il leur faut recourir à d'autres sciences.

Qu'il s'agisse de la philologie ou de l'anthropologie, leurs incertitudes ne peuvent être opposées aux certitudes de l'histoire et de la tradition.

CHAPITRE XXVII

DU LIEU D'ORIGINE DE LA RACE NÈGRE OU CHOUSCHITE.

Intérêt qui s'attache à la recherche du lieu d'origine de la race Couschite. — Les opinions. — L'Egyptologie ne fournit aucune preuve de leur naissance en Nubie. — Raisons qui militent en faveur de l'Indou-Kousch et de la Nubie. — Raisons prépondérantes en faveur de la Susiane. — L'emplacement du Paradis Terrestre et celui de l'Ethiopie étroitement liés et enfin retrouvés.

Où donc naquit la race chouschite ou nègre, dont l'origine est restée si longtemps obscure pour la science ? Elle est répandue des pieds de l'Indo-Kousch à la mer des Indes, des rives de l'Euphrate et du Tigre à celles de l'Indus et du Gange ; elle remplit tout le continent africain.

Cette recherche ne manque pas d'intérêt. Un des efforts de la science contemporaine a été d'essayer de déterminer le lieu qui fut le berceau du genre humain. Nous parlons évidemment des savants qui professent l'unité de l'espèce humaine et l'unité de souche. Le courant général a été de le placer sur les pentes Ouest de l'Himalaya, dans la

Bactriane ; nous avons fait voir plusieurs fois le peu de fondement de cette désignation.

Nous voulons toutefois prendre part à ce mouvement de légitime curiosité, déterminer le lieu de naissance de la race dont nous avons reconstitué l'identité. Une telle démonstration, si nous parvenons à la faire, aura une réelle importance. Elle terminera la controverse du berceau des peuples. Les Nègres appartenant à la famille noachique, ont eu le même berceau qu'elle. Placer dans un lieu déterminé la naissance de la race Noire, c'est déterminer la région où naquit la famille de Noé.

Pour beaucoup de savants, les Nègres sont nés en Afrique. C'est évidemment l'opinion des partisans de l'évolution. Il en est de même des polygénistes, qui font naître généralement les races aux lieux qu'elles habitent. Telle est également l'opinion des savants rationalistes, qui comme F. Lenormant, supposent les Noirs antédiluviens.

Dans ces diverses opinions, il n'y a pas d'autre preuve que la théorie que professe le savant. Nous n'avons pas entrepris un livre contre les évolutionnistes, dont le système n'a rien de scientifique, puisqu'il est une simple hypothèse, une pure possibilité qu'ils n'appuient sur aucun fait positif et certain. Nous avons dit plus haut ce qu'il faut penser des opinions anthropologiques et par conséquent des polygénistes. Enfin, en identifiant les Chouschites avec les Nègres, en les montrant apparentés à la famille noachique, nous avons par là même réfuté l'opinion de ceux qui les supposent antérieurs au déluge, auquel ils auraient échappé.

Les Ethiopiens, d'après Diodore de Sicile (1), se donnaient comme bien plus anciens que les Egyptiens ; ils prétendaient que l'Egypte était une de leur colonie. Aujourd'hui tous les monuments égyptiens prouvent le contraire. Aussi les savants sont-ils unanimes à faire venir

---

(1) Diodore de Sicile, *Biblioth. hist.*, 1, III, 5-8.

d'Asie les Egyptiens comme aussi les Chouschites de Nubie. Toutefois, l'opinion d'après laquelle la civilisation égyptienne aurait descendu le cours du Nil, au lieu de le remonter, a été reprise par quelques égyptologues.

Voici les raisons qu'Ebers, en particulier, apporte de ce fait dans son *voyage du Caire à Philœ*.

« Les immigrants (c'est-à-dire les Egyptiens), trouvèrent vraisemblablement (1) des indigènes déjà établis qu'ils soumirent et dont ils épousèrent les filles, sitôt qu'ils eurent pris solidement pied sur le sol.

« C'est seulement dans cette hypothèse qu'on peut comprendre la ressemblance anatomique que les Egyptiens présentent avec les habitants primitifs de l'Afrique septentrionale, ceux qu'on a nommé les belles familles de la race éthiopienne. Personne au contraire, pas même Robert-Hartmann, qui a travaillé de la manière la plus ingénieuse à démontrer que les anciens Egyptiens sont autochthones en Afrique, n'a pu expliquer autrement pourquoi chez les peuples des Pharaons, la forme des crânes, telle qu'on l'observe sur les monnaies d'époques différentes, se rapproche davantage, aux âges les plus anciens, de celle des crânes caucassiques, aux plus récents, de celle des crânes éthiopiens ; pourquoi sur les monuments les plus vieux, les femmes, moins exposées que les hommes aux rayons brûlants du soleil, sont représentées avec un teint jaune clair ; pourquoi non seulement des racines et des formes isolées, mais l'esprit même du rameau linguistique égyptien ne sont apparentés à aucun autre groupe de plus près qu'au groupe sémitique ; pourquoi enfin aucune famille africaine en dehors des Egyptiens, n'a possédé l'énergie

---

(1) Les *il paraît*, les *peut-être*, les *vraisemblablement*, etc., de M. Renan ont fait école, si plutôt ils ne sont pas eux-mêmes une importation allemande. Ces termes vagues sont pris, au fond, pour des affirmations positives, et ils exemptent les savants de fournir des preuves. Ils ont ouvert la porte à une légèreté scientifique à peine croyable et ont semé l'erreur à pleines mains.

persistante, l'activité d'esprit, le sens scientifique, l'instinct puissant de l'art, en un mot, les hautes tendances et les fortes capacités de l'esprit et de l'art, qui appartiennent seulement aux peuples originaires de l'Asie, et qu'on chercherait vainement parmi les véritables races indigènes du nord de l'Afrique (1) ».

Les considérations d'Ebers ne supposent qu'une seule chose. Ces crânes caucassiques, ce teint jaune des femmes les plus anciennes, cette parenté du langage cophte avec la langue sémitique, cette puissance de l'art prouvent, comme l'affirme la Genèse, et comme l'a démontré, par la philologie, M. de Rougé (2), que l'égyptien est un asiatique de la famille de Cham ; mais où est la preuve que les Nègres sont originaires d'Afrique ? où est même celle qu'ils sont antérieurs en Egypte aux Egyptiens proprement dits ? On trouve chez ces derniers, dit-on, un mélange des deux sangs, des types égyptiens qui se rapprochent des plus beaux nègres de l'Abyssinie. Combien faut-il donc de temps pour opérer ces transformations physiologiques ? Trois ou quatre générations au plus, c'est-à-dire cent-cinquante ans environ. Or on ne rencontre ces égyptiens, qui ont subi les influences du sang éthiopien, que sur les monuments postérieurs ; les monuments les plus anciens ne signalent qu'une race pure de tout mélange. Si on suppose l'arrivée à peu près simultanée du peuple égyptien en Egypte et des éthiopiens en Nubie, nous avons bien plus de temps qu'il n'est nécessaire pour opérer le mélange des deux races et obtenir leur transformation. L'influence physiologique de la race éthiopienne sur la race égyptienne s'est produite au fur et à mesure que la prédominance politique de l'Ethiopie s'est étendue sur l'Egypte, c'est-à-dire à une époque très reculée. Nous sommes convaincu que toutes les éclipses de la civilisation égyptienne, aussi bien après la VI° dynastie,

(1) Ebers, *Du Caire à Philœ*, p. 229.
(2) De Rougé, *Recherches*, p. 12.

qu'après la XIV⁰ et la XX⁰ ont coïncidé avec un mouvement éthiopien, qui a mis en contact les deux peuples.

Nous sommes donc libre, pleinement libre dans notre marche. Nous n'avons devant nous aucune opinion sur le lieu d'origine de la race noire qui s'impose et puisse nous gêner. Nous pouvons placer son berceau n'importe où nous voudrons en Afrique ou dans l'Asie antérieure, dès lors que des indications sérieuses nous y autoriseront.

La recherche du lieu d'origine des Nègres, redevenus noachiques, doit mettre singulièrement dans l'embarras les tenants de l'opinion qui fixent au Pamir et en Bactriane la naissance du genre humain. Aucun indice, ni du côté des langues, ni du côté des races, ne peut faire supposer l'existence, en ces régions, des Négritos et des Nègres. On n'y rencontre pas les deux types, tandis qu'en franchissant l'Indo-Koush, les Négritos se retrouvent partout dans les Indes.

En sont-ils originaires ? Nous sommes obligé de consulter les diverses sciences, pour prendre garde à une confusion, qui écarte trop souvent les solutions.

L'anthropologie nous fait voir des Négritos partout dans l'Asie antérieure, depuis les bords de la mer Rouge jusqu'au Gange, mais c'est tout ; elle ne donne aucune autre indication.

La philologie est plus explicite. Il y a aux Indes une région qui porte le nom de Chouschite, l'Indo-Koush, comme il y a la Susiane, qui est la Chouchie même. Nous savons également que la Nubie se nommait la Chouchie, le *To-Quonsit*.

Il est de règle que les contrées portent le nom des peuples qui les habitent. Nous nous sommes appuyé sur ce principe géographique, pour prouver que l'Indo-Koush, la Susiane et la Nubie sont des régions chouschites. Quelquefois les pays changent de noms à la suite d'invasions qui amènent de nouveaux flots de peuples, mais à côté des appellations nouvelles, la tradition et l'histoire conservent le souvenir des anciennes. Ici, rien de semblable. Aussi haut qu'on remonte, les monuments nous signalent les trois noms comme ayant été toujours ceux de ces contrées. On peut donc affirmer, par le nom même qui est primitif, que les Chouschites et conséquemment les Négritos ont été les premiers habitants de l'Inde et de la Susiane, comme les Nègres l'ont été de la Nubie.

Mais une population primitive est loin d'être une population autochthone. Dans le système biblique et dans le système anthropologique le plus commun et le plus autorisé, qui fait naître toutes les races d'un couple unique, on peut dire qu'aucun peuple n'est authocthone, au sens rigoureux du mot, sinon les pays où ont été installés les enfants du premier couple et leur famille.

Justement, à ce point de vue, la linguistique nous fournit encore des renseignements.

Nous ne retrouvons pas seulement en Nubie la dénomination Choussites, nous y retrouvons aussi trois noms qui ont déjà frappé notre attention plusieurs fois, ceux de Saba, de Sabata et de Sabataca. Saba était le nom primitif de la capitale, devenue Meroé ; ceux de Sabata et de Sabataca se rencontrent dans des rois de la XIIIe dynastie égyptienne ; ils étaient portés encore au VIIe siècle avant l'ère chrétienne par les souverains de la XXVe dynastie, qui était éthiopienne. Ces trois noms rappellent évidemment ceux des trois derniers fils du Chus de la Genèse. Ce n'est pas être téméraire de penser qu'ils l'ont habitée. Y sont-ils nés ? rien ne l'indique.

Aux Indes, nous retrouvons aussi, comme nous l'avons dit, le nom des Chouschites dans celui d'Indo-Koush. Cependant il faut reconnaître que la vraie appellation n'est pas, comme en Nubie, celle de Chousche, mais celle d'Inde. On peut même supposer que celle de Chousche est postérieur à la première, qu'elle n'a été employée que plus tard, quand l'Inde fut en quelque sorte partagée en deux portions ; l'Inde méridionale envahie par les Aryens, l'Inde septentrionale, où les Négritos furent refoulés. Le nom de Chousch vint s'ajouter insensiblement à celui d'Inde, pour les distinguer des Aryens. Il semble aussi qu'on retrouve dans les plus antiques traditions, celui de Regma, l'un des fils de Chus. Toutefois il faut reconnaître que si l'Indo-Koush est le berceau de la race Chouschite, il n'a pas conservé de son origine des traces philologiques comparables à celle de la Nubie.

Nous avons enfin la Susiane. Ici nous possédons un nom essentiellement chouschite pour désigner le pays. La capitale, Suse, est le nom même de Chus; de très nombreux lieux géographiques ont des dénominations chouschites, la langue elle-même fait jouer au mot de Chus un rôle considérable (1).

Les deux aînés de Chus ont laissé leur nom à deux provinces de la Susiane. Il y a le pays d'Havilah et le pays de Nimé, le Nimma des Assyriens. Ce nom, selon M. Oppert, contient probablement l'élément qui se retrouve dans celui de Nemrod. Nous pouvons dire sûrement, car si les inscriptions nous donnent la région de Nime, la tradition chouschite nous donne celle de Nemrod.

D'où partit Nemrod, pour envahir l'Assyrie? On a soutenu qu'il venait d'Arabie, sans la moindre preuve, tandis que voilà en Susiane un pays de Nemrod, à côté de celui d'Hevila, nom de son frère, à côté de celui de Suse, nom de son père. Serait-ce une conclusion forcée de le faire originaire du canton susien de Nimmè. Pourquoi ce canton aurait-il pris son nom? Ou c'est parce qu'il l'a conquis, ou c'est parce qu'il l'a peuplé et qu'il en est originaire. On ne voit pas qu'il ait conquis la Susiane, mais seulement l'Assyrie, sans doute parce qu'il était déjà maître, par sa naissance, de la Susiane; que s'il s'en est emparé, c'est toute la Susiane qu'il a occupée, on ne comprend pas pourquoi une seule de ses provinces aurait pris son nom.

(1) Voir le chap. XVIII de cet ouvrage.

On peut donc affirmer que Nemrod est originaire de la Susiane, ainsi que ses frères et par conséquent tous les peuples auxquels ils ont donné le jour.

La philologie va mettre le sceau à toutes ses preuves par un dernier renseignement.

M. Oppert nous apprend que les Iraniens donnaient à la Susiane le nom d'*Uvasah* ; il en détermine lui-même le sens : ce mot signifiait authoctone, originaires du pays même.

Nous avons déjà fait voir toute l'autorité de la tradition iranienne vis-à-vis de l'histoire susienne. Aucun peuple n'a connu l'origine des Susiens comme les Iraniens ; on ne peut pas une preuve plus péremptoire que ce mot d'Uvasah, pour démontrer que les chouschites Susiens étaient originaires de la Susiane, entraînant dans une commune origine la double race couschite des Négritos et des Nègres.

Si de la philologie, nous passons à la tradition et à l'histoire persanes, que nous appellerions plus légitimement la tradition et l'histoire chouschites, celle-ci nous montre Chus lui-même fondateur de Suze ; à l'exception de la Médie, elle nous montre également toutes les provinces de la Perse fondées par ses fils. Là où Chus a été établi, là est nécessairement le lieu d'origine de sa descendance.

C'est donc la Susiane que l'assyriologie, la linguistique, la tradition nous donnent comme le berceau des deux races des Négritos et Nègres, des Chouschites de la Ste Ecriture, désignés dans l'histoire sous le nom d'Ethiopiens.

La voilà retrouvée, par les efforts de la science impartiale, cette Ethiopie de la Genèse, dont la situation était si étroitement liée à celle du Paradis terrestre. Aujourd'hui comme autrefois, elles sont inséparables, elles se touchent ; l'une était la Chaldée, l'autre était l'Elam ; l'une défigurée par les mouvements géologiques que lui font subir les caprices d'un grand fleuve ; l'autre dérobée aux regards par un nom qu'a défiguré à son tour son passage dans les diverses langues qui l'ont fait arriver jusqu'à nous ; mais l'une et l'autre retrouvées pour prouver une fois de plus l'authenticité et l'admirable véracité de la vieille Bible, au moment et à l'heure où une science impudente s'acharne à la contester, à l'amoindrir, à l'expulser du domaine de l'histoire.

CHAPITRE XXVIII

RÉSUMÉ. — CONCLUSION. — LA VRAISEMBLANCE.

Le double but de cet ouvrage. — Les obstacles qu'il nous a fallu surmonter pour l'atteindre. — Neuvième particularité. — Correspondance parfaite de notre emplacement avec les neuf particularités du récit mosaïque. — Rôle de la vraisemblance en histoire. — Convenance de l'emplacement désigné. — Adam s'y trouvait au centre de la création ; — dans un endroit favorable à la dispersion ; — propre à la comparution des animaux devant le premier homme pour en recevoir leur nom.

En entreprenant d'écrire cet ouvrage, nous nous proposions un double but : celui de déterminer l'emplacement du Paradis terrestre ; pour atteindre ce but, nous avions celui de retrouver le pays d'Éthiopie, dont le fleuve qui l'arrosait était le signe principal à l'aide duquel nos recherches devaient aboutir.

Nous ne croyons pas nous faire illusion ; il nous semble que l'appel fait par nous aux diverses sciences n'a pas trompé notre attente. La découverte présentait des difficultés ; si la science nous a singulièrement aidé, elle nous a aussi bien longuement arrêté : Nous avons dû franchir des montagnes d'objections. Elle créait d'abord un berceau à la race humaine dans une contrée où il nous était impossible de retrouver les particularités du site paradisiaque et la région éthiopienne. Le site véritable, elle le mettait sous l'eau à l'époque Adamique. Puis dans les pays où nous devions pénétrer, elle avait installé des peuples qui n'étaient pas ceux que nous cherchions. Rectifiant les fausses données mises en avant, il nous a fallu déplacer le berceau des races humaines si légèrement attribué à des lieux inhospitaliers; asseoir solidement en terre ferme notre emplacement paradisiaque, expulser des pays, qu'on leur faisait faussement habiter, des peuples qui nous dérobaient la vue des véritables couches ethniques. Nous ne pensons pas qu'on puisse repousser nos conclusions sur le Pamir, sur la géographie de la Basse-Chaldée, sur les Touraniens, les Aryens et les Chouschites à couleur blanche. Après ce laborieux travail, nous avons exposé les preuves qui nous ont fait retrouver les vrais Chouschites dans l'Asie antérieure et dans la Haute-Egypte, puis celles qui établissent leur identité avec les Négritos et les Nègres de ces régions et l'identité de ceux-ci avec la race nègre en général. Poursuivant toujours notre marche, nous avons même indiqué le lieu de naissance de la race éthiopienne.

Notre second but, le plus important peut-être, était rempli. Nous connaissions toutes les régions éthiopiennes de l'Asie et de l'Afrique, nous savions le lieu d'origine de la race. Nous avions en notre possession la principale indication qui devait nous faire retrouver le véritable emplacement du Paradis terrestre, but premier de cet ouvrage.

Nous avons fait voir que tout site donné comme celui du Paradis, devait forcément correspondre à neuf particularités du récit mosaïque, mais aussi que du moment où on les y retrouvait, il n'était plus contestable que ce site ne fût l'emplacement paradisiaque. Or notre emplacement de la Basse-Chaldée répond parfaitement à ces neuf particularités.

Le Paradis était placé sur un fleuve unique ; nous le plaçons sur le beau et majestueux fleuve du Chatt-el-Arab.

A ce fleuve unique convergeaient le Tigre et l'Euphrate. Le Chatt-el-Arab est le confluent de ces deux fleuves.

Le Phison et le Géhon, qui étaient des fleuves importants, convergeaient également vers le fleuve paradisiaque. Le Karoun et la Kerka, qui sont deux des plus beaux fleuves de l'Asie, sont aussi des affluents de Chatt-el-Arab, qu'ils rejoignent à peu près à l'embouchure des deux autres fleuves.

Le Phison et le Géhon arrosaient le pays des Chouschites ou l'Ethiopie et celui d'Hévilah. Le Karoun et la Kerka, dont les noms anciens semblent être la reproduction du radical des deux fleuves paradisiaques, arrosaient la Susiane, berceau des Chouschites proprement dits et d'Hévilah le Chouschite.

Le pays d'Hévilah produisait de l'or et des pierres précieuses. Il n'est pas improbable qu'il en fût ainsi de la Susiane, province de Perse qui possède encore des gisements d'or et de turquoises.

Les fleuves se formaient immédiatement avant l'entrée du fleuve unique dans le Paradis. Notre emplacement du paradis est juste au point où commence la réunion des fleuves, ou plutôt leur division.

L'écrivain sacré cite les fleuves dans un ordre déterminé. Les nôtres se présentent absolument dans le même ordre. Si nous remontons le Chatt-el-Arab, nous rencontrons d'abord le Karoun, dont nous faisons le Phison ; à vingt lieues plus haut, la Kerka, puis le Tigre et l'Euphrate.

Il n'y a donc pas une particularité du récit de la Genèse qui ne s'applique avec une rigoureuse exactitude à la situation que nous assignons au Paradis terrestre. Si une pareille concordance n'est pas une preuve manifeste de vérité, ne sommes-nous pas en droit de demander à quel signe on peut bien la reconnaître, à quelles preuves il faut demander la certitude historique ? (1)

Enfin nous voulons terminer par une considération qui doit ajouter le dernier sceau à notre démonstration.

Il y a un trait de la vérité dont on ne la dépouille pas impunément, c'est la vraisemblance. Celle-ci n'en constitue pas la démonstration, mais son absence l'ébranle et engendre le doute. Or la vraisemblance environne notre thèse d'un éclat rayonnant.

(1) L'allemand Delitzsch a publié, vers 1880, un ouvrage spécial, comme le nôtre, sur l'emplacement du Paradis terrestre, qui, selon lui, est la plaine resserrée entre l'Euphrate et le Tigre. Le Phison était le Pallœcopas. Le Gichon, qui a disparu, était le Chatt-en-Nil, courant qui se détachait de la rive gauche de l'Euphrate, au-dessous de Babylone, et finissait par y rentrer, non loin du Chatt-el-Haï. En cet endroit, le Tigre, coulant dans un terrain plus bas, sert de récipient à une multitude de canaux, de fossés, de rigoles, qui dérivent exclusivement de l'Euphrate, lequel était le fleuve unique du Paradis.

Le P. Delatte, après avoir réfuté l'opinion de Delitzsch, déclare que le mieux serait de placer le Paradis dans une région où l'Euphrate et le Tigre se rapprochent et mêlent leurs eaux dans le Chatt-el-Arab. Cette situation serait rendue possible et probable précisément par le fait que le Chatt-el-Arab existe depuis peu de siècles. Car on a le droit de supposer que le Pischon et le Gichon ont disparu. Le fait s'expliquerait par les révolutions qui ont modifié si profondément l'aspect de la Chaldée maritime. Le savant se demande s'il n'y aurait pas un temps où les deux fleuves de la Mésopotamie confondaient leurs eaux dans un grand delta effacé peu à peu par les alluvions de l'Euphrate, du Tigre, de la Kerka et du Karoun. Si cette hypothèse, ajoute-t-il, a jamais été une réalité, le Gichon et le Phison furent probablement les deux branches principales de cet antique delta.

Nous n'avons pas essayé de discuter ces deux systèmes, parce que notre ouvrage en est la réfutation directe. Ceux qui voudraient les connaître plus à fond pourront consulter la *Revue des Questions scientifiques*, livraison d'octobre 1882. C'est là que le P. Delatte rend compte de l'opinion de Delitzsch et y expose la sienne propre. Inutile d'ajouter que le savant belge fait un pompeux éloge de la science du savant allemand. Pour nous, nous prions Dieu qu'il préserve notre pays de cette science indigeste, qui enténèbre toutes les questions et n'en résout aucune.

Qu'on se représente ce qu'était la création pour Adam, ce qu'il était pour elle, quelle mission il avait à remplir au sein de l'univers où Dieu le plaçait, et on comprendra que toute situation topographique ne lui convenait pas. Dans son choix, la sagesse de Dieu a dû suivre des règles auxquelles n'aurait pas manqué la sagesse humaine.

Adam était le roi de la création terrestre ; c'était le maître de l'univers que Dieu installait au Paradis terrestre. Il devait commander à la nature ; il devait en chanter la beauté et l'harmonie à la gloire de son auteur. Son domaine, l'œuvre de Dieu et le domaine de l'homme ici-bas, ce n'est pas la terre continentale seulement, c'est aussi l'immensité des mers. Placez-le dans ce que vous appelez les vallons fleuris de l'Arménie, les pentes verdoyantes du Pamir, le voilà étranger au sublime spectacle de l'Océan, à ces admirables soubresauts des grandes eaux, *mirabiles elationes maris*, qui sont une des magnificences de son empire. Aussi Dieu l'établira, non pas simplement dans un jardin restreint, planté de roses et de jasmins, où, en compagnie de la première femme, il se livrera à un repos béat et se contentera de respirer de molles senteurs ; mais sur les eaux abondantes du Chatt-el-Arab, du fleuve unique ; sur les bords du golfe Persique, où se tournant vers le Nord, il verra se déployer les deux plus beaux continents du monde ; où se retournant vers le Sud, il apercevra l'Afrique à sa droite, à sa gauche et dans le lointain, l'Amérique, entre les deux continents, le vaste Océan indien, qui enserre le globe terrestre de ses eaux profondes.

Cette situation ne sera pas seulement une convenance, un honneur dû au roi de la création, ce sera une nécessité qui s'imposait à Dieu pour aider Adam à remplir sa mission de propagateur du genre humain.

De bonne foi, peut-on supposer que Dieu ait placé le berceau de l'humanité ailleurs qu'au centre du monde, dans un point d'où les races en émigrant, pussent facilement atteindre les extrémités de l'univers ? Ce qu'aurait fait un homme sage et avisé, Dieu aurait-il manqué de le faire ? Sans doute, une sphère n'a pas de centre, parce que son centre est à chaque point de sa superficie. Mais découpez cette surface, créez-y des abîmes, élevez-y des hauteurs inaccessibles, tout change ; là vous pouvez aborder, là vous ne le pouvez pas : des points de communications s'établissent, des centres se forment. Au milieu des vastes échancrures du continent, du relief des montagnes, des gouffres de la mer, le golfe Persique est un des points centraux du globe, peut-être le plus central. Devant ses côtes septentrionales se déploient les plaines étendues de l'Assyrie admirablement appropriées au développement des premières familles. Puis quand elles se seront assez multipliées pour provoquer leur dispersion, elles se trouveront dans le site le plus favorable pour leurs migrations. Placées au point d'intersection de l'Asie, de l'Europe et de l'Afrique, elles s'y rendront par terre avec la plus grande facilité ; le golfe Persique, la mer des Indes les conduiront plus facilement encore et en ligne droite aux extrémités de ces divers continents jusqu'en Amérique à travers les îles océaniques. Ce lieu d'habitation était tellement nécessaire à Adam, que Noé se hâta de le reprendre après le déluge. Le pieux patriarche n'a pas un moment d'hésitation : il sort de l'arche, adore Dieu et s'empresse de quitter l'Arménie pour retourner au pays qu'il avait habité et qu'il savait être le berceau primitif du genre humain.

Avant de remplir la mission de peupler l'univers, il en est une autre qui s'impose au premier homme. Ce savant, cet astronome, ce minéralogiste, ce botaniste doit donner leur nom à tous les êtres. Ce nom lui sera fourni par sa science incomparable ; il le prendra dans la nature même de chaque être. Il nommera les quadrupèdes terrestres, les oiseaux de l'air, les poissons de la mer. De grâce, ne multipliez pas les miracles sans motif ; ne placez pas cet interprète divin au centre des terres, en Arménie, au Pamir. Ne forcez pas les habitants de l'onde à sortir des abîmes, à ramper sur l'herbe et la poussière pour comparaître devant leur maître et roi. Laissez-le sur le bord des Océans déployer sa science, exercer sa domination. Il se tourne vers le septentrion ; les habitants de la terre et des airs viennent le saluer et recevoir leur nom ; il se retourne vers la mer, plongeant son regard pénétrant dans les abîmes, il en voit tous les habitants ; il les appelle et ils lui répondent. Là, dans ce site que la sagesse divine a choisi, sans effort, sans miracle inutile, tout l'univers vient au premier homme, en attendant qu'à son tour il aille à l'univers et lui envoie les enfants de son sang et de sa race.

Nous devions finir par ces réflexions. Un des caractères des œuvres de Dieu est la simplicité dans l'harmonie. Il fallait signaler ce caractère qui se remarque dans le choix fait par lui de l'emplacement du Paradis terrestre, le joindre à toutes les preuves positives que nous avons données de ce site, afin qu'aucune évidence ne manquât à une thèse demeurée trop longtemps obscure, mais émergée à la lumière, grâce au concours et au progrès des sciences contemporaines.

TABLE DES MATIÈRES

	Pages
Préface	5

CHAPITRE I. 11

Importance et exposition de la question. — Possibilité d'une solution. — Le récit mosaïque étudié et précisé. — Dix particularités de ce récit.

CHAPITRE II. — Première particularité. Moïse décrit les lieux tels qu'ils existaient de son temps . 18

L'emplacement du Paradis terrestre n'a pas été détruit par le déluge. — Les Juifs l'ont connu jusque dans les derniers siècles de leur existence nationale. — Il est étrange que la tradition chrétienne ait perdu cette connaissance.

CHAPITRE III. — Deuxième particularité. Le Paradis était situé en Orient, dans la région de l'Euphrate et du Tigre. 22

Accord de tous, pour placer le Paradis en Orient. — Désaccord, quand il s'agit de désigner la région précise de ce vaste continent. — Le Pamir, désignation contraire à l'enseignement formel de la Sainte Écriture. — L'autorité de celle-ci contestée et limitée. — Un mot, à cette occasion, au rationalisme catholique et au rationalisme scientifique.

CHAPITRE IV. — Deuxième particularité (suite). **Les opinions sur la région du Paradis terrestre. Le Pamir.** 82

La Bible et l'ethnographie. — Le Pamir, lieu d'origine des

TABLE DES MATIÈRES

Aryas d'après les savants. — L'Ararat de la Bible, plus oriental que celui de l'Arménie, d'après Fr. Lenormant. — Réfutation de ces opinions.

CHAPITRE V. — **Le Pamir** (suite). **Les traditions antiques.** 39

La tradition hindoue. — La tradition iranienne ou persane. — Impossibilité de les identifier. — Longue dissertation philologique par laquelle Burnouf s'efforce en vain de donner le Bérésinte de Perse comme étant le nom primitif du Mérou de l'Inde. — Les traditions Mongoles, Finnoises, Chinoises.

CHAPITRE VI. — **Le Pamir** (suite). **L'anthropologie** .. 52

L'anthropologie place la naissance de l'humanité au Pamir, la paléontologie en Sibérie et même au Spitzberg. — Fausseté de ces assertions. — Impossibilité climatérique du premier développement des races au Pamir.

CHAPITRE VII. — **Le Pamir** (suite). **La philologie** ... 59

Deux étymologies réfutées. — Dangers de la linguistique en dehors des règles qui doivent la guider. — Preuves philologiques sans valeur fournies par Obry. — Toutes les sciences interrogées jusqu'à présent, n'ont fourni aucune preuve sur le site du Paradis au Pamir.

CHAPITRE VIII. — **Le Pamir** (suite). **La topographie ou la disposition des fleuves du Pamir.** 66

La topographie ou la disposition des fleuves du Pamir doit reproduire celle du récit mosaïque. — D'après ce récit, la nappe d'eau qui arrosait le Paradis n'était pas une source, mais un fleuve. — Les fleuves du Pamir n'ont pas la disposition de ceux du récit mosaïque.

CHAPITRE IX. — **Le Pamir** (suite et fin). **Les noms des fleuves et des régions paradisiaques du Pamir** .. 70

L'Oxus donné pour le Géhon ; son nom de Djihoun ; le pays de Kousche qu'il arrose.— L'Indus ou le Phison arrosant le pays de Darada ou d'Hevilah. — L'Euphrate n'est ni l'Helvend ni l'Iaxarte. — La géographie mosaïque a-t-elle été mal comprise jusqu'aujourd'hui ? — Les noms géogra-

TABLE DES MATIÈRES 319

phiques des pays primitifs ont-ils été transportés aux régions habitées plus tard ? — Pourquoi le nom biblique a-t-il disparu des noms du Pamir sans laisser de traces ? — Est-il vrai, comme le veut Obry, que la conquête de Cyrus ait donné leurs noms de Tigre et d'Euphrate aux deux fleuves de l'Assyrie et de la Babylonie ? — Conclusion. — Fétichisme de la science.

CHAPITRE X. — **L'Arménie et la Babylonie**. 86

Le Paradis, situé en Arménie. — On ne rencontre en Arménie — ni la disposition des cinq fleuves, — ni leurs noms, — ni les pays de Kousche et d'Hévilah. — Le déluge a-t-il bouleversé la topographie primitive ? — Fausseté et inutilité de cette prétention. — Le Paradis à Babylone, d'après S. Ch. Rawlinson. — Discussion et réfutation de cette opinion.

CHAPITRE XI. — **Le Paradis terrestre. Son site véritable en Basse-Chaldée**. 95

Exposition de l'opinion qui place le Paradis en Basse-Chaldée. — Les fleuves paradisiaques étaient le Chatt-el-Arab, le Karoun ou Phison, la Kerka ou Géhon, le Tigre et l'Euphrate. — La disposition de ces fleuves est en parfaite conformité du récit mosaïque. — Leurs noms. — Leur importance. — Leur cours en des pays parfaitement connus des Juifs. — Résumé : cette topographie satisfait pleinement aux deux premières particularités du texte de la Genèse.

CHAPITRE XII. — **L'objection géographique. — La géographie de la Basse-Chaldée dans les âges anciens**. 108

Le Chatt-el-Arab n'aurait pas toujours existé. — Il aurait été un lac et non un fleuve jusque sous Alexandre-le-Grand. — Le golfe Persique aurait remonté avant dans les terres à une époque relativement récente.

CHAPITRE XIII. — **L'objection géologique**. 127

Progrès annuel du continent chaldéen sur la mer, d'après Rawlinson. — Ses alluvions n'appartiennent pas à l'époque actuelle. — Preuves géographiques et historiques. — Les calculs réduits de M. Maspéro sont également réfutés par l'histoire. — Explication plausible du mouvement géologique.

CHAPITRE XIV. — **Le nom ancien des fleuves de la Chaldée et de la Susiane** 139

Le désaccord des géographes sur les noms des fleuves de la Susiane. — Leurs véritables noms. — Le cours du Choaspès. — L'attribution faite par les Assyriologues aux fleuves de la Susiane des noms assyriens trouvés dans les inscriptions n'a rien de certain. — Règles à suivre pour cette attribution. — Résumé et conclusion de la question géographique et géologique.

CHAPITRE XV. — **Quatrième particularité. — Le pays d'Eden juxtaposé au Paradis** 152

L'Eden d'Isaïe et d'Ezéchiel n'est pas à Damas. — Situation en Chaldée de Thalassar, capitale de la province d'Eden. — L'histoire d'Assyrie favorable à cette situation. — Position des pays d'Ava et d'Ana cités par Isaïe. — Le Chatt-el-Arab sort de la province d'Eden.

CHAPITRE XVI. — **Quatrième et cinquième particularités : le fleuve unique et les quatre courants** . . 167

Quatrième particularité : le Paradis a un fleuve unique qui sort du pays d'Eden : le Chatt-el-Arab réunit cette condition. — Cinquième particularité. Le fleuve unique était formé de quatre fleuves avant son entrée dans le Paradis. — Application au Chatt-el-Arab. — Concordance de la tradition locale. — Déformations et richesses anciennes du pays arrosé par le Chatt-el-Arab.

CHAPITRE XVII. — **Sixième particularité. — Le Géhon et l'Éthiopie** 172

Précision intentionnelle de Moïse dans son récit. — Divergences inexplicables sur la région d'Ethiopie arrosée par le Géhon. — L'opinion des anciens sur les diverses Éthiopies. — Ce que la Bible entend par l'Ethiopie. — Les différentes régions éthiopiennes, d'après le livre sacré. — L'anthropologie place des Négritos dans l'Inde, la Perse et la Susiane. — Les études anthropologiques de M. Dieulafoy ne laissent plus aucun doute sur une population primitive de Négritos en Susiane. — Les Négritos de l'armée de Xerxès venaient du Makran et du Beloutchistan. — La Susiane habitée par des Négritos et arrosée par la Kerka ou le Géhon était donc un pays éthiopien ou Chouschite.

CHAPITRE XVIII. — **La Susiane est un pays chouschite.** 188

La région échue à Chus. — Les Chouschites envahissent la Chaldée sous Nemrod. — La distribution des Sémites en Assyrie et en Arabie, — des Japhétites en Arménie ; — des Chamites en Perse et en Susiane. — Les traditions iraniennes confirment ce dernier fait. — Les Chamites de la Susiane et de la Perse sont Chouschites. — Preuve linguistique. — Conclusion : certitude de l'identification de la Kerka susienne avec le Géhon.

CHAPITRE XIX. — **Septième particularité. — Le Phison et le pays d'Hévilah** 204

Le pays d'Hévilah arrosé par le Phison. — Il y a un Hévilah arabique, mais sémitique et non couschite. — L'Hévilah couschite est en Susiane, d'après la tradition persane et la philologie géographique. — Certitude de l'identité du Karoun avec le Phison.

CHAPITRE XX. — **Huitième particularité. — Les productions du pays d'Hévilah** 212

L'or commun autrefois dans les régions assyriennes. — Une lettre de Touskratte à son gendre Aménoleph III. — Ce qu'il faut entendre par bedola'h et scholam. — Rien ne prouve que la Susiane n'ait pu produire l'or et les pierres précieuses du pays d'Hévilah.

CHAPITRE XXI. — **Les Touraniens.** 217

L'Avesta, source première de l'opinion touranienne. — Les Touraniens en Assyrie. — Les preuves philologiques de M. Oppert. — Leur insuffisance. — Les Touraniens en Médie et en Susiane. — Erreur de M. Oppert. — La langue médique n'est pas altaïque, c'est le Zend même. — M. Oppert a pris le Susien pour le Médique. — La deuxième langue des inscriptions trilingues est le Susien. — Conclusion : il n'y a eu de Touranien ni en Assyrie, ni en Médie, ni en Susiane.

CHAPITRE XXII. — **Les Aryens et les traditions de la Perse**. 233

La ressemblance des langues indo-européennes ne prouve pas la communauté de race des peuples qui les parlent. — Les Mèdes se sont divisés en deux races : les Aryens et les Indiens ou sanscrits. — Il est peu probable qu'il y ait eu un aryaque primitif. — Le rapprochement du Zend et du sanscrit avec l'Aryaque ne prouve pas que les Mèdes viennent de la Bactriane. — Autorité très contestable de l'Avesta. — Son origine récente. — Incertitude de sa géographie et de ses traditions historiques. — Existence d'une tradition persane en dehors de l'Avesta. — Existence d'une tradition Susiane. — Valeur de la tradition arabe.

CHAPITRE XXIII.— **Les Chouschites de la Susiane et l'Assyriologie** 253

Les causes du peu d'avancement des études susiennes. — Des noms susiens fournis par l'Assyriologie. — Deux inscriptions susiennes. — Comment faut-il prononcer le nom de Susiane. — Le nom de Chousch partout dans les monuments susiens, dans le nom des divinités dans la langue.

CHAPITRE XXIV. — **Les Chouschites de la Nubie et l'Egyptologie**. 265

Nom chouschite de la Nubie.—Tous les monuments et toute l'histoire de l'Egypte donnent à ces populations le nom de Chouschite.

CHAPITRE XXV. — **Identité des Chouschites d'Asie et des Chouschites d'Afrique** 268

La communauté de noms entraîne la communauté de races. — L'histoire ne reconnaît qu'une seule famille chouschite. — Les savants sont d'accord pour faire venir d'Asie les Chouschites de la Nubie.—Le nom des divinités de la Nubie est le même que celui des divinités de la Susiane. — Les noms des enfants de Chus se retrouvent dans le nom des villes et des dynasties nubiennes.

CHAPITRE XXVI.—**Identité des Chouschites avec les Négritos et les Nègres** 273

Toute l'Antiquité a donné aux Chouschites le nom d'Ethiopiens ou Noirs. — L'Egyptologie prouve la solidité de cette tradition. — Raisons pour lesquelles certains savants la combattent — La Susiane est essentiellement Chouschite et on n'y retrouve cependant qu'une race : les Négritos. — Nulle part en Assyrie, en Perse on ne trouve de Chouschites formant une race distincte.—Impossibilité pour les savants anti-bibliques de déterminer le type chouschite. — Contradiction des savants sur la couleur des Chouschites de Nubie.—La race Couschite connue de tout temps en Nubie. — De tout temps aussi la Nubie n'a renfermé que des races noires. — Identification forcée des Chouschites et des Noirs de Nubie. — Cette identité doit s'étendre à tous les nègres de l'Afrique. — Ni l'anthropologie ni la science ne s'opposent à cette identification. — Rôle propondérant et faux qu'on a fait jouer à l'anthropologie dans l'origine des races.

CHAPITRE XXVII. — **Du lieu d'origine de la race Nègre ou Chouschite** 302

Intérêt qui s'attache à la recherche du lieu d'origine de la race Chouschite. — Les opinions. — L'Égyptologie ne fournit aucune preuve de leur naissance en Nubie. — Raisons qui militent en faveur de l'Indou-Koush et de la Nubie. — Raisons prépondérantes en faveur de la Susiane. — L'emplacement du Paradis terrestre et celui de l'Ethiopie étroitement liés et enfin retrouvés.

CHAPITRE XXVIII. — **Résumé. — Conclusion. — La vraisemblance.** 310

Le double but de cet ouvrage. — Les obstacles qu'il nous a fallu surmonter pour l'atteindre. — Neuvième particularité — Correspondance parfaite de notre emplacement avec les neuf particularités du récit mosaïque. — Rôle de la vraisemblance en histoire. — Convenance de l'emplacement désigné. — Adam s'y trouvait au centre de la création ; — dans un endroit favorable à la dispersion ; — propre à la comparution des animaux devant le premier homme pour en recevoir leur nom.

Imp. G. Saint-Aubin et Thevenot, Saint-Dizier, 30, Passage Verdeau, Paris.

www.ingramcontent.com/pod-product-compliance
Lightning Source LLC
Chambersburg PA
CBHW071246160426
43196CB00009B/1188